国家自然科学基金项目：企业融合多元化行为与成长研究：跨界活动、动态能力和协同演进（编号：71572027）

U0959099

移动互联网时代企业成长的路径与机理

滕 颖 杜华勇 著

科学出版社
北 京

内容简介

本书围绕移动互联网时代企业成长这一主题，分别就网络化成长和平台生态化成长路径下的企业成长机理展开研究。全书共两篇，7章。本书在阐述移动互联网时代企业成长的传统逻辑变革和新兴路径跃升的基础上，第一篇研究网络化成长路径情境下，企业基于连锁董事网络及双重网络嵌入实现成长的机理；第二篇聚焦平台生态化成长情景，着重关注平台企业经营互补业务的战略选择、平台竞争力前因组态、平台价值共创组态，以及顾客参与和平台声誉等平台生态化成长相关的重点话题，研究平台生态构成的各核心种群的成长机理。本书将企业成长理论拓展到移动互联网这一新的时代情境，兼具实践性和指导性。

本书适合于管理学、经济学等专业的师生与科研工作者使用，也可为关注企业成长路径和机理的读者提供参考和借鉴。

图书在版编目(CIP)数据

移动互联网时代企业成长的路径与机理 / 滕颖，杜华勇著. -- 北京：科学出版社，2025. 7. -- ISBN 978-7-03-082605-3

Ⅰ. F279.23

中国国家版本馆 CIP 数据核字第 2025B5Z858 号

责任编辑：陈丽华 / 责任校对：彭 映
责任印制：罗 科 / 封面设计：墨创文化

科学出版社出版
北京东黄城根北街16号
邮政编码：100717
http://www.sciencep.com

成都锦瑞印刷有限责任公司 印刷
科学出版社发行 各地新华书店经销
*
2025年7月第 一 版 开本：B5（720×1000）
2025年7月第一次印刷 印张：15 1/2
字数：313 000

定价：189.00元

（如有印装质量问题，我社负责调换）

作 者 简 介

滕颖，电子科技大学经济与管理学院教授、博士研究生导师，四川省学术和技术带头人。现兼任四川省普通本科高等学校经济与贸易类专业教学指导委员会副主任委员、四川省电子学会管理工程专业委员会主任委员、中国科学学与科技政策研究会国际合作与科技外交专业委员会委员、电子科技大学经济与管理学院社会资本与企业发展研究所所长等职务，同时还兼任多家企业外部董事和独立董事，曾担任电子科技大学经济与管理学院副院长（2005～2017年）。主要研究领域为产业组织理论、公司战略和国际科技合作。作为项目负责人主持国家级和省部级科学基金项目多项，发表论文50余篇。

杜华勇，管理学博士，西华师范大学管理学院副教授、硕士研究生导师、人力资源管理教研室主任。现兼任四川省南充市科技计划项目评审专家、社会科学专家、世界职业院校技能大赛裁判员。主要研究领域为数字化平台企业战略管理。作为项目负责人主持多项省部级科研项目，出版学术专著1部，在《中国工业经济》《管理学报》等期刊发表论文10余篇，部分论文被《新华文摘》（网络版）、《人大复印报刊资料》、《高等学校文科学术文摘》转载。其论文多次获得“中国·实践·管理”论坛优秀论文等会议论文奖，代表性成果获得四川省南充市社会科学优秀成果奖二等奖。

前　言

十八世纪第一次工业革命伊始，工业企业的成长就因其对一个国家经济持续发展的关键驱动而受到业界和学界的高度关注。纵观各时代所涌现出的企业成长现象，无不呈现出鲜明的时代烙印。因而，学界在揭示企业成长的内涵、路径和机理时，也总是将企业成长与其所在时代的技术经济特征相关联。

工业经济时代以工业革命的出现为标志。伴随机器大生产替代手工劳动，产品生产分工进一步细化，生产效率得以大幅度提高，机器大生产方式替代了传统小作坊手工生产方式，企业生产的规模经济效应明显。在以机器大生产和劳动分工为主要特征的工业经济时代，企业对规模经济的不断追求成为其成长的关键内在动力。因而，在工业经济时代背景下，企业成长主要是指企业规模的增长和企业边界的扩张，强调"量(规模)"的成长内涵。

源于第三次工业革命的移动互联网时代，以互联网应用日益深入和智能终端广泛使用，以及人工智能(artificial intelligence)、区块链(blockchain)、云计算(cloud computing)和大数据(big data)为代表的数字技术的出现为基本特征。在移动互联网时代背景下，企业生产方式较于传统大机器生产的工业经济时代而言，发生了革命性的变革。其变革不仅表现在奠定并维持其竞争优势的内部核心资源和能力重构，还表现在其外部企业与企业之间、企业与消费者之间互动关系重塑，而更为关键的表现是其价值创造、价值传递和价值获取的方式与逻辑的重造。因此，在移动互联网时代的背景下，企业成长不再是仅强调基于自身所拥有的资源追逐"量(规模)"的增长，更强调的是企业基于内部所拥有的资源和外部所能控制或撬动的资源进行企业能力与规模协调的动态演化成长，即"质(能力)"的蜕变。

企业成长路径的研究主要探讨企业是通过什么方式来实现成长，不同的成长路径基于不同的成长动因，分别对应着不同的战略思想。因为工业经济时代以机器大生产和劳动分工为主要特征，同时高成本、低效率的信息传递特点严重遏制经济主体的跨时空市场行为。作为理性经济主体，企业在该历史背景下倾向于以内部资源为基础的成长方式，充分释放组织权威协调机制对市场价格机制的"替代优势"，即内部管理成本小于外部交易成本。所以在工业经济时代的企业成长实践主要呈现出内部成长(organic growth)和外部并购成长(acquired growth)两种基本的企业成长路径。同时，在该时代背景下，无论是内部成长还是外部并购成长，企业坚信竞争优势来自自身所拥有的资源和能力，主张"内部审视"的重要性，强调企业依靠内部资源能力积累和创造的成长效应。

移动互联网时代以移动通信、互联网和数字技术的广泛使用及不断深入融合为基本特征，意味着企业可以整合性地运用移动终端随时、随地、随身优势，互联网开放、分享、互动优势，以及基于数字技术数据的同质性、可重新编程性、可供性优势，进行一系列跨时空、跨行业的市场行为。企业可以通过社会网络、平台生态从外部获取必要的资源与能力。因此，移动互联网时代的企业成长涌现出网络化成长和平台生态化成长两种新兴的成长路径。基于这两种新兴路径成长的企业重视通过资源共享而非资源独占的方式获取核心竞争力及动态能力，且企业成长大多基于企业间的竞合关系，合作共赢成为大多数企业的选择。这也意味着，移动互联网时代涌现的企业成长新路径遵循的成长逻辑是以资源能力共享为特征的杠杆式成长，而非工业经济时代以资源能力独占为特征的独立式成长逻辑。其逻辑背后不仅隐藏着数字信息技术对社会生活的颠覆，也反映了企业发展思路从“单打独斗”转向“众人拾柴”。

网络化成长指企业利用与其他企业或组织建立正式或非正式的合作关系网络，利用网络的特定位置快速获取和贡献网络资源，经由网络资源与企业自身资源的整合利用推动企业成长。我国现阶段的经济发展不仅呈现较为典型的转型经济特征，还处于创新驱动发展的新阶段，因而，我国网络化成长的企业依托连锁董事网络和合作研发网络来获取外部独特的优势资源(如异质性知识和信息)和成长机会(创新成长)为典型特征。

平台生态化成长指企业通过创建或加入平台生态系统以谋求持续成长。平台生态系统是以平台为核心的商业生态系统，基于平台连接不同需求的用户群体，平台的互补产品生产商竞争性地向用户销售产品而形成双边或多边市场。平台的提供者(“平台企业”)、终端用户及搭载在平台上并使平台对终端用户更有价值的互补品的提供者(“互补者”)是构成平台生态的核心种群。在移动互联网时代背景下，互联网平台打破了工业经济时代传统的商业模式，逐渐成为新经济的引领者。在此机遇下，依托数字化技术兴起的电子商务(以下简称电商)交易平台迎来蓬勃发展，企业通过创建或加入电商平台生态系统以谋求成长成为当下我国企业平台生态化成长的主流。

综上，本书围绕移动互联网时代企业成长这一主题，分别就网络化成长和平台化成长这两条新兴的企业成长路径下的成长机理展开研究。全书主体分为网络化成长和平台生态化成长两篇，共 7 章。第 1 章主要阐述移动互联网时代企业成长的理论内涵与新兴路径。第一篇为网络化成长篇，实证研究企业在网络情境下，基于所嵌入的社会网络实现成长的机理，包含第 2 章连锁董事网络与企业成长、第 3 章多重网络嵌入与企业成长；第二篇为平台生态化成长篇，研究平台生态情境下平台企业和平台参与者的成长机理，包含第 4 章平台化与企业成长之平台企业经营互补业务的战略选择与解释逻辑、第 5 章平台领导与生态化成长之电商平台企业平台竞争力前因组态、第 6 章价值共创与企业平台生态化成长之电商交易平台价值共创组态、第 7 章价值共创与企业平台生态化成长之顾客参与和平台声誉的效应。本书的研究成果不仅将企业成长理论拓展到移动互联网这一新的时代情境，丰富了企业成长领域的研究，还为移动互联网时代的企业寻求创新成长路径提供了重要的理论依据和实践指导。

本书是国家自然科学基金项目(编号：71572027)的研究成果之一，在此感谢国家自然科学基金委员会的资助。同时，本书写作过程中参考了众多国内外专家的研究成果，在此也表示衷心的感谢。另外，还要特别感谢以色列特尔海学院(Tel-Hai College)经济与管理学教授 Eli Gimmon 对本书第 2 章和第 3 章研究所作的贡献。最后，还要感谢华玲平、国希、刘敏、张腾晖、姜榜路等研究生为本书的完成所付出的辛勤工作。

由于作者水平有限，书中难免存在疏漏和不足，请广大读者批评指正。

目　　录

『平台生态化成长篇』

第 1 章　移动互联网时代企业成长：传统逻辑变革与新兴路径跃迁

纵观企业成长的路径选择，无不呈现出典型的时代背景特征，因而对企业成长的驱动因素和机制的理论解释也总是与其成长所在时代的技术经济特征相关联。在移动互联网时代，企业发展演化出与工业经济时代完全不同的成长路径，企业基于自身的动态能力，系统性整合内外部资源，以网络化和生态化的方式跨界成长是企业成长的新兴路径。为此，本章在梳理工业经济时代企业成长的理论内涵、传统路径和基本逻辑的基础上，从移动互联网时代企业成长边界、动力和逻辑三个维度阐释移动互联网时代企业成长的传统逻辑变革与新兴路径跃迁，从而研究移动互联网时代企业成长的理论内涵及其成长的新兴路径。

1.1　工业经济时代的企业成长

1.1.1　企业成长的理论内涵

源于第一次工业革命的工业经济时代，机器生产替代手工劳动，劳动生产效率得以大幅度提高，使得生产方式出现颠覆性变化。由于机器被应用于生产中，其代替了人力，单个生产者可同时使用的生产工具的数量突破了手工业经济时代劳动者个体身体条件的限制，大幅度提高了劳动生产率。所以，机器生产带来的直接成果是减少生产单位产品所消耗的物化劳动和活劳动，降低生产成本。机器的逐步安装与日益明确的劳动分工常常是同步进行的，分工后劳动者可以更熟练地完成生产任务，同时还能引入更专业化的机器设备来完成精度更高的工作，从而有更高的总产出和更低的生产成本。

机器生产和劳动分工能大幅度降低生产成本的思路自然延伸，形成工业经济时代的规模经济效应(郭熙保，2022)。随着企业规模的扩大，生产成本和经营费用都可以降低，从而能够获取成本优势。亚当·斯密(1997)最先将企业成长问题引入学术研究范畴，他将企业成长定义为劳动分工所带动的企业规模扩张与产量增长的结果，从企业分工的规模效应视角去解释企业成长。企业成长的过程究其实质就是不断调整与改善内部资源及其配置，以最终达到最优规模的过程(Marshall，1890)。因此，古典经济学理论认为，规模经济是决定企业成长最主要的因素，对规模经济的不断追求是企业成长的内在动力(Marshall，1890)。

古典经济学理论对决定企业成长的大规模生产规律的研究，是以定义企业为土地、机器、设备、工人等生产要素资源的集合体为假定前提，忽视人力资源(特别是管理能力)对生产性资源的利用进而对企业成长的影响。与古典经济学的企业成长研究不同，企业成长理论的鼻祖彭罗斯将企业定义为绑定在某个管理框架中的资源的集合体，强调管理能力对企业成长的影响(Penrose，1959)。她认为，资源的不可分割性导致企业内部资源永远不可能达到充分利用的均衡状态，进而产生扩张动机，因此企业将持续成长，直到抵达管理协调和权威沟通不再可行的公司边界。在彭罗斯看来，企业总存在未被充分利用的内部资源，所以现实中每家企业都存在成长的可能性，管理能力是企业成长的加速器，也是制动器。

与彭罗斯的企业成长理论不同，以科斯为代表的交易成本理论相关学者从交易费用的概念出发，将企业定义为市场机制的替代品，认为企业成长就是将以往通过市场进行的若干交易活动纳入企业的内部进行，以实现最小化市场交易费用(Coase，1937)。因此，企业成长就是企业交易功能的增强和交易范围扩大的过程，也是企业边界不断扩张的过程。

综上可见，在工业经济时代背景下，企业成长主要表现为规模扩张与边界延伸，强调的是基于企业拥有或控制的资源的一种“量(规模)”的成长内涵。工业经济时代以机器大生产和劳动分工为主要特征，而信息传递的高成本与低效率则严重遏制经济主体的跨时空市场行为。作为理性经济主体，企业在此历史背景中更倾向于依赖内部资源的成长方式，充分发挥组织权威协调机制对市场价格机制的“替代效应”，即当内部管理成本低于外部交易成本时形成的比较优势。

1.1.2 企业成长的传统路径

企业成长路径研究主要探讨企业是通过什么方式来实现成长的。工业经济时代的企业以机械化大生产为主要特征，且企业之间的关系以竞争为主，因此在工业经济时代的企业成长实践主要存在着内部成长和外部并购成长两种基本的企业成长路径(Penrose，1959；Kim et al.，2011)，两种路径基于不同的成长动因，分别对应着不同的战略思想。

1. 内部成长路径

企业内部成长路径是指企业通过提高其内部资源的利用方式，依赖自身内部资源积累和资源创造来实现企业成长(Penrose，1959)。例如，企业基于内部积累的资金进行投资，通过购买新设备、新建厂房、新建企业等扩大生产规模从而实现成长(Barney，1991；Grant，1991)。内部成长的动因在于对企业内部未被利用的剩余资源的进一步利用，因此，企业所拥有的内部资源状况及其管理能力决定了企业成长的速度、方式和界限。彭罗斯的资源基础观是企业内部成长路径的代表性解释理论。

彭罗斯提出，企业内部成长路径可以按照“企业资源—企业能力—企业成长”这一框架进行分析。首先，企业所拥有的内部资源状况决定了企业的能力。企业内部资源大致包含人力资源和物质资源，其中人力资源的质量决定着物质资源的使用效率，而人力资源质量又取决于组织学习和经验的不断积累，这也导致了不同企业间对机会识别和利用能力的差异，进而影响着企业的管理能力。其次，企业能力决定了企业成长的速度、方式和界限。企业所拥有的管理能力是通过知识、经验和能力的不断积累而获得的，是企业所拥有的独特资源，无法从市场交易获得且具有一定的不可复制性。而管理能力的强弱决定着企业利用内部资源所提供的生产性服务的数量和质量，最终会影响企业成长的速度(韩太祥，2004)。最后，企业内部成长与企业资源及其能力息息相关，两者共同决定着企业成长的速度与界限。可以看出，相较于古典经济学理论所认为的规模经济是决定企业成长最主要的因素，彭罗斯在此基础上增加了企业管理能力对企业成长的影响。彭罗斯虽聚焦于管理能力对企业成长的关键制约作用，但因其历史局限性，未充分探讨企业其他能力如动态能力对企业成长的影响。

2. 外部并购成长路径

并购成长是指企业通过收购和兼并，以从企业外部购买其他企业资产来迅速扩大自身规模的方式实现的外延式成长(邬爱其和贾生华，2007；姜付秀等，2009)。相对内部成长路径而言，并购扩张路径有助于企业实现快速成长(姜付秀等，2009；Kim et al.，2011；陈仕华等，2015；陈仕华和王雅茹，2022)。外部并购成长可以基于市场化的运作方式，在短时间内通过资源和能力的外部获取来实现企业规模的大幅度扩张，并基于此占据有利的市场地位，从而迅速实现“量”的增长。

从工业经济时代企业并购的历史来看，企业并购成长呈现出横向并购、纵向并购、混合并购三种基本模式(刘焰，2011)。横向并购模式因并购双方处于同一行业内，通常而言，可以帮助企业实现扩大经营规模、降低经营成本、提升市场占有率等目标。此外，横向并购还起到减轻同行业竞争强度及加强企业垄断地位的作用。纵向并购模式是指发生在产业链上的企业之间的并购行为，有助于企业实现产业链的垂直整合，降低生产及交易成本，优化生产流程。混合并购可同时实现规模经济与产业纵向整合，可促进新兴产业的诞生及落后产业的升级换代(朱丽，2002)。

从竞争与合作的博弈视角来看，并购成长的逻辑主要是一种非合作的方式。并购成长往往发生在竞争力非均衡的两个或多个企业之间。在工业经济时代，资源稀缺性和对稀缺资源占有的成长欲望，导致企业与企业间往往是一种竞争关系。在此背景下，企业通常会采取一些诸如横向、纵向及混合并购的措施来响应外部环境变化对企业的影响，从而掌握生存的主动权（孙海鸣和刘乃全，2001）。通过大量的横向、纵向及混合并购可尽快占据有利的市场地位并打造市场势力。

综上所述，在以机械化、大规模生产和城市化为主要特征的工业经济时代背景下，企业倾向于依托其所控制的内部资源不断扩张生产规模和经营范围来实现成长。这也对应了企业成长的两种传统路径，即以规模经济为目标的内部成长路径和通过并购企业以降低交易成本的外部并购成长路径。可以看出，这两种成长路径均将企业限制在自身所控制的资源内，强调企业通过对资源的直接控制和利用（如垂直一体化或兼并重组等）实现成长。

1.1.3 企业成长的基本逻辑

工业经济时代的企业成长通常以多方竞争非合作的方式，通过利用企业内部资源和尽可能地争夺外部资源以获得超额收益、保持竞争优势。一方面，企业成长通过内部资源积累和再投资、收购兼并来扩大规模，降低成本，实现规模效应；另一方面，企业成长又表现为企业核心竞争能力的提升，这种能力至少包含两个维度，一是企业的生存能力，它取决于企业所拥有的技术、产品价值和创意等资源；二是企业的可持续发展能力，企业能够凭借其独特的优势在市场中生存。因此，工业经济时代企业成长的基本逻辑是依赖资源的获取与运用，实现规模效应和获取竞争优势。根据成长路径的不同，企业成长基本逻辑所依赖的理论起源不同。

企业内部成长路径在资源基础观（resource-based view，RBV）指引下形成，其强调企业的竞争优势来自个体企业拥有和控制的资源与能力（Wernerfelt，1984；Barney，1991），主张“内部审视”的重要性（Grant，1991），强调企业依靠内部资源能力积累和创造。企业被视为“资源的集合体”，企业所拥有的核心资源内生地决定了企业的成长（刘长庚和王迎春，2013），企业“最重要的超额利润来源于企业具有的特殊性”（Rumelt，1984）。因而，在资源基础观下，企业依靠其自身独特资源实现规模效应，并获取竞争优势。由于拥有丰富资源的企业也存在失败的案例，学界相应又提出了企业能力理论，将企业定义为“能力的集合体”，认为能力是一个组织优于其他组织的“特殊物质”（Selznick，1957），强调如何协调不同的生产技能和有机结合多种技术流的能力（Prahalad and Hamel，1990）。所以，能力基础论认为，在生产过程中形成和积聚的知识资本的差异从根本上决定了企业间成长速度、方式、规模等方面的差异（李允尧，2005）。

企业并购成长路径也主张通过大量横向、纵向、混合并购外部资源和能力实现规模的大幅扩张，使企业快速成长。从竞争关系来看，工业经济时代背景下的企业并购成长往往不是以合作为目的，而是以提升外在市场地位为宗旨收购竞争力非平等的其他企业。不同于企业内部成长机制，企业并购成长机制可以在短时间内通过资源和能力的外在获取对规模进行大幅扩张，进而占据有利的市场位势和获取可观的利润(邬爱其和贾生华，2007)。

综上所述，在多方竞争非合作的工业经济时代背景下，企业成长的基本逻辑是在企业资源与能力等多因素的相互作用下，围绕营利的目的进行关键性资源的积累、创造以达到规模效应，并培育和积聚核心能力以获取竞争优势、维持持续成长。

1.2　移动互联网时代企业成长的变革

今天，移动互联网的广泛运用，正在深刻地改变着产业的市场竞争环境及企业组织的战略与结构。移动互联网不仅重构了传统企业的生产、消费、营销与竞合关系，也在机遇与挑战并存的不确定情境下推动了企业成长的变革。如何利用这一技术变革创造或维持企业自身独特的竞争优势，成为移动互联网时代企业战略管理关注的焦点。

1.2.1　移动互联网时代企业成长的新特征

纵观各时代企业成长的路径选择与显著特征，无不与企业所处的时代背景息息相关，因而企业成长的显著特征也总是与其成长所在的时代技术经济特征相关联。工业经济时代以机械化大生产和劳动分工为主要特征，所以工业经济时代企业成长呈现出规模化生产的显著特征，强调企业内部资源与管理能力的重要性(Penrose，1959)，且企业成长大多基于企业间的竞争非合作关系(邬爱其和贾生华，2007)。此外，工业经济时代高成本、低效率的信息传递特点也严重遏制了经济主体的跨时空市场行为。而在移动互联网时代，随着移动通信与互联网的不断深入融合，移动互联网同时具有移动终端随时、随地、随身和互联网开放、分享、互动的优势，企业可以基于移动互联网进行一系列跨时空的市场行为。例如，企业可以通过合作网络、平台生态乃至社会大众获取必要的资源与能力。因而在移动互联网时代，企业成长呈现出网络化、平台化等显著特征，强调企业通过资源共享而非资源独占的方式获取核心竞争力及动态能力。企业成长日益根植于竞合关系网络，合作共赢成为大多数企业的战略选择。

1. 网络化成长

随着移动通信技术、互联网的不断发展及社会化生产方式的变化，移动互联网时代的企业有必要通过建立或嵌入网络来获得企业成长所需的资源及能力，网络化成长模式成为企业成长的重要方式和策略。Pfeffer 和 Salancik（1978）在《组织的外部控制：资源依赖视角》一书中强调了企业间网络对于企业发展的重要性，他们所提出的资源依赖理论认为，企业之间的相互依赖和互补性是企业网络形成的重要原因，企业通过与其他企业建立网络关系，可以更好地获取资源、降低成本、扩大市场，从而建立企业的长期优势（Marshall，1960）。同样地，Gulati（1998）认为，企业处于一个与外部组织相互作用、相互影响的多元网络组织环境中，这种网络关系将有助于企业获取信息、资源、市场和技术，通过组织学习、规模经济和范围经济来获得优势。可以看出，网络化成长模式的企业可以利用企业间、企业和其他机构间长期稳定的网络关系来协调成员企业间的资源和活动，以弥补组织自身的不足（周立新，2009），从而更好地实现企业成长。此外，企业建立或嵌入企业间网络还有助于企业获取创新资源、提升创新能力。企业网络理论将企业战略的研究重心从企业内部转移到其所处的网络中，如企业社会网络、合作竞争网络等。Bellandi（1989）研究发现，与将大部分生产过程内部化的大企业相比，企业间的合作网络提高了小企业的协作创新能力。企业所嵌入的网络还能为企业成长提供不同类型的资源，扩大企业价值边界，而网络能力的提高又可以为企业提供新的特有资源，扩大企业权力边界，从而实现企业成长。

2. 平台化战略

平台化战略是指企业通过构建一个生态系统（平台），将不同的个体、价值链上下游企业及其他组织与平台连接在一起，以实现资源共享和协同效应的战略。随着互联网技术的不断发展，平台化战略正在逐渐成为企业战略的主流模式（Parker et al.，2016）。诚然，在移动互联网时代，企业越来越注重构建平台化的生态系统，包括硬件、软件、互联网及其他服务等，这有助于企业将供应商、合作伙伴、消费者等各方整合到平台上，实现资源的共享和协同效应，并使企业能够扩大资源杠杆，提升平台领导力，实现利润增长，从而促进企业成长。例如，阿里巴巴集团（以下简称阿里巴巴）旗下的淘宝作为中国最大的电商平台之一，构建了一个将卖家、买家、支付、物流等各方整合到一起的平台化生态系统。通过该平台，卖家可以获得更多的客户和销售渠道，买家可以获得更多的商品和优惠价格的选择机会，同时平台也支持便捷的支付及快速的物流，一体化的服务吸引了各方来平台入驻，越来越多的用户及快速变化的环境在一定程度上锻炼了阿里巴巴管理层的平台领导力，同时阿里巴巴也可以较为便捷、快速地获取平台上的资源和信息，通过对信息的分析及资源的利用为企业成长提供动力。此外，企业还可以基于平台生态分析各个主体的需求进而提供更加全面及可持续的解决方案，与其他企业形成战略合作关系并与消费者建立良好的客户关系，从而不断提升企业自身的竞争力与市场影响力，实现企业成长。

3. 用户互动与价值共创

随着移动互联网的快速发展，基于移动终端随时、随地、随身和互联网开放、分享、互动的特征，企业可以更加便捷地构建和维护平台，并通过移动端实现与各方的有效互动与价值共创。例如，企业可以开发移动应用程序，提供产品信息、销售渠道、客户服务等功能，也可以集成第三方合作伙伴的服务和应用程序，如支付、物流、广告等，使用户可以随时随地浏览和购买所需产品，可以与卖家、其他用户进行交流和互动，也为第三方合作伙伴提供商业机会。淘宝、京东、拼多多等电商平台，腾讯课堂、慕课等在线教育平台，微信、微博等社交媒体平台，支付宝、微信支付等移动支付平台，滴滴出行、优步(Uber)等智能出行平台，均是企业通过移动端实现与各方有效互动的成功案例。各个企业从移动端可以获取即时信息和企业平台特有的资源，如用户的体验与反馈等，通过分析信息及利用资源，企业可以有效制定战略来提升自身的核心竞争力及动态能力，从而在市场中占据有利地位，促进企业成长。此外，依托移动互联网的电商交易平台在为众多参与者提供便捷交互空间的同时，为用户提供了参与价值共创的机会。例如，美国 T 恤电商 Threadless 开辟了一种让顾客进行新产品设计的模式，将受欢迎的用户设计方案转入制造和销售。这种利用顾客思路进行新产品设计和测试的价值共创模式，既节约了企业生产和库存成本，又满足了顾客个性化需求，有助于企业提高市场竞争力，并通过价值共创来实现企业成长。

4. 竞合关系

在移动互联网时代，企业间的竞合关系相较于工业经济时代表现得更为明显和复杂。一方面，企业需要与其他企业竞争，争夺市场份额和用户资源，这使得企业需要不断提高自身的竞争力，加强自身的品牌形象和产品服务质量。另一方面，企业也需要与其他企业合作，共同开发产品和服务，实现资源共享和互利共赢。综合以上两方面，企业大多实施竞争中求合作，合作中有竞争的竞合战略。竞合的实质就是实现企业优势要素的互补，增强竞争双方的实力，从而促成双方建立和巩固各自的市场竞争地位(Brandenburger and Nalebuff，2011)。具体来讲，移动互联网时代企业的竞合关系主要表现为以下几种形式。首先是互联互通，拥有自己用户资源的企业可以通过互联互通共享用户资源，实现用户增长，进而扩大市场规模，推动企业成长。例如，微信与支付宝之间的互联互通让两个用户巨头的用户资源得以共享，从而加速了双方用户的增长及企业实力的增强。其次是联合研发产品，要研发一款好的产品往往需要多方面的资源与能力，因此，企业间可以进行联合研发，共同开发产品来获得市场竞争地位。例如，苹果公司和国际商业机器公司(International Business Machines Corporation，IBM)合作开发的iPad企业版，将苹果的硬件和IBM的软件相结合，为企业提供更好的商业解决方案，苹果和IBM双方都可以从中获利。最后是共享平台资源，在移动互联网时代，随着产业融合的加快，产业组织形态往往表现为企业网络组织，竞合关系成为企业间的重要关系之一。企业可以通过共享平台资源，实现资源互补和协同效应，进而提高企业竞争力，促进企业成长。例如，钢铁产业互联网平台欧冶云商通过构建钢铁产业链的共享服务生态圈，推动了产业链不同环节的企业之间基于高效协作的数字化转型进程，从而强化钢铁产业的供应链韧性。总之，在移动互联网时代，企业间的竞合关系是不可避免且非常重要的，企业需要灵活运用竞合策略，实现资源共享和互利共赢，并不断提高自身的竞争力来应对激烈的市场竞争。

1.2.2 成长边界的改变

企业成长不仅涉及企业量的增长，还包括质的增长(Penrose，1959)。无论何种形式的成长，都依赖于终端环节的消费者购买，这是企业价值实现从而推进其他成长诉求的基础(侯杰等，2011)。而从消费端来看，移动互联网显著改变了连接关系与交互界面，进而使企业的成长边界不断向外延伸(罗珉，2007)。

1. 连接关系

在连接关系方面，其改变集中体现在人与人的连接、人与物的连接及人与商业的连接三个方面。

首先，伴随着移动互联网时代的网络内容生产从专业生成内容(professionally-generated content，PGC)向用户生成内容(user-generated content，UGC)转变，在大众拥有平等信息权利的基础上，个体用户从网络“观众”角色转变为“行动人”角色。一方面，随着手机等智能终端与用户的捆绑，伴生了新的空间意识，“信息孤岛”被打破，个人得以全面化、颗粒化地展现在网络空间。这种社会角色的泛化引起了原子化个人的出现(丁蕾，2017)，甚至线下不怎么发言的个体也会活跃在线上，展现自己独特的一面(又称“线下沉默，线上狂欢”)，人人皆为自媒体。另一方面，伴随着移动互联网的交互，社交关系开始延伸到新的空间，弱关系的强化引起离散化族群的出现，更易形成新的兴趣社群。换言之，移动互联网创造了信息平权的人际连接空间，使社交关系的延伸和兴趣社群的汇聚变得更加容易，驱动了长尾市场的显性呈现（安德森，2015），企业的业务边界可不再拘泥于主流市场，而是可能覆盖“主流+长尾”的全市场。

其次，人工智能（artificial intelligence）、区块链（blockchain）、云计算（cloud computing）和大数据（big data）为代表的数字技术加速了人与设备的智能化交互，线上行为和线下行为成为人们日常生活中不可或缺甚至难以分割的重要组成部分。智能设备成为人脑决策的有机延伸，身体缺席而注意力在场的网络活跃状态触发了企业对用户注意力投入意愿的关注（梁旭艳，2015；彭兰，2017）。这意味着，生产力不再单纯依赖人类劳动或单个企业的自身力量，智能制造、柔性制造、业务众包和大规模定制成为可能，同时注意力消费和用户支付意愿成为助推用户购买决策的重要前置条件。换言之，颠覆性数字技术不仅带来了消费习惯和生产力的变革，也延伸了企业生产经营的资源边界和能力边界，使得企业可以借助外部网络关系和内部科层体制之外的其他各类社会资源和力量，企业成长的边界也随着用户体验的关注扩大到企业之外的利益相关者群体。

最后，移动互联网推进了人与商业重新连接，商业的人格化、场景化和社交化属性不断凸显。商业的人格化体现在，智能设备不再是冰冷的物理设施，而是通过嵌入大众生活日常，提供随身决策参考（如穿戴设备提供心率监测结果，有助于把握个人实时健康状况）。商业的场景化体现在，基于大数据分析技术的用户画像可以模拟需求并推动更多商业场景，从而为提升沉浸式的用户消费体验提供新的机遇。商业的社交化体现在，社群商业成为新潮流，消费的社交属性成为推进爆款销售、网红打卡的关键因素（赵振，2015）。无论是拼多多的拼团式消费、小红书的攻略式消费，还是抖音的直播式消费，都与其背后的社交属性紧密关联。这意味着，在企业发展过程中，用户群体的社交价值可能衍生出更高的商业价值，而优质的企业不仅关注企业成长过程中的产品销售与服务提供，也积极关注用户社群等关系网络带来的影响。

2. 交互界面

在交互界面方面，首先，移动互联网降低了人机交互门槛，使得传统难以掌控的复杂技术和精密设备更加便捷易用。例如，当前，即便不会打字的小摊贩也可以轻易使用二维码收款，避免了找零钱计算的烦恼；而在过去，哪怕专业商家使用 POS 机也需要事先接受培训才能掌握基本操作。其次，伴随着底层架构更加开源，创新开发与迭代的速度变得更加富有效率，产业摩尔定律在更多行业领域得以体现。例如，依托阿里云“宜搭”、腾讯云“微搭”等低代码开发平台提供的丰富 API 接口和可视化组件库，企业业务人员无需专业编程背景，即可通过拖拽方式快速搭建供应链管理系统、智能巡检应用或客户服务小程序，将传统需要数月的开发周期缩短至数周甚至数天。最后，伴随着区块链等数字保障技术的普遍应用，信息共享更加可靠，基于移动设备的智能决策已成为大众生活不可分割的一部分。对于企业而言，交互门槛的降低不仅节约了企业创新开发的成本，也增加了吸引消费者参与产品生产经营管理的机会，使得企业伴随着消费者(用户)的深度参与而成长。

总之，现今正值移动互联网时代，人与人、人与物、人与商业的连接触点增加，界面交互更强且边界日益模糊，使得预测乃至创造满足长尾市场的需求变得相对容易。同时，基于海量数据的用户画像和精准推送，为现代企业实施场景化营销、吸引利益相关主体参与价值共创、驱动业务转型和推进快速成长创造了无限可能。企业的成长边界也不再拘泥于传统的规模边界，而是在数字技术赋能和利益相关者广泛参与之下谋求共赢成长。

1.2.3 成长动力的转变

从生产端来看，移动互联网不断颠覆着传统的生产力和生产关系(罗珉和李亮宇，2015；李霞，2022)，引发企业成长动力的转变。作为投入要素的生产者不再局限于传统的企业员工，生产资料也不再局限于企业自身占有或控制的各类资源和能力。移动互联网时代，消费者不再是被动接受厂商提供产品的价值链终端，而是能够作为生产者之一被投入从生产到售后的产品全周期。移动互联网时代的消费者被定义为产消者，生产者与消费者可以实时转换，两者的角色边界也日益模糊(王丽影等，2020)。例如，Uber 的司机下班可能作为乘客乘坐 Uber 另一司机的车，淘宝卖家也作为买家通过淘宝网购其他商品，爱彼迎(Airbnb)的房东在旅行途中租用 Airbnb 另一房东的房屋住宿。

同时，移动互联网时代企业对于生产资料的投入超越了企业控制或占有的资金、土地、厂房、设备等资源，并且可以在更大的企业关系网络中利用共享资源创造价值。例如，利用连锁董事的多企业就职经验和连带关系促进网络间合作(严若森和袁婧，2023)，或是借助电商平台的商城网站推介新开发产品(蔡祖国等，2022；杜华勇等，2023)。除了传统的资金、劳动力等要素，在移动互联网时代，数据要素也成为推动企业发展的新动力来源。伴随着对企业与用户(消费者)互动行为数据进行的存储和模拟分析，沉淀的数据资产不仅可以为企业精准营销提供需求文档，其关联也可以被利用来推送新的消费场景，从而解决用户关联的痛点、痒点，推进用户体验升级。

1.2.4 成长逻辑的嬗变

除了投入要素，生产方式的巨大转变也逐步推动企业成长逻辑随之改变。工业经济时代，企业的传统生产方式大多遵循价值链的创造模式进行(Stabell and

Fjeldstad，1998），大部分企业通过充分利用手边现成的资源（企业自身控制或占有的资源和能力）或是外部并购获得的稀缺资源，创造超额收益，从而抢占主流市场份额，推动企业成长。选择这种独立式的成长逻辑可以有效降低企业搜寻新资源和新能力的成本，由于各企业间相对封闭，这种策略也避免了价值创造过程中的产权争议。随之而来，企业的发展将极大地被限制在自身的资源实力和能力条件上。企业成长需要从研发到售后的全链优势才可能保证有可持续发展的动力，一旦某一环节出现（如研发、生产、营销或物流）短板，企业发展很可能面临关键梗阻（李海舰等，2014）。例如，1979～1988 年的 10 年间，云南省“春花自行车”“兰花冰箱”“山茶电视机”“白玫洗衣机”“茶花汽车”五类拳头产品（又称“五朵金花”）在计划经济体制下供给严重低于需求，使其在营销力度很小的情况下也能被大众一抢而空，造就了云南省的工业名片。后来，随着计划经济转向市场经济，供需矛盾缓和，这五类工业产品在国内逐渐产出过剩，并出现诸多竞争对手。在此基础之上，供大于求的买方市场也进一步削弱了“五朵金花”的老牌实力。2002 年，在营销能力羸弱、创新改变不足的情况下，伴随着“兰花冰箱”破产，“五朵金花”全部退出市场。

切换到移动互联网时代，共享经济催生了资金众筹、创意众智、业务众包等一系列利用社会力量和资源的发展方式。由于企业可以从合作网络、平台生态乃至社会大众中获取必要的资金、技术和能力，企业成长的基本条件不再局限于产权边界。例如，借助平台生态力量，企业甚至可以在没有全职设计师、没有营销广告和没有储存仓库的基础上为消费者提供受市场青睐的产品，其中，最经典的案例来自美国无线 T 恤公司。不同于同行“全职设计师设计—企业制造—成品储存—持续营销”的 T 恤制造理念，无线 T 恤公司通过网站向大众广泛征求 T 恤图案样式的设计方案并邀请用户投票，用户在支持自己心仪的设计方案后可以直接选择预订该款 T 恤。随后，依据得票率最高且预订订单量达到门槛要求的 T 恤进行生产。由于所有 T 恤都是用户心仪且已经预订好的产品，所以并不需要仓库储存，也避免了产品滞销风险。在整个过程中，消费者不仅是产品的使用者，也是产品的设计师和口碑营销的重要成员。

善于利用企业之外的资源和能力（即并非由企业控制或占有的资源与能力）不仅扩大了企业的价值边界，也通过杠杆式利用拓展了企业成长的规模边界。巧妙利用企业间、网络间的共享资源和能力，不仅推进了企业的轻量化运营，也为未来增长提供了实质选择权（Tiwana，2013）。例如，位于四川省成都市的电商平台“优必上”和优质厂家合作，巧妙地利用酒店、餐厅等各类线下消费场景创造“产品就是自媒体”的数字营销新情境。以酒店为例，当旅客入住酒店体验到舒适的床被和枕头时，可以直接通过扫码进入平台商城页面，向厂家订购同款产品。这样一来，消费者买到了实际体验感良好的优质产品，酒店获得了消费好评，商家扩大了产品销量，既节约了营销费用，又减少了中间代理成本，还推动了酒店与合作厂家的良性互动，形成消费者、厂家、平台、线下商家多方共赢的价值共创格局。

工业经济时代以资源能力独占为特征的独立式成长的企业成长逻辑，迈向移动互联网时代以资源能力共享为特征的杠杆式成长的企业成长逻辑，其背后不仅隐藏着数字信息技术对社会生活的颠覆，也反映了企业的发展思路从“单打独斗”转向“众人拾柴”。移动互联网时代为企业发展带来的不仅是机遇，也有挑战。企业间合作和竞争关系不再固化，平行厂商之间也可能同时保持竞争与合作的复杂关系。例如，英特尔(Intel)在与其处理器产品互补组件的生产商合作的同时，也在自行设计生产同类互补组件(Gawer and Henderson，2007)。亚马逊和京东的电商商城不仅售卖合作商家的产品，也售卖同类自营产品(Zhu and Liu，2018)。伴随着“信息孤岛”被打破，移动互联网不断降低各行各业的进入门槛，原本独占市场的龙头企业也可能因为跨界竞争者的颠覆性技术或应用而导致大厦倾覆(鲁彦和曲创，2019；荆文君等，2022)。无论是支付宝和微信对银行业的竞争，还是滴滴出行对传统出租车行业的颠覆，都用事实经验论证了移动互联网时代的跨界竞争常态。为此，在常态化的竞争格局下如何借力企业关系网络或平台生态发挥杠杆力量助力自身发展，成为企业新成长逻辑下的关键问题。

1.3 移动互联网时代企业成长的理论内涵

1.3.1 移动互联网时代企业成长的再定义

移动互联网时代，计算机、移动通信技术被广泛应用，数据和信息成为重要的生产要素，它们彻底改变了信息的传递速度、数据的收集和使用方式、进入壁垒、商业和产品的界限，并最终改变了人们的生活方式。移动互联网的出现，推动了人们从现实世界“移民”到网络世界，人们的消费习惯也转变为网上消费，这种转变迫使企业不得不转移“主战场”，分布式地发展以需求为中心的架构，充分有效地利用信息传播，突破长尾需求瓶颈。从产品和服务的形式来看，信息时代的公司提供的不仅是有形的产品和服务，还包括无形的产品和服务。由于信息具有扩充性、可共享性、可预测性等特点，信息时代提供了一个加强企业与企业、企业与人、人与人之间的社会关系和活动的平台。移动互联的泛在连接大大提高了人们之间的信任度，使得社会和商业关系，包括与人接触的广度、速度和频率，都比过去更有提升，从而大大加速了商业活动。

工业经济时代背景下，企业成长常被解释为从一个规模向另一个规模的过渡，强调企业成长的规模观(王德忠，2002)。而在工业经济时代向信息经济时代过渡的背景下，移动互联网等技术对企业发展的影响明显，信息技术变化速度加快，市场竞争激烈，个性化需求使得产品的生命周期大大缩短，企业单纯依靠大规模、大批量生产维持竞争优势的可能性越来越小，企业间的竞争更多地表现为能力的竞争(朱伟民等，2001)，更强调企业成长的能力观。Teece 等(1997)最早明确提出“动态能力”这一概念，他们将演化经济学中的企业模型和“资源观”结合起来，提出基于“动态能力”的资源战略观框架。他们认为，由于基于专有技能、组织惯例和互补资产的企业特有能力以隐性知识形式存在，特定企业的组织能力与惯例难以被模仿和复制(Teece et al.，1997)。所以，企业成长一味地追求规模大的“量变”，而忽略潜在能力提升的“质变”，极易落入企业成长的“陷阱”。信息时代能力竞争、企业战略联盟等特点，使得企业不再只以规模论英雄，规模也不再是坚固的行业“进入壁垒”(滕颖，2001)。从规模观和能力观来看，企业成长不仅是以规模扩张为特征的“量的成长”，也是以生存和发展壮大为目的的“质的成长”(汤文仙和李攀峰，2005)。

量和质所定义的企业成长都是企业某一时点的状态(Nelson and Winter，1982)，被视作企业成长的结果。然而，移动互联网时代信息迭代、资源更新的速度加快，企业竞争优势相对地位也在不断变化，企业增长率有正有负(张维迎等，2005)，成长存在正向和负向发展，企业正是在这种正负向持续改变的动态过程中实现成长(杨洋，2011)。任何企业的成长必然是一个过程，而不仅是一种结果(雷家啸，2005)。因此，量和质不是独立的状态，也不应仅被看成某一时间的企业成长评价指标，而应协同两者关系来定义企业成长。企业的能力是未来规模的基础，规模的扩张又需匹配更高的能力，成长能力的更迭替代及对规模的持续作用，形成成长能力和规模动态的演化轨迹，即成长过程(杨洋，2011)。

综上所述，在移动互联网时代的背景下，企业成长主要是“量(规模)”的增长与“质(能力)”的蜕变，强调的是企业基于内外部资源进行企业能力与规模协调的动态演化过程。由于信息、技术的互通共享，产业和企业组织界限变得模糊，企业间形成了一种战略联盟的新型竞合关系。企业的关系网络也会因为信息的发展而逐渐庞大，连锁董事等连带关系使得企业在关系网络中获益，推动企业发展。领导型企业还会汇聚各方资源建立平台，构建良好的生态系统，吸引更多合作伙伴和用户协作发展，企业关系从竞争变为共生。

1.3.2　移动互联网时代企业成长的基本要素

基于移动互联网时代企业成长的再定义和基本特征，本小节从资源和能力两个视角定义移动互联网时代企业成长的基本要素。

1. 企业成长的基本要素——基于资源视角

从资源视角来看，资源基础理论认为资源是企业成长的基础。根据企业所获得资源的渠道不同，将企业成长所需的资源划分为企业内部资源与企业外部资源两种。其中，企业内部资源主要包含企业知识、人力资本和平台架构；企业外部资源主要包含关系资本、产业资源和政策环境。

1) 企业内部资源

(1) 企业知识

知识本身就是一种无形的、独特的、不易复制和难以模仿的关键资源。企业知识理论认为，企业本质上是一个获取、吸收、利用、共享、保持、转移和创造知识的学习系统，通过不断获取和利用知识来提高自身的竞争力和适应市场变化的能力(Demsetz，1988)。可以看出，企业知识理论强调知识在企业运作和发展中的核心作用，并将其视为企业成长和竞争优势的来源。根据知识的属性，知识可以被分为显性知识(explicit knowledge)和隐性知识(tacit knowledge)。显性知识是指能够以文字、图表等形式准确描述的知识，如科学原理、数学公式等，可以通过可识别的编码存在于企业组织的程序及操作手册中。而隐性知识则难以用文字、图表等形式加以描述，需要通过实践、体验等方式获取，是一种潜意识的理解和运用，如技能、经验等。隐性知识通常被认为是组织能力不可模仿的来源，可以通过组织在学习上的投资转化为显性知识。而企业可持续成长的实现形式就是知识创新，企业通过不断的技术创新和产品创新突破技术或产品的寿命周期以寻求企业的高速成长(Teece et al.，1997)。企业成长的每一阶段也都对应着企业知识的积累或突破，是一种知识量的积累与质的突破相结合的过程，也是一种从持续学习到知识创新的过程(杨波和熊中楷，2010)。肖沛等(2004)认为，企业通过知识管理系统吸收利用各种知识、技术资源等，形成组织的知识吸收和转化能力，进而提升组织的学习及创新能力，帮助企业在市场竞争中获得竞争优势，促进企业持续成长。

在移动互联网时代，企业知识对企业成长的重要性不言而喻，作为企业成长基本要素之一，有着以下几方面的作用。第一，企业知识有助于提高组织的学习能力。在快速变化的移动互联网时代，企业要不断学习和更新知识才能跟上市场的步伐。而企业内部的知识管理则有助于提高员工的学习能力和适应能力，使企业通过不断学习、适应和创新来更好地应对市场挑战。第二，企业知识有助于提高组织的协作效率。通过有效的知识管理机制，如良好的信息沟通渠道、有效的培训和发展计划、鼓励知识分享的企业文化等，企业可以促进不同部门之间的交流和协作，打破“信息孤岛”，实现知识共享。这不仅可以提高工作效率，还可以增强团队的凝聚力和合作精神，从而促进企业发展。第三，企业知识有助于提升组织的创新能力。知识管理有助于企业发现和培养创新人才，推动技术进步和业务创新。企业还可以通过知识管理积累和传承宝贵经验，为企业创新提供强大支持。总之，在移动互联网时代，企业知识的积累、管理和利用对于企业的成长与发展具有非常重要的意义。通过有效的知识管理，企业可以不断提高自身的学习及创新能力，为企业的长期发展奠定坚实基础。

(2) 人力资本

企业持续成长的动力源泉，必然涉及企业家及人力资本供给（魏华飞和尹兴科，2013）。德鲁克将企业家角色的使命定位在“为目前的企业创造未来”，即培育持续成长的企业（Drucker，1994）。在新经济企业成长中，企业家作为企业内外资源与能力的聚合体，是关键性资源之一（王丽平和代如霞，2020）。企业创业相关研究也指出，企业发展成功与否关键依赖于企业家的战略能力和有效决策。企业家与上下游等利益相关者之间建立良好的关系，有助于企业获取成长所需的关键资源和市场信息，并帮助企业作出正确决策（蔡莉和单标安，2013）。此外，企业家的核心能力有创新能力与动态学习能力等，而创新能力与动态学习能力可以提高企业对资源及能力挖掘的深度和广度（李婧等，2010），赋予企业已有资源与潜在资源新的组合方式，实现产品创新、组织创新及战略创新，从而助力企业成长。人力资本是一个员工在企业中的知识、技能、经验、能力等方面资源的综合体现，这些资源对于企业成功实现业务目标及商业目标至关重要。对人力资本的积累、创新及有效利用可以给企业带来更高的劳动生产率、更好的产品及服务质量，从而帮助企业建立更强的竞争优势等，促进企业持续成长和发展。

企业家对企业持续成长发挥着动力源的作用。在强烈的企业家精神主导下，企业家可通过提升动态学习能力驱动人力资本持续变异或创新，进而促成角色类型适时转换和升级，最终实现企业家角色与企业的同步成长（陈云娟，2010）。在实践中，每经过一次企业家精神的升华或学习能力的提升，企业家人力资本就获得一次创新，企业家角色类型也就发生一次复合或变换，企业发展的动力系统就经历一次重构，企业人也获得一次成长嬗变，企业组织就获得一次发展壮大（魏华飞和尹兴科，2013）。因此，企业家精神及人力资本对于移动互联网时代企业的成长发展具有重要影响，他们是企业持续成长的动力源泉。

(3) 平台架构

平台架构是企业成长的基础设施模块，其通过建设云端一体化的流程模型、开发平台等实现企业各环节的数字化，并鼓励第三方企业加入平台，进而推动顾客互动、企业间联系等的数据化，不断完善企业平台生态（朱国军等，2019）。此外，企业通过搭建平台架构开放平台接口，开展横向平台包络与纵向平台包络，将数据线上化、系统化，构建涵盖用户行为特征、企业运营行为特征、关联企业行为特征等的基础数据库，实现基础数据资源的获取并提高知识网络价值（梁强等，2017）。基于对基础数据的分析，企业可以减少无谓的重复工作和技术成本，提高企业的决策效率和准确性，有效避免业务级、功能级、数据级的重复投资。同时，平台架构还可以平衡信息技术资源与业务间的依赖关系，支持企业业务的创新，使各业务单元的业务流程与信息保持高度一致性，实现企业范围内最紧密的协作。在移动互联网时代，企业的成长不仅依赖于自身的努力，也需要通过合作、联盟等方式与外部企业进行资源整合和优势互补。平台架构可以帮助企业更好地与外部企业进行合作和交流，让不同的企业在统一的平台上便捷地交换信息和数据，促进资源的共享和优化配置，进而推动整个产业链的发展。综上所述，平台架构在移动互联网时代对企业成长具有重要的意义，其可以通过降低企业成本、避免重复投资、支持企业业务创新、加强企业外部合作等来不断促进企业发展。

2)企业外部资源

(1)关系资本

关系资本的资源说认为，关系资本是现实或潜在资源的集合体，这些资源与关系网络有关，与该群体中的成员身份有关(Bourdieu，1980)，只有具备成员资格的人才拥有资源的获取机会(Dyer and Singh，1998)。可以看出，关系资本嵌入在关系网络中，可以提供给成员实际或潜在的资源，从而为他们的战略行动提供支持。由此来看，关系资本可以被视为一种能够带来收益的社会资源，这种收益可能来自成员在关系网络中的地位、权力、影响力等方面。Lin(1999)提到，关系资本以个人关系的信任、友好、承诺为基础，是盟友专有的独特异质性关系资源。而公司可持续竞争优势来自其有价值的、稀缺的、难以模仿和不可替代的异质资源(Dierickx and Cool，1989；Barney，1991)。所以企业可以通过关系网络中的战略联盟拥有独特的伙伴关系资源，并使其成为自己的关系资本(常荔等，2002)，进而建立无法复制和模仿的竞争优势(Dyer and Singh，1998)，不断推动企业成长。总的来说，关系资本是企业网络化成长的内在物质基础、外在交易规则及价值来源，对企业成长来说是不可或缺的基本因素之一。

在移动互联网时代，关系资本是企业通过关系网络所积累的资源，包括品牌、声誉、客户关系、合作伙伴等，对企业成长的重要作用主要体现在以下几方面。第一，提升企业品牌和声誉。通过关系资本的投资和积累，企业可以建立良好的品牌和声誉，提高在市场上的知名度和影响力，从而吸引更多的客户和合作伙伴，为企业成长提供有力支持。第二，增强企业创新能力。关系资本可以促进企业与外部的交流和合作，帮助企业获取更多的外部知识和资源，进而提高企业的创新能力。企业可以推出更多的创新产品和服务来提升市场竞争力。第三，拓展市场机会。通过关系资本的积累，企业可以建立更广泛的客户关系网络，了解更多的市场需求和趋势，进而拓展市场机会，扩大业务范围。第四，提高企业融资能力。关系资本可以帮助企业建立与投资机构、金融机构的联系，获取更多的融资机会和资金支持，从而为企业的发展提供稳定的资金保障。总之，在移动互联网时代，关系资本对于企业的成长和发展具有不可替代的作用。企业应该注重关系资本的积累和投资，建立更广泛的合作关系网络，提高品牌和声誉的影响力，从而为企业的长期发展提供有力的保障。

(2) 产业资源

企业所处的产业链上下游的资源情况也是决定企业成长的重要因素。企业需要与供应商、销售渠道、合作伙伴等建立良好的关系，以便获取稳定的供应和销售渠道，并在竞争中占据更有利的位置(McCarthy，1960)。在移动互联网快速发展的新经济时代，企业创新活动与产业组织的关系呈现出生态化的特征，这使得企业间的经济合作与交流具有了生态性。而良好的生态结构表现为合理、匹配的产业间联系(欧光军等，2016)，有助于促进创新知识或研发技术的积累、传播及新知识和新技术的产生(李沙沙和尤文龙，2018)；也会吸引更多的资本要素、人才要素和研发要素的流入，促进生产要素更加集聚，获得产业资源保障(王丽平和代如霞，2020)。因此，在移动互联网时代基于企业构建的平台化的生态系统，将供应商、合作伙伴、消费者等各方都整合在一个平台上，有利于企业实现资源的共享和协同效应，并扩大资源杠杆，提升平台的领导力，实现利润增长，从而促进企业成长。

在移动互联网时代，产业资源对于企业成长有着十分重要的作用。移动互联网的普及和发展，不仅推动了企业的数字化转型，也带来了丰富的商业机会和创新模式。拥有稳定的产业资源意味着企业在市场竞争中具备更大的优势和潜力。首先，移动互联网改变了传统产业的格局。通过移动设备，许多传统行业得以实现线上线下的深度融合，进而优化产业结构，提升效率。以移动医疗为例，通过移动设备可以实现在线咨询、远程诊断等服务，不仅缓解了医疗资源短缺的问题，也扩大了医疗服务的覆盖面，为医疗行业带来了新的发展机遇，也为企业提供了更广阔的市场空间。其次，移动互联网推动了企业的数字化转型。借助移动设备，企业能够更好地收集、分析和利用数据，优化业务流程，提升决策水平。例如，通过大数据分析，企业可以精准掌握各方的需求，从而制定更有效的策略来维系企业关系，巩固所获得的资源。最后，移动互联网促进了创新商业模式的诞生。许多新兴产业充分利用移动互联网的特性，创造出新的商业模式和盈利模式。例如，互联网金融通过移动设备实现了便捷的支付、投资等服务，满足了用户多样化的金融需求。此外，移动直播、移动社交等新兴行业也凭借移动设备的优势，迅速赢得了市场份额。综上所述，产业资源对企业成长的重要性不容忽视，稳定、丰富的产业资源将助力企业在移动互联网时代取得更高效的成长。

(3) 政策环境

Isenberg (2010) 在分析硅谷企业成长时提出，企业想要获得成功，除了要拥有所需人力资源、资金、社会资源等资源外，还需要一个政策环境，以便更加合理高效地运用这些资源，并受到政策的鼓励和保护。政策环境就是各级政府部门为促进及帮助企业成长与发展而颁布实施的各项政策、法律法规和具体举措等（蔡莉等，2011）。这些政策决定了企业能否获得相应的扶持、优惠和奖励。例如，政府制定并落实的财政资金支持、税收优惠、项目研发经费支持等政策对企业的发展有直接推动作用（Castaño et al.，2016）。这些政策能够降低企业的经营成本，提高企业的竞争力，促进企业发展成长。此外，相关政策还能推动市场资源配置向企业流动和倾斜，弥补企业短板。例如，企业在成长过程中可能遇到资金、技术、人才等方面的问题，而政府可以通过提供财政资金、科技支持、人才引进等措施来有效弥补企业短板，促进企业的快速发展。当下金融政策的不断出台，不仅推动了金融体系的完善及资本市场的成熟，也使得企业在一定程度上更加容易获得外部融资，以满足企业在快速成长中的资金需求。而不断深化的创新创业环境建设也为企业成长提供了更大的上升空间。

当下，随着轻型产业生态的兴起，政府积极推动移动互联网与传统产业的融合发展，打造轻型产业生态，为企业发展提供更为广阔的空间。例如，政府推动移动互联网在智能制造、智慧城市等领域的应用，为企业提供更多商机来促进企业发展。《中国移动互联网发展报告（2022）》中相关数据显示，截至 2021 年 12 月，我国移动互联网用户规模已达到 10 亿人，移动互联网相关产业收入超过了 15 000 亿元。这些数据表明，我国移动互联网市场具有巨大的潜力和商机，政府出台的相关政策为移动互联网时代企业的成长提供了良好的市场环境与上升空间。因此，政策环境是移动互联网时代企业高效成长的基本要素之一。

2. 企业成长的基本要素——基于能力视角

从能力视角来看，在移动互联网时代，资源传播更新的速度快，企业获得资源已不成问题，但是资源本身并不能创造价值，企业积累的内外部资源要匹配相应的能力才能实现其价值转换。因而，移动互联网时代企业成长的第二个基本要素是企业成长能力。企业能力自 20 世纪 70 年代被正式提出，Hamel 和 Prahalad（1990）提出："企业成长的源泉是组织对企业拥有的资源、技能、知识的整合能力。"该理论强调了企业运用、配置内部资源对企业成长的重要性，体现为短期的竞争优势，忽略了外部环境的变化对企业成长的影响。而"动态能力观"学派认为，信息时代市场变化迅速，伴随着技术进步，整个经济结构改变。外部环境的变化迫使企业适应和变革，从而对企业现有能力存量不断进行质的改变，这些能力构成产业动态性的驱动力（Teece et al.，1997）。因此，根据是否与外部环境变化有关，将企业能力分为静态能力和动态能力。静态能力和动态能力不是相互独立的两种能力，而是辩证统一的关系，动态能力促进静态能力的发展（Wang and Ahmed，2007），形成新的、适应环境的静态能力，即静态能力通过动态能力来获得发展和修订(黄培伦等，2009)；而静态能力与环境的不匹配又促使动态能力的进一步提升，两者相互作用、相互促进。

1) 静态能力

企业的静态能力是在具体时间点的表现，被确定为获得和发展竞争优势的一个主要源泉(Wernerfelt，1984；Barney，1991)。静态能力主要包括市场层面的市场接近能力、社会网络关系能力，产品层面的生产能力、研发创新能力和产品整合相关能力。

从市场层面来看，市场接近能力泛指企业把握客户需求、拉近客户距离的技术与技能(Zhang et al.，2016)，如精准营销、品牌发展、用户体验优化和维修与后勤技术支持能力等。市场接近能力是企业获得超额利益的重要源泉，企业所生产的产品必需要被市场接受，并被广泛购买，企业才能存续并发展。移动互联网时代，随着信息技术的广泛应用，一方面，信息技术能帮助企业更好地进行营销宣传，但另一方面，所有企业都能借助互联网的优势接近市场，这也使得企业不得不考虑产品质量、售后服务和品牌发展等更可持续化的措施。社会网络关系能力指企业利用其在关系网络或更广泛社会结构中的成员身份获取稀缺资源的能力(Portes，1995)，例如企业获取外部帮助、认可和政策支持。在移动互联网时代，企业不再是独立的竞争个体，企业更多考虑关系资本的重要性，网络化成长成为企业成长的一个重要路径。

从产品层面来看，企业的生产能力是企业获利的首要能力，企业要发展生产效率高、成本低、柔性强的生产能力。要使企业占据市场位势，还须发展企业的产品研发创新能力(杨波和熊中楷，2010)。由于信息时代强调一个“快”，企业必须时刻关注客户需求并科学预测需求，提供个性化的产品和服务，突破原有的技术瓶颈，抓住并创造市场机会。另外，产品整合相关能力也是企业产品赢得市场的核心能力之一，主要是指整合产品从供应商到客户的流程中所有价值活动的能力，在产品的质量品质、作业时间、及时存货管理及有关作业流程的活动中反应迅速，比竞争者反应更快且更有弹性(于东明和李政，2019)。

2) 动态能力

动态能力是企业对环境的一种适应和变革能力，促使企业获取长期持续的竞争优势，主要包括组织层面的环境洞察能力、组织学习能力、风险控制能力、匹配协调能力和技术层面的大数据能力、知识产权能力。

从组织层面来看，在移动互联网时代，市场变化异常迅速，在动态复杂的不确定环境中，企业应当具备环境洞察能力，建立快速响应机制，分析环境并对机会进行探寻及把握，从而优化企业业务流程，提高决策效率，迅速应对市场变化和预测用户需求。环境的快速变化也迫使企业发展组织学习能力。组织学习是指组织各成员经由体察及纠正组织经营中发生的错误，来对组织内外环境的变化做出反应(Argyris and Schön，1997)。企业成长能力的关键在于企业管理的核心层自身的成长发展潜力和组织指挥运作的能力(德鲁克，1989)。组织必须持续地学习并吸收最新的技术、市场、顾客等相关的知识，来适应环境的快速变化，并借以维持组织的竞争优势。不确定的环境意味着存在风险，企业对风险控制的能力将对企业成长过程产生巨大影响(计东亚，2013)。企业在危机发生之前，须防患于未然，做好预防工作，控制风险的影响。另外，互联网企业成长的市场保障核心是匹配协调能力(朱国军等，2019)，主要是通过调动内外部资源，在企业竞争战略选择上调整、强化和匹配，实现网络协同和数据智能的双螺旋，拓展产业边界和技术边界，实现消费端和供给端的精准匹配和产销合一。

从技术层面来看，由于在移动互联网时代，大数据成为新的生产要素，为企业的价值获取和创造提供了新的路径，企业需要构建和提升大数据能力。大数据能力指企业对巨量的离散数据进行实时分析并采取应对措施的能力(Hurwitz et al.，2013)。大数据能力服务于企业战略、业务模式和产品升级等方面，帮助企业在一定时间内获取、清洗、管理和加工处理数据(Bharadwaj et al.，2010)，尽可能在庞杂、结构多样的数据资源中分析并挖掘数据价值，进而形成具有企业自身特点的战略资产和竞争优势(谢振东等，2017)。同时，在全球化的大环境中，知识产权融入商业模式与组织能力之中更有利于企业实现高效成长(Teece，2011)。企业的知识产权能力指企业通过一系列流程，如创造、整合、运用和保护，获取知识产权，并将其转化为竞争优势的能力(Hicks et al.，2001)。其中，知识产权创造是企业利用已有资源研发创造新知识、新技术；知识产权整合是将各部门和各企业间的资源融合，实现优势互补，从而形成新的知识产权成果；知识产权运用是为企业的新一轮创新提供物质基础，将知识产权转化为新产品、新工艺的过程(池仁勇和潘李鹏，2017)；知识产权保护是为防止企业的创新成果被盗用，企业通过自我知识保护、侵权排查、诉讼等方式进行防范的过程(甘静娴和戚湧，2018)。

1.4 移动互联网时代企业成长的新兴路径

移动互联网对传统企业从生产到消费的革命性变革，不仅重塑了企业与企业之间、企业与消费者之间及消费者与消费者之间的互动关系，也深刻改变了企业成长的内外部环境，使得遵循传统占有或控制资源的成长路径的企业在发展到一定阶段时，可能因面临瓶颈而裹足不前。相反，那些顺应移动互联网时代的不确定性环境并善于利用新兴成长路径的企业，才能推动自身在移动互联网浪潮中迎风破浪，构筑核心竞争优势并谋得长足发展。

1.4.1 新兴路径一：网络化成长

在移动互联网时代，VUCA①的经济社会环境使得企业很难再单纯依靠自身的资源能力实现成长，而多变的竞争局势和复杂演变的竞合关系又使得企业难以借助大量收购竞争对手实现持续快速扩张。为此，基于企业间合作网络的网络化成长路径成为助力企业成长的新手段。

网络化成长指企业利用与其他企业或组织建立正式或非正式的合作关系，利用网络关系的特定位置快速获取和贡献网络资源，将网络资源与企业自身资源整合利用，从而推动企业成长(邬爱其，2005)。与企业自身通过培养、并购所控制或占有的资源不同，合作网络中隐藏的网络资源是企业之间跨边界连接所形成的惯例和过程(Dyer and Singh，1998)，可能表现为网络结构资源、关系链形态资源、网络成员资源和网络管理资源(Gulati，1999)。之所以采取网络化成长路径，源于移动互联网时代网络安排对企业成长的几重影响。首先，网络本身就是一种高价值社会资本，良好的网络伙伴、网络关系或网络位置可以为企业赢得信息结构洞优势和成员优势，进而推进企业获得更高的市场回报(Burt，1992)。其次，网络关系的形成不仅提升了网络成员企业间整体应对外部风险的能力，还通过网络合作，借助外部资源，盘活内部冗余资源，从而在打破资源边界的基础上实现资源拼凑新用途或是资源再整合，极大地提高了原有冗余资源的利用效率(Baker and Nelson，2005)。例如，将塑料袋、胶带、硬纸板和输送带，重新组合作为临时的求生设备，并使这些资源跳脱(而非取代)刻板的使用习惯，开创出新的运用方向(Weick，1993)。换言之，合作网络有助于发现企业资源的多重应用与新维度，而资源新维度的出现，也隐含着创造价值的延伸。最后，借助于合作网络不同节点间的频繁交流，企业可以快速构建新的连带关系，并通过高效信息沟通和点对点决策提高创新协作效率，从而缩短产品(创意)开发周期和加速新产品上市。除了研发收益，生产技术、工艺流程、组织能力及市场知识等无形资本也可能由于网络联系而得以低风险、低成本运营。总之，网络化成长之所以成为契合移动互联网时代企业成长的新兴路径，是源于网络化成长不仅丰富了企业成长的资源基础，加大了企业成长机会，助推了企业成长愿望，还通过优势网络位置(网络中心)的谋取增强了成长压力(林润辉，2004)，激励企业积极创建或嵌入合作网络并占据中心位置，从而主导网络并助力自身快速成长。

相比企业单纯依靠自身力量的传统内部成长或外部并购成长方式，网络化成长不仅加入了外部资源输入所产生的外延式突破性成长，更重要的是通过企业与

① VUCA 是 volatility(易变性)、uncertainty(不确定性)、complexity(复杂性)、ambiguity(模糊性)的英文简称。

网络的结合，催生新场景和新机会成长。例如，2023 年小米集团推出新一代智能手机时，利用小米集团和专业相机制造商徕卡合作推出搭载专业级移动影像光学徕卡镜头的智能手机小米 13 Ultra，使其在一众移动影像“数码味”极强的智能手机中脱颖而出，赢得了广大专业摄影师、摄影发烧友和爱好影像的用户们的广泛好评。也许企业合作之初都并未预料到这种潜在性的成长，而正是基于企业内部资源和外部合作网络资源的高效整合利用，借助资源拼凑“无中生有”地缔造了新产品、新市场或新商业模式(Baker et al.，2003)。

为此，对于立足网络化成长路径的企业而言，创建或嵌入合作网络并巧妙获取、吸收、转化和利用网络资源与能力，是推动其在移动互联网时代快速持续成长的关键。具体而言，结合中国情境来看，利用多重嵌入及多层次互动可以助力企业的绩效提升和持续成长。首先，在移动互联网时代的网络经济条件下，企业间的嵌入性和地域嵌入性及其多层次嵌入的交互能够为企业利用网络资源或弥补自身能力缺口，从而推动成长，提供优势基础(Yang and Modell，2012；Greenberg et al.，2018)。其次，企业创建或嵌入合作网络能够由于占据重要的信息节点而掌握结构洞优势，从而利用信息优势和网络关系创造关系租金(Burt and Opper，2020)。例如，两家公司之间形成的连锁董事关系(当一家公司的高级管理人员或董事加入另一家公司的董事会时，公司之间就会产生连锁董事关系)，提高了两家公司间相互模仿的效率，缩短劣势企业的创新开发周期，并降低市场风险和研发的系统风险(Oh and Barker，2018)。在更为复杂的情境下，企业同时嵌入合作研发网络和连锁董事网络(范建红和陈怀超，2015；Eriksson et al.，2016；陈培祯和曾德明，2019)。占据双重网络的中心位置能够同时带来合作研发的创新优势和连锁董事的模仿优势，从而进一步加速企业提升创新绩效(innovation performance)。与之相对应地，出于内外部资源匹配整合效率的考虑，企业拥有更强的吸收能力，对于高效吸收、整合、转化和利用双重网络资源，能够发挥更好的杠杆作用(刘富先和毛蕴诗，2021)，扩大创新开发效率。

1.4.2 新兴路径二：平台生态化成长

生态系统的概念源自生物学，最早由英国生态学者阿 • 乔 • 坦斯利于 1935 年提出，指在自然界的一定空间内，生物与环境构成的统一整体。在这个统一整体中，生物与环境之间相互影响、相互制约，并在一定时期内处于相对稳定的动态平衡状态。而生态系统首次于管理学领域被提出，是 1993 年 5 月管理学家詹姆斯 • F. 摩尔发表的《掠夺者和猎物：竞争的新生态》一文中。文中，摩尔将商业生态系统定义为“以组织和个人的相互作用为基础的经济联合体，组织和个人是商业世界的有机体，这种经济联合体生产出对消费者有价值的产品和服务，消费者是生态系统中成员，有机体成员还包括供应商、主要生产者、竞争者和其他风险承担者”(Moore，1993)。后来，随着移动互联网的普及应用和共享经济的逐步发展，立足双(多)边市场的平台企业开始在商业生态系统中发挥关键领导作用，商业生态系统转向更为新兴的平台生态系统。与商业生态系统类似，平台生态系统也强调成员多样性、成员互补性及关键成员(平台领导)对维持系统良好运转的作用，且系统会在演化过程中更新或死亡(Gawer and Cusumano，2014；Jacobides et al.，2018)。企业立足于平台生态系统的平台生态化成长路径不是简单的寄生关系或网络合作关系，而是在角色分工明确的基础上最大程度实现生态位分化和平台协同，以此利用互补性和管理相互依赖性，确保在高效有序的生态经营过程中谋求成员间价值共同创造(Agarwal and Kapoor，2017)。

平台生态化的成长路径不仅强调企业内外部资源的整合，更强调在平台领导及参与者角色明晰的基础上共同推进对于平台生态资源和能力的编排，以此实现成员间互补创新协同，从而激发平台网络效应的独特价值(Rietveld and Schilling，2021；Agarwal et al.，2023)。平台生态化所追求的成长不仅关注企业内生性成长和突破性成长，还关注不同主体交互协同所产生的潜在性成长。在适当的诱因刺激下，平台供需各方的积极互动可以突破临界规模，形成网络效应(包含直接网络效应和间接网络效应)的正反馈循环，推动生态价值极大化(Parker et al.，2016)。例如，电商平台上商家(供方)提供越多种类丰富的商品和优质的服务，越可能吸引消费者(需方)加入平台购买商品并给予真实评价，而大体量的交易和累计消费评价又为吸引新的消费者和商家提供了新的动力，推动着用户数量和交易体量的持续增长。

从平台生态化的成长路径类型来看，企业可以尝试通过创建或加入平台生态系统以谋求持续成长。其中，前者类似于网络化成长路径，致力于承担平台领导角色并占据平台生态系统的中心位置，通过合理编排生态成员关系和资源，以最大限度激发价值协同共创的潜力。然而，如果企业本身不是天生的数字企业或平台企业，要从传统生产制造企业转型为平台领导，就不得不做出业务战略的二次选择，主动逐步让出企业原本控制的业务市场，以便更好地激励互补者和其他生态成员持续创新(Zhu and Liu，2018)。与传统的内部成长或外部并购成长所不同，立足平台领导的平台生态化成长谋求的是非科层控制和非产权控制，是在平等成员关系的基础上合理利用生态规则维持平台秩序和稳定(杜华勇，2019)。因而，成员之间并非单纯或固化的竞争或合作关系，而是依据平台的演化在合作中保持良性竞争。例如，尽管平台领导可能由于经营平台互补业务而与其他成员形成竞争关系，但其本身的成长动力仍然定位于生态的整体繁荣，如为了及时弥补互补品质量缺口，或是主动进入空白市场以减少后来者(平台内其他互补者)的风险。换言之，基于平台领导角色定位的平台生态化成长谋求的是生态共创共赢，企业成长依赖于平台生态系统的发展和繁荣。

相比之下，遵循平台生态化成长路径，企业也可以通过加入成熟的平台生态系统助力自身成长。与平台领导的角色定位不同，加入成熟平台生态的企业旨在承担价值创造的联动者角色，在平台领导的编排和协调之下实现与生态成员的协作交互(Wormald et al.，2023)。例如，知名游戏开发商嵌入安卓或iOS系统开发爆款游戏，力争成为平台的头部游戏开发商，进而成为平台不可或缺的重要力量。加入成熟平台生态系统且作为参与者而非领导者身份，往往不需要承担过多的平台公共责任(如投资平台基础设施、投入前期用户补贴、投身试点试验等)，可以专注于自身与平台的协同互补性而开发独具价值的产品或服务，从而享受聚焦创新产出的收益(Tiwana，2015)。然而，无论是平台领导者角色还是参与者角色，平台生态化的成长路径都不等同于传统的竞争理念，强调生态成员在合作竞争理念上追求平台生态资源协同的共赢成长。这种共赢成长并非一蹴而就，而是依赖于平台领导者和其他平台参与者的共同努力，在确保用户活跃参与和平台良好声誉之上，推进互信互赖的协同价值共创(Perrons，2009；罗珉和杜华勇，2018)。因此，平台生态化成长尽管能够带来更大价值，但其成长路径的选择也面临着更加复杂的情景条件，需要在业务选择(角色定位)、驱动力量和价值共创路径等方面谨慎决策，同时确保在合理适用的边界条件内保持平台生态的有效秩序。

1.4.3 企业成长新旧路径比较

由于内部成长路径和外部并购成长路径多为工业经济时代的主导路径，为便于区分移动互联网时代的两种新兴成长路径，本章将工业经济时代主导的两种路径(即内部成长路径和外部并购成长路径)统称为旧路径，将移动互联网时代的两种新兴路径(即网络化成长路径和平台生态化成长路径)统称为新路径，并通过表1-1详细加以比较。

表1-1 新旧成长路径的对比

成长路径/对比项目	工业经济时代		移动互联网时代	
	内部成长路径	外部并购成长路径	网络化成长路径	平台生态化成长路径
成长逻辑	利用内部资源积累和创造实现企业成长	购买外部资源实现企业成长	利用内外部资源整合实现企业成长	利用平台生态资源协同实现企业共赢成长
竞争优势	内部资源能力是核心竞争优势	外部产业结构决定核心竞争优势	内外部资源匹配决定核心竞争优势	内外部资源协同决定核心竞争优势
竞合理念	竞争	竞争	合作竞争	合作竞争
成长资源	产权控制、内部积累与创造	产权控制、外部市场购买	非产权控制、网络内外部共享与整合	非产权控制、平台生态编排与协同共创
成长速度	较慢	很快	较快	很快
核心任务	积累创造内部资源	收购竞争对手	创建或嵌入合作网络	创建或加入平台生态
适用环境	线性、可预见	复杂性与动态性增强	非线性、不确定性	非线性、不确定性
影响因素	企业家和企业内部资源	企业外部资源	企业内外部资源	平台和企业内外部资源

结合表 1-1 具体来看，新旧成长路径的时代背景、成长逻辑、竞争优势、竞合理念、成长资源、成长速度、核心任务、适用环境和影响因素都存在明显差异。第一，内部成长路径和外部并购成长路径出现于工业经济时代，而网络化成长路径和平台生态化成长路径则发端于新兴的移动互联网时代。第二，在成长逻辑上，内部成长路径和外部并购成长路径两种旧路径强调占有或控制重要资源(可以是内部积累，也可以是外部并购)以推动企业成长，而新路径则强调内外部资源的整合和协同以实现企业成长。第三，旧路径的竞争优势源自内部资源能力或外部产业结构，而新路径的优势源自内外部资源的匹配和协同。第四，在竞合理念上，旧路径强调竞争主导的意识，而新路径则更强调立足于合作之上的竞争(即合作竞争)，突出在联合共创价值的基础上获取更大价值。第五，旧路径的成长资源主要来自产权控制或占有的稀缺资源，而新路径的成长资源则可以源自非产权控制，如网络或平台生态系统内外部资源的共享、编排、整合与协同。第六，旧路径中内部成长路径成长速度较慢，而外部并购成长路径成长速度较快，但转换到移动互联网时代，竞争关系的复杂化和内隐化使得企业不可能完全通过并购消弭竞争并持续壮大，而网络化成长和平台生态化成长等新路径则可以借助更大的利益联合体不断衍生与放大企业价值，从而推动企业持续快速成长。第七，旧路径的核心任务在于积累创造内部资源或是收购竞争对手，而新路径则强调创建(或加入)合作网络或平台生态助推杠杆式成长。第八，受益于工业经济时代相对可控的环境，旧路径的主要任务在于通过内部培养或外部收购的方式尽可能占有或控制稀缺资源并减缓竞争，而移动互联网时代的新路径则面临着非线性和不可预测的不确定环境，为此需要创建或加入合作网络或平台生态系统以实现“抱团取暖”，提高价值创造潜力和抵御风险的能力。第九，工业经济时代的企业成长受制于企业家(企业领导)和企业内外部可控制的资源条件，而移动互联网时代的企业成长不再受制于资源的产权边界，而是取决于企业内外部资源的可及性和平台领导的编排与协调。为此，加入更大的竞合网络选定角色定位(领导者或参与者)，并善于利用网络资源助力协同发展和价值共同创造，是移动互联网时代企业追求成长新路径需要考虑的关键决策。

1.5　本 章 小 结

本章梳理了工业经济时代企业成长的理论内涵、传统路径和基本逻辑，在此基础上，探究移动互联网时代企业成长的嬗变特征，从而提出移动互联网时代企业成长的理论内涵及新兴路径。工业经济时代开创了以机器生产和劳动分工为特征的新时代，该时代的企业成长依靠内部资源的利用达到企业的规模优势，强调企业成长的规模观，即一个企业成长是持续扩大规模的过程。由此，工业经济时代企业依赖利用内部资源的内部成长路径和收购兼并外部企业的外部并购成长路径，其目标都是尽可能利用并获取资源以进行规模扩张，占据市场竞争地位。

随着计算机的出现和普及，移动互联网对企业成长的影响提高到一种绝对重要的地位，企业不得不考虑在移动互联网背景下应有的生产模式、管理模式、商业模式及与竞争者的竞合关系，这使企业成长发生了巨大嬗变。首先，由于移动互联网泛在连接的特征，物联网信息通道更高效、便捷，基于数据的预测及精准推送，企业实施的场景化营销使企业的市场从工业经济时代所遵循的二八定律拓展为信息时代的长尾理论，同时人、物和商业的有机互联使得价值共创成为可能。企业的成长边界也不再拘泥于传统的规模边界，而是在数字技术赋能和利益相关者广泛参与之下谋求共赢成长。其次，企业成长动力发生改变，数据成为企业的重要生产要素，企业生产动力不再局限于自身员工及拥有的资源，消费者也加入生产过程中，作为产消者共同创造价值；企业生产资料的投入也超越了物质资料，更注重关系网络中的共享资源。最后，从工业经济时代到信息经济时代，由于企业生产方式、合作与竞争关系等的改变，企业的成长逻辑从“独善其身”的独立式转向“合作共赢”的杠杆式。所以，在移动互联网时代的背景下，企业成长不再仅是规模的增长，而是企业基于内外部资源进行企业能力与规模协调的动态演化过程，强调了企业成长的规模观、能力观和过程观。

企业成长边界、成长动力和成长逻辑的改变，也赋予了移动互联网时代企业从关系网络赋能成长、从平台生态系统获益、从与用户的有机互联进行价值共创、从与其他企业合作实现共赢，即网络化成长、平台化战略、用户互动与价值共创和竞合关系四大显著特征。此外，移动互联网时代的企业成长基本要素超越了所拥有的内部资源，还注重外部资源的获取并匹配相应的能力。企业发展的动力不仅是企业知识、人力资本及平台架构等内部资源，还有关系资本、产业资源及政策环境等外部资源。资源本身并不创造价值，资源的价值转换需要企业发展相应能力，如市场接近能力、社会网络关系能力、生产能力、研发创新能力和产品整合相关能力等静态能力，环境洞察能力、组织学习能力、风险控制能力、匹配协调能力、大数据能力、知识产权能力等动态能力。

顺应移动互联网时代的不确定环境，企业难以单纯靠资源的利用与获取持续发展，企业对外部环境的适应和变革变得尤为重要，企业成长衍生出网络化成长和平台化成长两种新兴路径。网络化成长是移动互联网时代竞合关系的演变赋予企业的一种新兴成长路径，它表示企业与其他企业或组织建立正式或非正式的合作关系，利用网络关系的特定位置快速获取或贡献网络资源，经由网络资源与企业自身资源整合、利用以推动企业成长。平台化成长则是基于企业内外部资源的整合，更强调在平台领导与参与成员角色明晰的基础上，共同推进平台生态资源和能力的编排，实现成员间互补创新协同，并激发平台网络效应的独特价值。基于工业经济时代和信息经济时代成长路径的对比，本章发现，两条时代成长路径的时代背景、成长逻辑、竞争优势、竞合理念、成长资源、成长速度、核心任务、适用环境和影响因素都存在明显差异。

参考文献

安德森, 2015. 长尾理论：为什么商业的未来是小众市场[M]. 石晓燕，乔江涛，泽. 北京：中信出版社.

蔡莉，单标安, 2013. 中国情境下的创业研究：回顾与展望[J]. 管理世界, 29(12): 160-169.

蔡莉，朱秀梅，刘预, 2011. 创业导向对新企业资源获取的影响研究[J]. 科学学研究, 29(4): 601-609.

蔡祖国，谢潇莹，范莉莉，2022. 混合型线上销售商接入电商平台的动因及定价策略研究[J]. 管理学报，19(5): 731-739.

常荔，李顺才，邹珊刚, 2002. 论基于战略联盟的关系资本的形成[J]. 外国经济与管理, 24(7): 29-33.

陈培祯，曾德明, 2019. 网络位置、知识基础对企业新产品开发绩效的影响[J]. 管理评论, 31(11): 128-138.

陈仕华，卢昌崇，姜广省，等，2015. 国企高管政治晋升对企业并购行为的影响：基于企业成长压力理论的实证研究[J]. 管理世界, 31(9): 125-136.

陈仕华，王雅茹，2022. 企业并购依赖的缘由和后果：基于知识基础理论和成长压力理论的研究[J]. 管理世界, 38(5): 156-175.

陈云娟, 2010. 企业家精神与民营企业创新动力机制研究：以浙商为例[J]. 经济纵横(4): 63-66.

池仁勇，潘李鹏, 2017. 企业知识产权能力演化路径：基于战略导向视角[J]. 科研管理, 38(8): 117-125.

德鲁克 P, 1989. 创新与企业家精神[M]. 蔡文燕，译. 北京：企业管理出版社.

丁蕾, 2017. 场景营销：开启移动互联网时代的营销新思维[J]. 出版广角(3): 65-67.

杜华勇, 2019. 平台企业价值创造与价值获取研究：理论模型与前因构型分析[D]. 成都：西南财经大学.

杜华勇，郭旭光，滕颖, 2023. 平台领导视角下电商平台竞争力前因组态研究[J]. 管理学报, 20(2): 258-266.

范建红，陈怀超，2015. 董事会社会资本对企业研发投入的影响研究：董事会权力的调节效应[J]. 研究与发展管理, 27(05): 22-33.

甘静娴，戚湧, 2018. 双元创新，知识场活性与知识产权能力的路径分析[J]. 科学学研究, 36(11): 2078-2091.

郭熙保, 2022. 中国共产党工业化道路理论的学理性探析[J]. 中国工业经济(1): 19-33.

韩太祥, 2004. 经济发展、企业成长与跨国企业：发展中国家跨国企业研究[M]. 北京：经济科学出版社.

侯杰，陆强，石涌江，等，2011. 基于组织生态学的企业成长演化：有关变异和生存因素的案例研究[J]. 管理世界, 27(12): 116-130.

黄培伦，尚航标，李海峰, 2009. 组织能力：资源基础理论的静态观与动态观辨析[J]. 管理学报, 6(8): 1104-1110.

计东亚, 2013. 创业企业成长能力研究[D]. 杭州：浙江工商大学.

姜付秀，张敏，陆正飞，等, 2009. 管理者过度自信、企业扩张与财务困境[J]. 经济研究, 44(1): 131-143.

荆文君，刘璇，何毅, 2022. 跨界经营行为会削弱大型平台企业的竞争优势吗[J]. 财贸经济, 43(11): 156-172.

雷家啸, 2005. 搭建企业成长的“优势门”[J]. 当代经理人(12): 109-109.

李海舰，田跃新，李文杰, 2014. 互联网思维与传统企业再造[J]. 中国工业经济(10): 135-146.
李婧，贺小刚，茆键, 2010. 亲缘关系、创新能力与企业绩效[J]. 南开管理评论, 13(3): 117-124.
李沙沙，尤文龙, 2018. 产业集聚能否促进制造业企业创新[J]. 财经问题研究(4): 30-38.
李霞, 2022. 互联网用户数字劳动价值研究[D]. 广州：华南理工大学.
李允尧, 2005. 成长性企业性质：基于动态企业理论视角[J]. 求索(3): 7-9.
梁强，邹立凯，宋丽红，等, 2017. 组织印记、生态位与新创企业成长：基于组织生态学视角的质性研究[J]. 管理世界, 33(6): 141-154.
梁旭艳, 2015. 场景传播：移动互联网时代的传播新变革[J]. 出版发行研究(7): 53-56.
林润辉, 2004. 网络组织与企业高成长[M]. 天津：南开大学出版社.
刘长庚，王迎春, 2013. 核心资源基础企业理论框架下的企业内生成长模型[J]. 经济经纬, 30(6): 89-93.
刘富先，毛蕴诗, 2021. 双重网络嵌入与企业升级：吸收能力的调节作用[J]. 重庆大学学报(社会科学版), 27(4): 284-296.
刘焰, 2011. 企业并购模式的动态选择[J]. 经济管理, 33(2): 63-70.
鲁彦，曲创, 2019. 互联网平台跨界竞争与监管对策研究[J]. 山东社会科学(6): 112-117.
罗珉, 2007. 基于网络创新视角的企业持续成长模式[C]//中国企业持续成长问题学术研讨会暨中国企业管理研究会 2007 年会论文集. 北京：中国财政经济出版社: 98-108.
罗珉，李亮宇, 2015. 互联网时代的商业模式创新：价值创造视角[J]. 中国工业经济(1): 95-107.
罗珉，杜华勇, 2018. 平台领导的实质选择权[J]. 中国工业经济(2): 82-99.
欧光军，雷霖，杨青，等, 2016. 高技术产业集群企业创新集成能力生态整合路径研究[J]. 软科学, 30(2): 33-38.
彭兰, 2017. 移动互联网时代的“现场”与“在场”[J]. 湖南师范大学社会科学学报, 46(3): 142-149.
孙海鸣，刘乃全, 2001. 企业战略理论发展及其重心演变[J]. 财经研究, 27(2): 10-15.
汤文仙，李攀峰, 2005. 基于三个维度的企业成长理论研究[J]. 软科学, 19(1): 17-20.
滕颖, 2001. 高技术小企业在网络时代的成长优势分析[J]. 电子科技大学学报(社科版), 3(3): 56-58.
王德忠, 2002. 企业扩张：理论研究及其对中国行政区经济问题的应用分析[M]. 上海：华东师范大学出版社.
王丽平，代如霞, 2020. 新经济下创新型企业成长要素组合与高效发展模式研究[J]. 软科学, 34(6): 85-90.
王丽影，张广玲，宋锋森, 2020. 共享经济发展演化与协同治理研究：基于产销者视角[J]. 技术经济与管理研究, (11): 45-49.
魏华飞，尹兴科, 2013. 我国中小企业成长诸要素集成关系研究[J]. 科技管理研究, 33(16): 228-232.
邬爱其, 2005. 集群企业网络化成长机制研究[D]. 杭州：浙江大学.
邬爱其，贾生华, 2007. 企业成长机制理论研究综述[J]. 科研管理, 28(2): 53-58.
肖沛，黄培伦，林山, 2004. 基于知识管理系统的组织持续竞争优势[J]. 科技进步与对策, 21(6): 16-18.
谢振东，吴金成，李之明，等, 2017. 企业大数据能力的构建与培育研究[J]. 广东工业大学学报, 34(3): 110-114.
亚当·斯密, 1997. 国民财富的性质和原因的研究[M]. 郭大力，王亚南，译. 北京：商务印书馆.
严若森，袁婧, 2023. 相对资源水平对连锁董事网络与企业创新投入关系的影响[J]. 科技进步与对策, 40(19): 65-75.
杨波，熊中楷, 2010. 新创企业成长要素分析及成长模型构建[J]. 现代管理科学(7): 40-42.

杨洋, 2011. 企业成长的一个概念框架：基于若干学者的企业成长概念分析[J]. 东南大学学报（哲学社会科学版）, 13（5）: 61-65.

于东明, 李政, 2019. 新创企业创业成长要素研究[J]. 经济问题（6）: 36-42.

张维迎, 周黎安, 顾全林, 2005. 高新技术企业的成长及其影响因素：分位回归模型的一个应用[J]. 管理世界, 21（10）: 94-101.

张秀娥, 王超, 2018. 创新驱动下我国创业生态环境优化研究：基于 GEM 数据分析[J]. 经济问题探索（5）: 45-52.

赵振, 2015. "互联网+"跨界经营：创造性破坏视角[J]. 中国工业经济（10）: 146-160.

周立新, 2009. 家族企业网络化成长模式对企业成长的影响及机制：基于东西部地区的实证研究[J]. 南开管理评论（3）: 74-83.

朱国军, 孙军, 张宏远, 2019. 互联网核心企业成长的逻辑机理与要素框架：基于扎根理论的多案例探索性研究[J]. 江海学刊（5）: 247-253.

朱丽, 2002. 并购浪潮与企业成长路径[J]. 政策与管理（5）: 51-55.

朱伟民, 万迪昉, 王赟, 2001. 科技型小企业创新成长模式研究[J]. 中国软科学（3）: 28-33.

Agarwal S, Kapoor R, 2017. Two faces of value creation in business ecosystems: Leveraging complementarities and managing interdependencies[R]. Working Paper. Philadelphia: Wharton School of the University of Pennsylvania.

Agarwal S, Miller C D, Ganco M, 2023. Growing platforms within platforms: How platforms manage the adoption of complementor products in the presence of network effects?[J]. Strategic Management Journal, 44（8）: 1879-1910.

Argyris C, Schön D A, 1997. Organizational learning: A theory of action perspective[J]. Reis（77/78）: 345-348.

Baker T, Miner A S, Eesley D T, 2003. Improvising firms: Bricolage, account giving and improvisational competencies in the founding process[J]. Research Policy, 32（2）: 255-276.

Baker T, Nelson R E, 2005. Creating something from nothing: Resource construction through entrepreneurial bricolage[J]. Administrative Science Quarterly, 50（3）: 329-366.

Barney J, 1991. Firm resources and sustained competitive advantage[J]. Journal of Management, 17（1）: 99-120.

Bellandi M, 1989. Inter-firm collaboration networks: The relationship between network structure and small firm innovation[J]. Journal of Management, 15（4）: 519-544.

Bharadwaj A, Sawy E A O, Pavlou A P, et al., 2010. Digital business strategy: Toward a next generation of insights[J]. MIS quarterly, 34（1）: 204-208.

Bourdieu P, 1980. Le capital social: Notes provisoires in Le capital social[J]. Actes de la Recherche en Sciences Sociales Paris（31）: 2-3.

Brandenburger A M, Nalebuff B J, 2011. Co-opetition[M]. New York: Currency Doubleday.

Burt R S, 1992. Structural Holes: The Social Structure of Competition[M]. Cambridge: Harvard University Press.

Burt R S, Opper S, 2020. Political connection and disconnection: Still a success factor for Chinese entrepreneurs[J]. Entrepreneurship Theory and Practice, 44（6）: 1199-1228.

Castaño M S, Méndez M T, Galindo M Á, 2016. The effect of public policies on entrepreneurial activity and economic growth[J]. Journal of Business Research, 69（11）: 5280-5285.

Chen V Z, Li J, Shapiro D M, et al., 2014. Ownership structure and innovation: An emerging market perspective[J]. Asia Pacific Journal of Management, 31 (1) : 1-24.

Coase R H, 1937. The nature of the firm[J]. Economica, 4 (16) : 386-405.

Demsetz H, 1988. The theory of the firm revisited[J]. The Journal of Law, Economics, and Organization, 4 (1) : 141-161.

Dierickx I, Cool K, 1989. Asset stock accumulation and sustainability of competitive advantage[J]. Management Science, 35 (12) : 1504-1511.

Drucker P F, 1994. The theory of the business[J]. Alfred P. Sloan: Critical Evaluations in Business and Management, 2: 258-282.

Dyer J H, Singh H, 1998. The relational view: Cooperative strategy and sources of interorganizational competitive advantage[J]. Academy of Management Review, 23 (4) : 660-679.

Eriksson P E, Patel P C, Sjödin D R, et al., 2016. Managing interorganizational innovation projects: Mitigating the negative effects of equivocality through knowledge search strategies[J]. Long Range Planning, 49 (6) : 691-705.

Gawer A, Henderson R, 2007. Platform owner entry and innovation in complementary markets: Evidence from Intel[J]. Journal of Economics & Management Strategy, 16 (1) : 1-34.

Gawer A, Cusumano M A, 2014. Industry platforms and ecosystem innovation[J]. Journal of Product Innovation Management, 31 (3) : 417-433.

Grant R M, 1991. The resource-based theory of competitive advantage: Implications for strategy formulation[J]. California Management Review, 33 (3) : 114-135.

Greenberg Z, Farja Y, Gimmon E, 2018. Embeddedness and growth of small businesses in rural regions[J]. Journal of Rural Studies, 62: 174-182.

Gulati R, 1998. Alliances and networks[J]. Strategic Management Journal, 19 (4) : 293-317.

Gulati R, 1999. Network location and learning: The influence of network resources and firm capabilities on alliance formation[J]. Strategic Management Journal, 20 (5) : 397-420.

Hamel G, Prahalad C K, 1990. The core competence of the corporation[J]. Harvard Business Review, 68 (3) : 79-91.

Hicks D, Breitzman T, Olivastro D, et al., 2001. The changing composition of innovative activity in the US: A portrait based on patent analysis[J]. Research Policy, 30 (4) : 681-703.

Hurwitz J S, Nugent A, Halper F, et al., 2013. Big Data for Dummies[M]. New York: John Wiley & Sons.

Isenberg D J, 2010. How to start an entrepreneurial revolution[J]. Harvard Business Review, 88 (6) : 40-50.

Jacobides M G, Cennamo C, Gawer A, 2018. Towards a theory of ecosystems[J]. Strategic Management Journal, 39 (8) : 2255-2276.

Kim J, Haleblian J, Finkelstein S, 2011. When firms are desperate to grow via acquisition[J]. Administrative Science Quarterly, 56 (1) : 26-60.

Lin N, 1999. Social networks and status attainment[J]. Annual Review of Sociology, 25 (1) : 467-487.

Marshall A, 1890. Principles of economics[M]. London: Macmillan Press.

McCarthy E J, 1960. Basic Marketing: A Managerial Approach[M]. Homewood: Irwin-Dorsey.

Moore J F, 1993. Predators and prey: A new ecology of competition[J]. Harvard Business Review, 71 (3) : 75-86.

Nelson R R, Winter S G, 1982. An evolutionary theory of economic change[M]. Cambridge: Belknap Press.

Oh W Y, Barker V L, 2018. Not all ties are equal: CEO outside directorships and strategic imitation in R&D investment[J]. Journal of Management, 44(4): 1312-1337.

Parker G G, Van Alstyne M W, Choudary S P, 2016. Platform revolution: How networked markets are transforming the economy and how to make them work for you[M]. New York: W. W. Norton & Company.

Penrose E T, 1959. The theory of the growth of the firm[M]. London: Oxford University Press.

Perrons R K, 2009. The open kimono: How Intel balances trust and power to maintain platform leadership[J]. Research Policy, 38(8): 1300-1312.

Pfeffer J, Salancik G R, 1978. The External control of organizations: AResource Dependence Perspective[M]. New York: Harper & Row.

Portes A, 1995. The Economic Sociology of Immigration: Essays on Networks, Ethnicity, and Entrepreneurship[M]. New York: Russell Sage Foundation.

Prahalad C K, Hamel G, 1990. The core competence of the corporation[J]. Harvard Business Review, 68: 275-292.

Rumelt R P, 1982. Diversification strategy and profitability[J]. Strategic Management Journal, 3(4): 359-369.

Rietveld J, Schilling M A, 2021. Platform competition: A systematic and interdisciplinary review of the literature[J]. Journal of Management, 47(6): 1528-1563.

Rumelt R P, 1984. Towards a strategic theory of the firm. In: Lamb R B, Competitive Strategic Management[M]. Englewood Cliffs: Prentice-Hall.

Selznick P, 1957. Leadership in Administration[M]. NewYork: Harper & Row.

Stabell C B, Fjeldstad Ø D, 1998. Configuring value for competitive advantage: On chains, shops, and networks[J]. Strategic Management Journal, 19(5): 413-437.

Teece D J, 2011. Dynamic capabilities: A guide for managers[J]. Ivey Business Journal, 75(2): 29-32.

Teece D J, Pisano G, Shuen A, 1997. Dynamic capabilities and strategic management[J]. Strategic Management Journal, 18(7): 509-533.

Tiwana A, 2013. Platform Ecosystems: Aligning Architecture, Governance and Strategy[M]. Waltham: Elsevier.

Tiwana A, 2015. Evolutionary competition in platform ecosystems[J]. Information Systems Research, 26(2): 266-281.

Wang C L, Ahmed P K, 2007. Dynamic capabilities: A review and research agenda[J]. International Journal of Management Reviews, 9(1): 31-51.

Weick K E, 1993. The collapse of sensemaking in organizations: The Mann Gulch disaster[J]. Administrative Science Quarterly, 38(4): 628-652.

Wernerfelt B, 1984. A resource-based view of the firm[J]. Strategic Management Journal, 5(2): 171-180.

Wormald A, Shah S K, Braguinsky S, et al., 2023. Pioneering digital platform ecosystems: The role of aligned capabilities and motives in shaping key choices and performance outcomes[J]. Strategic Management Journal, 44(7): 1653-1697.

Yang C L, Modell S, 2012. Power and performance: Institutional embeddedness and performance management in a Chinese local government organization[J]. Accounting, Auditing & Accountability Journal, 26(1): 101-132.

Zhang J A, Edgar F, Geare A, et al., 2016. The interactive effects of entrepreneurial orientation and capability-based HRM on firm performance: The mediating role of innovation ambidexterity[J]. Industrial Marketing Management, 59: 131-143.

Zhu F, Liu Q, 2018. Competing with complementors: An empirical look at amazon.com[J]. Strategic Management Journal, 39(10): 2618-2642.

『网络化成长篇』

第 2 章 连锁董事网络与企业成长：连锁效应是否会导致企业间创新绩效趋同？

2.1 问题背景

网络和联接（linkages）在企业创新绩效研究中的作用越来越突出（Scott and Brown，1999；Ahuja，2000；Laursen and Salter，2006；Zhang et al.，2019）。学者们从知识共享（Zhang et al.，2019）、研发投资中的战略模仿（Oh and Barker，2018）、企业外部环境（Li and Atuahene-Gima，2001）和外部搜索策略（Laursen and Salter，2006）等不同角度研究了网络对创新绩效的影响。然而，回顾现有对网络与企业创新绩效关系的实证研究发现，现有实证研究结果并不一致（Gnyawali and Park，2011；Carpenter et al.，2012）。可见，需要新的理论解释社会网络对企业创新绩效的影响。

Mazzola 等（2016）呼吁学界应关注董事网络在企业间网络中的地位与创新绩效关系中的作用。本章跟随 Pallotti 等（2015）的思路，"如果组织间关系对组织绩效有影响，它们应该通过关联组织之间绩效差异的变化来揭示"，尝试从一个新的视角来探讨社会网络与企业创新绩效之间的关系。按照这一逻辑，可以通过考察社会网络对组织间绩效差异的影响来探究社会网络与企业创新绩效之间的关系，而不是像以往大多数研究那样只关注社会网络对焦点企业创新绩效的影响。因此，我们认为，可以从社会网络关系对基于网络联接的两个企业间创新绩效差异的影响这一视角，来解释已有研究关于社会网络与企业创新绩效关系的结论不一致。除了 Pallotti 等（2015）的研究外，我们还没有发现任何其他研究探索过社会网络对企业之间的创新绩效差异的影响。

本章以连锁董事为研究对象，探讨社会网络对企业间的创新绩效差异的影响。为什么使用连锁董事联接来探究社会网络效应和企业创新绩效之间的关系？因为连锁董事通常被视为一个重要现象（Mizruchi，1996），连锁董事代表了企业之间更普遍的社会关系或基本联系。换句话说，即使在所有其他条件相同的情况下，连锁董事效应也会影响企业的行为。此外，在中国从连锁董事的角度研究社会网络与企业创新绩效的关系至关重要，因为与其他国家的企业相比，我国上市公司的董事兼任现象较为突出（Chen and Zheng，2017）。而且，在我国等新兴经济体的制度变革过程中，以网络为基础的战略是企业绩效实现增长的主要途径（Boisot and Child，1996；Peng，2004）。另外，类似于中国的公司治理，德国的公司治理是基于双层董事会结构，双层董事会结构与单层董事会结构对公司治理文化的影响存在显著差异。因此，我国的例子不仅适合本章的研究主题，更重要的是，了解连锁董事效应是否会使得企业间创新绩效趋同，在经济转型和特殊治理文化的国家具有重要意义。

综上所述，本章关注企业间创新绩效差异，探究我国背景下连锁董事与企业间创新绩效之间的关系，旨在确定以连锁董事为代表的社会关系是否会使得企业间创新绩效趋同。为了实现这一目标，本章以2012～2016年我国上市公司为样本，并使用两阶段配对模型对每年的所有公司进行配对（Fracassi，2017），以实证检验连锁董事对企业间创新绩效差异的影响。研究表明，连锁网络关系可以在二元水平上缩小企业间创新绩效差异。此外，两家公司经营行业的差异和两家公司董事会的人口统计学特征对连锁网络与企业间创新绩效差异的关系具有调节作用。

2.2 企业创新绩效相关理论背景

2.2.1 企业创新绩效及其影响因素

基于以往研究对创新绩效的定义（Ahuja and Katila，2001；Laursen and Salter，2006；Rosenbusch et al.，2019），本章认为，创新绩效产生于企业的创新生产，可以帮助企业改进和升级其产品或服务、流程、新的营销方法或新的组织方法。这样，创新绩效既可以指中间结果，如专利（Ahuja and Katila，2001），也可以指最终结果，如引入新产品（Laursen and Salter，2006）。

如果企业创新不能从内部获得所需的全部知识，则必须从拥有知识的外部组织获取知识（Lambe and Spekman，1997）。此后，企业必须重新配置多样化的知识以获得更好的创新绩效，这意味着，企业应该有效地吸收从外部组织获得的知识，并将其用于自身的需求（Gilsing et al.，2008；Song et al.，2019）。因此，创新要素的寻找、获取、吸收和整合与创新绩效密切相关。

社会关系视角下的企业创新研究强调嵌入性对创新活动和绩效的影响（Powell et al.，1996；Ahuja，2000；Owen-Smith and Powell，2004），甚至有学者认为社会关系是创新的先决条件（Imai and Baba，1989；Whittaker and Bower，1994；Powell，1998；Cowan et al.，2007）。的确，社会关系为企业创新带来了巨大的收益。例如，有助于企业获取外部信息和资源（Gulati et al.，2000），促进企业间知识和信息的流动（Howard et al.，2017），实现资源共享（Wei et al.，2000）。此外，也有学者关注企业联盟网络（Schilling and Phelps，2007；Gilsing et al.，2008；Zhang et al.，2019）和连锁董事（Howard et al.，2017；Oh and Barker，2018），研究这些特殊网络对企业创新绩效的影响。

已有研究表明，企业自身拥有的资源和能力及企业通过网络与联接获取外部资源的能力是影响企业创新绩效的主要因素。随着创新活动的复杂性和不确定性日益增加，对网络和联接差异如何引起绩效异质性的研究一直处于创新研究的前沿（Rosenbusch et al.，2019）。此外，目前关于企业创新机制的研究很少是跨层次的，大多只关注单一层面变量的作用（Gupta et al.，2007；Tan et al.，2015）。

2.2.2　连锁董事与企业创新绩效

当一家公司的高级管理人员或董事加入另一家公司的董事会时，企业之间就会产生连锁董事（Burt et al.，1980；Mizruchi，1996），进而将企业嵌入一个网络系统中，以传播商业经验和实践。董事会可以通过诸如任命外部董事形成连锁董事的方式成为重要的“跨边界者”（boundary spanners），实现企业间联系的同时，与外部环境形成联系，并以这样的方式来管理环境突发事件（Obigbemi et al.，2016）。以前的研究主要集中在连锁董事与焦点企业创新之间的关系研究（Mizruchi，1996；Davis et al.，2003；Echols and Tsai，2005；Mazzola et al.，2016；Oh and Barker，2018）。例如，Wincent 等（2010）发现了高水平的连锁董事对与新产品开发相关的创新绩效产生了积极影响。本小节在理论层面回顾了连锁董事与企业创新的现有研究，发现社会网络理论、资源依赖理论和组织学习理论是当前研究的主要理论基础。

社会网络理论是一种经常被用于理解连锁董事的理论视角（Gulati and Gargiulo，1999）。社会网络理论认为，企业行为受到所嵌入的社会网络的影响，其连通性和联接模式对网络参与者的行为产生影响（Granovetter，1985）。本书的研究支持社会嵌入对组织创新绩效的影响及社会嵌入在嵌入过程中的作用和重要性（Mizruchi，1996；Echols and Tsai，2005）。企业间的联系促进了学习适应性及反应能力（Kraatz，1998）和董事会层面决策图式的形成（Westphal et al.，2001），这使得连锁董事网络成为一个充满丰富资源的信息网络。

资源依赖理论将连锁的董事会成员视为从外部获取资源的“跨界者”（Pfeffer，1972）。为了帮助企业应对复杂的环境，董事们通过调研商业环境提出切实可行的建议（Useem，1984；Rindova，1999），他们的建议是基于从其他公司董事会获得的经验（Richardson，1987；Davis et al.，2003）。因此，根据资源依赖理论可以预测，外部董事越多，越有助于带来创新所需的资源和信息，公司的创新绩效就越好。

采用组织学习理论来研究连锁董事的文献(Levitt and March，1988)，传统上侧重于组织间的模仿相关问题研究。相关研究从组织学习理论的视角认为，连锁董事是企业间战略模仿的重要渠道。例如，Westphal 等(2001)研究了连锁董事关系如何引起采用类似的战略决策过程。此外，Oh 和 Barker(2018)利用美国大型制造业公司的面板数据发现，CEO 在自己公司的研发决策中会模仿其联接的外部董事会的做法。

2.2.3 企业间的创新溢出

一家企业的创新思想可能会溢出到其他企业，从而影响其他企业的创新行为和创新产出(Henderson et al.，1993；Norman and Pepall，2004；Owen-Smith and Powell，2004；Cardamone，2010；Pöschl et al.，2016)。很多文献主要从技术溢出、研发溢出和知识溢出的角度来研究企业间的创新溢出。这些研究中的大多数都认为，邻近性，包括地理邻近性和关系密切性通常与各种溢出有关(Almeida et al.，2003)。

创新本质上是通过对新知识要素的组合或重组而产生的(Schumpeter，1934)。创新溢出需要关注与知识相关的溢出。当知识的积极影响发生在生产组织内外的个体之间时，就会发生知识溢出(Norman and Pepall，2004)。从网络视角对创新溢出的研究表明，组织中的个体(如研究人员)利用关系进行跨组织边界共享知识(Bouty，2000)，而且企业之间正式合作的联接也增加了创新产出(Baum et al.，2000)。

因此，关于企业间创新溢出的研究通常侧重于知识溢出，强调邻近性对创新溢出的影响。然而，通常没有证据表明创新溢出是否有助于企业间创新绩效的趋同，甚至从网络角度来看，也缺乏证据。

综上所述，现有研究发现，连锁董事通过外部信息获取、信息传递和决策模仿等途径影响企业创新绩效。以下部分将整合社会网络理论、资源依赖理论和组织学习理论，提出相关研究假设。

2.3 企业间创新绩效趋同的相关研究假设

2.3.1 董事联接与企业间创新绩效差异

一项关于科学在产业创新中应用的早期研究表明，超过三分之一的关键创新知识来自外部(Gibbons and Johnston，1974)。因此，企业间网络作为知识传播的有效渠道，能够影响企业创新绩效(Lynn et al.，2000)。增加信息来源的广度与高的创新成功率有关(Leiponen and Helfat，2010)。社会交往意味着频繁和广泛的信息与知识交流。在这种情况下，知识共享机制的不断加强既鼓励企业获取和内化显性知识，也鼓励企业吸收隐性知识(Lin et al.，2009)。根据上述逻辑，有董事联接的两家企业会有更高效的知识转移、信息传递和资源共享，因为连锁董事与两家企业的其他董事之间的沟通频繁，而且在信息共享方面也是充分和全面的。

企业创新的过程就是不断产生新知识并将其应用于企业实践的过程。以往的研究表明，新知识是通过对现有知识的重新配置而产生的(Fleming，2001)。越来越多的研究表明，企业社会网络和联接属性通过影响节点企业的有效知识搜索、获取和转移，进而对知识创造和创新绩效产生影响(Galunic and Rodan，1998；Nahapiet and Ghoshal，1998)。企业社会网络以多种形式运作，连锁董事只是其中之一。然而，董事联接在分析商业环境和获取外部信息与资源方面更有效，因为连锁董事可以通过自己参与其他公司决策的经验使信息更加真实有效。此外，有研究表明，那些掌握了先进技术的企业会有意识地将技术传播给其他没有掌握先进技术的企业，实现知识和技术的共享，外部董事对公司的创新绩效有积极的影响(Balsmeier et al.，2014)。

有连锁董事的企业之间与创新相关的相互模仿最终会使创新绩效差距缩小。企业创新决策是在有限信息和不确定环境下的最优决策。为了降低信息有限和不确定性的风险，连锁董事以其先前的案例为基础，使董事关联的企业之间的信息相似，从而产生企业之间的研发投资模仿(Oh and Barker，2018)。

连锁董事可以促进企业间战略联盟伙伴关系的建立。例如，Gulati 和 Westphal (1999a)发现，与董事会有联系的企业更倾向于建立战略联盟伙伴关系，连锁董事在战略决策中与 CEO 有着良好的合作关系，表现出更高的协调沟通能力和较少的控制欲。联盟网络是合作伙伴之间知识和信息流动的渠道(Sampson，2007)。联盟知识共享有利于增强新知识认知和创新行动的相似性，从而缩小创新绩效差异。

知识溢出可能是连锁董事企业间创新绩效趋同的另一个驱动因素。Audretsch 和 Lehmann(2006)认为，具有学术背景的董事可以促进外部知识溢出的获取和吸收。在这种情况下，来自大学或科研机构的创新知识可以通过任命该大学或科研机构为企业董事会董事而溢出到企业(Baptista，2000)。拥有来自大学或科研机构的具有学术背景的连锁董事的企业接受和吸收同一来源的知识溢出，这最终将使得它们之间的创新绩效差异缩小。

值得注意的是，对间接连锁董事关系的研究也受到了较多学者们的关注(Ahuja，2000；Owen-Smith and Powell，2004；Salman and Saives，2005；Abdelbadie and Salama，2019)。“当两家公司的董事与第三家机构有关系并/或在第三家机构的董事会任职时”(Abdelbadie and Salama，2019)，就会出现间接连锁董事。Granovetter(1973)认为，间接连锁是一种弱联系，但也是多样化信息的来源。已有研究发现，企业间的间接关系也是影响创新绩效的重要变量(Ahuja，2000；Owen-Smith and Powell，2004；Salman and Saives，2005)。例如，Ahuja(2000)在一项关于在西欧各国、日本和美国经营的国际化学工业的纵向研究中报道，公司之间的间接连锁在开发专利方面发挥了显著的积极作用。间接关系是企业信息的来源之一，也是企业间信息交流的渠道；间接关系也可用作监测外部环境的工具，以获取补充知识和新的机会。对于拥有间接关系的企业而言，其相互获取信息和工具，以得到互补知识和新机会，长期均衡将使得其创新绩效趋同。

综上所述，本章提出以下假设。

H2-1a：直接连锁董事关系的存在降低了企业间创新绩效差异。

H2-1b：间接连锁董事关系的存在降低了企业间创新绩效差异。

2.3.2 连锁董事关系的强度与企业间创新绩效差异

关系强度被定义为“联接的时间、情感强度、亲密度(相互信任)和相互服务的组合”(Granovetter，1973)。现有文献提出了一系列测量关系强度的方法(Carpenter et al.，2012)。除了Granovetter(1973)对强关系和弱关系的经典分类外，Lin等(1978)进一步指出，关系强度不仅由Granovetter(1973)的关系类型来定义，还由接触的频率来定义。虽然对于强关系和弱关系何者更有利于技术创新尚无共识，但是，强关系和弱关系都有利于技术创新(Heller and Fujimoto，2004；Miyazoe，2006)。鉴于此，本章强调连锁董事关系的强度对创新绩效的影响，讨论两类连锁董事关系强度与企业间创新绩效差异之间的关系，即分别考虑直接连锁董事关系强度及间接连锁董事关系强度。

在不同企业之间的互动中出现的具有不同强度的董事联接会影响知识的创造、获取和传播。直接连锁董事关系(强关系)有利于利用性创新，因为它可以传递高质量的信息和隐性知识；间接连锁董事关系(弱关系)有利于开发性创新，因为它可以提供异质性知识。然而，面对不确定的环境，无论是存在直接联系还是间接联系，以连锁董事的数量来表示的连锁董事关系强度，可以为企业创新提供更稳定的信息和知识流动。

此外，无论是直接连锁还是间接连锁，企业间共同连锁董事数量的增加都会加强企业间的关系，不断增强企业间的信任程度，创造更有利于复杂知识或加密信息传递的环境。因此，强关系企业之间相互了解，知识结构和背景经验具有相似性，其创新绩效将是趋同的。

此外，直接或间接关系企业之间长期互利的关系使得双方都愿意加大对技术创新的投入，形成共同解决问题的合作模式(Larson，1992；Uzzi，1997)，且随着企业间联合董事数量的增加，这一现象将会强化。此外，企业往往愿意承担更高的风险，为强关系企业的高度不确定性创新提供所需的资源，从而与强关系企业形成创新利益纽带。因此，强关系企业之间容易形成创新合作关系，从而促进强关系企业之间创新绩效趋同发展。

因此，本章提出如下假设。

H2-2a：更强的直接连锁董事关系与更小的创新绩效差异相关。

H2-2b：更强的间接连锁董事关系与更小的创新绩效差异相关。

2.3.3　行业差异调节连锁董事与企业创新绩效差异的关系

创新活动不仅具有高度的专业特征，而且还承载着跨期和显著信息不对称的风险和收益，从而导致创新决策处于显著不确定性的情境下。事实上，决策的不确定性环境是模仿的主要原因(Lieberman and Asaba，2006)。Lieberman 和 Asaba(2006)认为，相互模仿是具有相似资源禀赋和市场地位的公司相互竞争时常见的竞争手段。相互竞争的公司相互模仿以保持自己的相对地位或抵消竞争对手的侵略行为。与不同行业的企业相比，同一行业企业资源禀赋更加相似，市场定位更加接近，因此彼此之间的竞争更加激烈。当面临创新选择时，同行业企业往往选择采用与竞争对手行为相匹配的相似或同质策略，以减轻竞争强度或降低风险。

企业间联接的内容在推进技术创新的过程中最为重要。例如，Li(2019)发现，因为知识的多样性，连锁企业的产业多样性会对焦点企业的技术创新产生积极影响。此外，来自同一行业的公司外部董事会成员不太能够提供有价值的信息，因为其高级管理人员具有与他们相似的行业经验(Srinivasan et al.，2018)。所以，同一行业的连锁董事关系(无论是直接关系还是间接关系)不会导致企业之间创新绩效差异的扩大，毕竟来自同一行业的连锁董事对创新绩效的影响很小。此外，从吸收能力理论的角度来看(Cohen and Levinthal，1989，1990)，企业的知识基础在决定其识别新知识价值、吸收新知识并将其应用于实现组织目标的能力方面起着重要作用。一般来说，同一行业的企业具有相似的知识库。这意味着，同行业中相互关联的(无论是直接的还是间接的)企业很容易识别和吸收彼此的知识，最终引起创新绩效趋同。此外，行业层面的因素，如技术机会(技术进步的潜力)、创新回报的适用性、客户对新产品的需求等，可能会影响创新的动机、创新成功的可能性和程度，使得同一行业公司创新绩效具有相似性。同时，随着合作伙伴的知识基础变得更加相似和互补，组织向合作伙伴学习的能力也会增强(Hamel，1991)。

综上所述，就行业差异而言，我们有如下假设。

H2-3a：同行业直接连锁董事关系（包括关系和强度）比不同行业的连锁董事关系对降低企业间的创新绩效差异有更积极的作用。

H2-3b：同行业间接连锁董事关系（包括关系和强度）比不同行业的连锁董事关系对降低企业间的创新绩效差异有更积极的作用。

2.3.4 董事会人口统计学特征的调节效应

董事会作为联系股东和管理者的纽带，不仅是公司治理机制的重要组成部分（Hamdan，2018；Abdelbadie and Salama，2019），也是影响企业战略决策的中心机构。关于高层管理团队的研究表明，由于他们参与各种关键的商业决策，其人口统计学特征对公司绩效有显著影响（Papadakis and Barwise，2002）。本章特别选择调查两个关键的人口统计学变量，“年龄”和“受教育程度”。选择这两个变量是因为它们是与创新绩效相关的董事会重要人口统计数据，这不仅与他们的风险态度有关，而且与他们对新知识的接受度有关。所以，本章重点研究董事年龄和受教育程度对企业创新决策和创新产出绩效差异的影响。

董事的年龄一般反映了高级管理团队成员的生活和工作经历，不同年龄的决策者以不同的方式构建和解释信息（Hambrick and Mason，1984；Marcel，2009）。因此，从创新过程的角度来看，董事的年龄会影响两种与创新相关的活动：企业创新决策和决策后管理（创新执行）。

总体而言，在企业创新决策中，平均年龄较大的董事普遍不喜欢风险，往往不愿意冒险创新；而平均年龄较小的董事更容易作出创新决策，因为他们在决策过程中学习和整合信息的能力更强，其信息资源也更新颖。然而事情并不总是这样的，当平均年龄较小的董事作出创新决策时，连锁董事的信息渠道可能会使平均年龄较大的董事认为作出创新决策的企业对创新前景可能了解得更好，他们可能基于“信息级联”（information cascades）模拟创新决策（Bikhchandani et al.，1992，1998），因为与创新相关的决策具有高度的不确定性和模糊性。掌权者很容易接受他人行为中隐含的信息。虽然不完整，但信息级联对董事会的想法和决策过程会产生深远的影响，正如信息级联所提出的那样，“当个人在观察到他前面的人的行为后，不考虑自己的信息而遵循前面的人的行为是最优的”（Bikhchandani et al.，1992）。

然而，当有连锁关系的企业明确创新决策并开始进入决策后管理（即对创新执行的监督）时，平均年龄较小的董事也许认为比平均年龄较大的董事会有更好的信息来源，然后依靠连锁董事的信息渠道模仿其创新管理活动，因为平均年龄较大的董事具有更丰富的创新管理经验。

现有研究普遍认为，董事整体受教育程度越高，越有利于企业创新(Bantel and Jackson，1989；Wally and Baum，1994；Datta and Rajagopalan，1998)。首先，受教育程度高的董事具有更强的与创新管理相关的研究能力以及更多的知识，这有利于提高创新决策的质量(Datta and Rajagopalan，1998)，因为创新活动的不确定性和风险所导致的创新决策的复杂性与难度考验着决策者的认知能力及信息处理能力。其次，受教育程度高的董事会更关注创新活动，以更开放的态度对待创新的不确定性(Bantel and Jackson，1989；Hillman and Dalziel，2003)。因此，他们可以发现更多的创新机会，作出更合理、更有效的创新决策。最后，受教育程度较高的董事会更重视创新，对不确定性的容忍度更高，更容易接受新想法(Wally and Baum，1994)。

从创新决策的整个过程来看，董事会成员的年龄和受教育程度差异越大，创新绩效趋同的可能性越高。因此，本章提出如下假设。

H2-4a：具有直接连锁董事关系(包括关系和强度)的董事会成员之间的平均年龄差异越大，企业之间的创新绩效差异越小。

H2-4b：具有间接连锁董事关系(包括关系和强度)的董事会成员之间的平均年龄差异越大，企业之间的创新绩效差异越小。

H2-4c：具有直接连锁董事关系(包括关系和强度)的董事会成员之间的平均受教育程度差异越大，企业之间的创新绩效差异越小。

H2-4d：具有间接连锁董事关系(包括关系和强度)的董事会成员之间的平均受教育程度差异越大，企业之间的创新绩效差异越小。

2.4　研究设计

2.4.1　数据和样本

为了检验所提出的假设，本章将 2012～2016 年在上海证券交易所和深圳证券交易所的 A 股上市企业作为研究样本。数据只收集到 2016 年，是因为中国国家知识产权局的专利申请数据到本章研究数据采集时为止只更新到 2017 年。

本章使用多个数据源来构建数据集。上市公司的名称、规模、年龄、资产回报率等基本信息和财务数据来源于国内领先的金融数据公司万得信息技术股份有限公司提供的 Wind 经济数据库，上市公司董事会成员信息来源于国泰安信息技术有限公司开发的中国经济金融研究数据库。此外，本章还从国家知识产权局获得了 2013～2017 年的专利申请信息。根据《中华人民共和国公司法》，所有上市公司都必须采用双层董事会结构，董事会被视为一个“决策”单位，监事会被视为监督董事会活动的机制。因此，本章所讨论的连锁董事不仅包括连锁董事形成的企业关系，还包括连锁监事形成的企业关系。

最终的数据集分为三个阶段构建。首先，从 Wind 经济数据库中获取样本企业及 2012～2016 年在上海证券交易所和深圳证券交易所上市的 A 股公司信息，剔除标记为 ST(special treatment，特殊处理)或样本期间数据缺失的公司。其次，从 CSMAR 数据库获取董事会成员的个人信息，然后比较相同姓名的董事是否为同一个人，并赋予每个董事一个唯一的代码。最后，将样本公司的正式名称信息与 Wind 经济数据库收集的公司信息、CSMAR 数据库收集的公司董事信息和中国专利数据库收集的专利申请信息进行匹配。

本章收集了 9357 家公司 2012～2016 年的年度观察数据(即样本量)。样本的年度数据(表 2-1)表明，具有连锁董事关系的企业所占比例非常高，且逐年呈上升趋势。

表 2-1 中国 A 股上市企业连锁董事关系(2012～2016 年)

		2012 年	2013 年	2014 年	2015 年	2016 年
本章研究样本	企业数量(年度样本)/个	1647	1667	1786	2020	2237
	具有直接连锁董事关系的企业数量/个	951	1035	1187	1333	1520
	具有连锁董事关系的企业比例/%	57.74	62.09	66.46	65.99	67.95
所有 A 股公司	企业数量(年度样本)/个	2470	2515	2631	2823	3118
	具有直接连锁董事关系的企业数量/个	2232	2303	2463	2651	2936
	具有连锁董事关系的企业比例/%	90.36	91.57	93.61	93.91	94.16

2.4.2 变量和测量

1. 因变量

根据 Fracassi(2017)的研究方法，本章采用配对模型来测量关系企业之间的创新绩效差异。

本章选用尽可能多的能解释企业创新绩效的共同控制变量。具体来说，将企业 i 的创新绩效 p_{it} 与文献中常用的企业各创新绩效的控制变量和 $\text{Controls}_{i,t-1}$ (所有控制变量相较 y 滞后 1 期)进行回归，如式(2-1)所示：

$$p_{it} = \beta_0 + \beta_1 \text{Controls}_{i,t-1} + \varepsilon_{it} \tag{2-1}$$

其中，p_{it} 表示企业 i 在 t 年的创新绩效；β_0 表示常数项；β_1 表示回归估计系数；$\text{Controls}_{i,t-1}$ 表示企业 i 在 $t-1$ 年的控制变量；ε_{it} 表示残差项。

本章采用企业每年专利申请总量来衡量企业创新绩效（p_{it}），这是学者们普遍采用的指标(Hagedoorn and Cloodt，2003；Balsmeier et al.，2014)。按照公司申请的专利总数的自然对数加 1 的方法进行数据处理。特别是在关注外部资源对创新绩效影响的研究中(Laursen and Salter，2006)，专利申请是比研发支出更直接的创新绩效衡量指标。此外，专利代表了创新产出，因此与创新活动的成功更密切相关。

式(2-1)遵循前人的研究(Sorensen and Start，2000；Heidenreich，2009；Choi et al.，2011；Köhler et al.，2012；Chen et al.，2014)引入以下控制变量：主营业务增长率；企业规模，以总资产的自然对数衡量；资产回报率，用于控制样本公司过去的业绩；所有权，采用虚拟变量，国有企业和非国有企业分别用 1 和 0 表示；公司年龄，以公司成立年数的自然对数计算；组织冗余，以负债权益比和流动比率的平均值衡量。

式(2-1)中的残差 ε_{it} 表示公司 i 在 t 时刻的创新绩效相对于标准模型下的预期创新绩效的差异。对于每一对公司 i 和 j，将创新绩效差异定义为其残差的绝对值。

$$\text{创新绩效差异} = \left|\Delta\varepsilon_{i,j,t}\right| = \text{abs}\left(\varepsilon_{i,t} - \varepsilon_{j,t}\right) \tag{2-2}$$

最后，采用创新绩效差异测度的对数作为因变量。

2. 自变量

本小节研究有两个主要自变量，即连锁董事关系和连锁董事关系强度。

第一，连锁董事关系。我们对直接连锁董事关系和间接连锁董事关系分别进行了测量和分析。具体测量方法如图 2-1 所示。对于直接连锁董事关系，如果企业间存在直接连锁董事关系(如图 2-1 中企业 1 和企业 2，因为共同拥有董事 B 和董事 C，存在直接连锁董事关系)，则为变量赋值 1，否则为 0。对于间接连锁董事关系，考虑到若间接连锁董事关系路径太长，则企业取得有价值信息的可能性很低，因此本小节研究仅考虑路径长度为 2 的间接连锁董事关系(Gulati and Westphal，1999b)。具体而言，如果两个配对的企业没有直接的连锁董事关系，但都与第三家企业有直接连锁董事关系，那么这两家企业就形成了间接的连锁董事关系(如图 2-1 中企业 1 和企业 3，它们之间没有直接的连锁董事关系，但它们都与企业 2 有直接连锁董事关系，因此企业 1 和企业 3 之间就存在间接连锁董事关系)。如果存在间接连锁董事关系，则将变量赋值为 1，否则为 0。

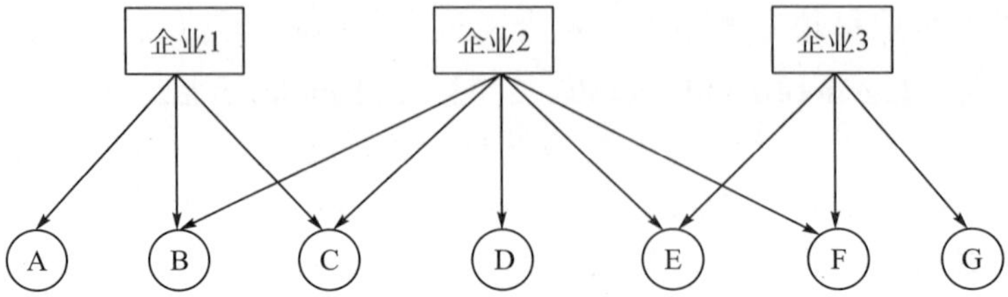

图 2-1 直接和间接连锁董事关系示意图

图中的 A、B、C、D、E、F、G 代表董事

第二，连锁董事关系强度。直接连锁董事关系的强度由企业间直接连锁董事的数量决定，而间接连锁董事关系的强度由企业间的间接连锁董事的数量决定。值越高，配对企业之间的连锁董事关系强度越大。

3. 调节变量

本章探究了两种类型的调节变量。一是配对企业间的行业差异，二是配对企业间董事会人口结构差异，特别是董事的平均年龄差异和受教育程度差异。如果配对的企业属于同一行业，我们将行业变量赋值为 1，否则赋值为 0。董事受教育程度为从中专到荣誉博士，按 1～6 的顺序排列。本章研究采用配对企业董事会董事的平均年龄差异和受教育程度差异来衡量董事会的人口统计学差异。

4. 控制变量

从理论上讲，在后文的数据分析中不需要进一步控制变量，因为在获取创新绩效差异数据的过程中，需要对影响公司创新绩效的因素进行控制，如式(2-1)所示。然而，在式(2-2)中使用创新绩效差异作为因变量时，重要的是要控制创新绩效变量可能存在的异方差问题，这些变量可能会影响数据分析的结果以导致其产生偏差(Fracassi，2017)。本章研究采用 F 检验分析各控制变量的异方差。因此，本章的研究增加了几个控制变量：第一，增加行业差异这一变量，如果配对的企业在同一行业，则赋值为 1，否则赋值为 0，因为不同行业的企业在创新绩效上存在很大差异；第二，增加了每对公司董事的平均人数、年龄和受教育程度，因为控制规模更大、年龄更大、受教育程度更高的董事会往往具有更相似的创新绩效；第三，控制了公司上市年份和股权集中度的平均值，分析发现，上市时间长、股权集中度高的公司往往具有相似的创新绩效；第四，将包括年龄、受教育程度、公司上市年份和股权集中度的差异相加，以排除这些变量值的相似性对创新绩效相似性的影响；第五，对配对企业之间的研发投资进行了均值和差值控制，虽然研发投入对创新绩效有影响，但我们在进一步分析中对可能存在的异方差进行了控制，而不是在式(2-1)中进行控制，这是因为研发投入较高的企业提交的专利申请数量较多，而研发投入相同的企业提交的专利申请数量大致相同。

2.4.3 分析方法

为了检验所提出的假设，本章采用固定效应面板模型，并采用 Hausman(豪斯曼)检验来证明选择固定效应分析的合理性。具体来说，本章使用年行业双固定效应回归来控制年份和行业因素，使用年份差异来控制不同年份，并使用行业差异来控制每个行业。

在实证分析中，本章采用了以下策略来控制内生性。首先，模型中所有自变量和控制变量相较于因变量都滞后 1 年，以消除同期内生效应的问题。其次，本章采用年行业固定效应和双固定效应回归，可以在一定程度上防止缺失变量所带来的内生性。最后，继 Salas(2010)和 Fracassi(2017)之后，本章将董事死亡作为外生冲击来检验连锁董事对企业间创新绩效差异的影响。结果表明，研究中没有潜在的内生性问题。本章将每对配对企业作为分析对象，并得到了 9357 个企业年度观察结果，总共有 8 878 253 个独特的配对(每年进行配对)。由于因变量是用式(2-1)中残差的差值来衡量的，因此可以预期其系数将很小。同样地，R^2 值(决定系数)也应该很小。使用相同方法的相关论文也报道了较小的 R^2 值(Fracassi，2017)。

在分析连锁董事网络时，Wong 等(2015)使用了 725 家美国大型上市公司的样本，为了处理关系形成中网络效应的独立性假设，他们对社会网络采用了指数随机图建模。但本章的数据集不允许使用这种技术，因为本章研究中的网络结构包括太少的双边和三角形关系。然而由于本章的分析汇编了 9357 个公司年观察的大样本数据，并且该样本包含了表 2-1 所示的大部分研究对象，因此本章研究的统计推断的可靠性是相对较高的(Cohen，1988)。

2.5 实证分析与结果

2.5.1 描述性统计

创新绩效差异回归模型中研究变量描述性统计如表 2-2 所示。由表 2-2 可知，配对企业创新绩效差异均值 M 为 0.4012，标准差 SD 为 0.2621。这一结果表明企业间创新绩效存在较大差异。

表 2-2 配对企业创新绩效差异各回归模型的描述性统计（N=8 878 253）

变量	1	2	3	4	5	6	7	8	9	10	11	12	13	14	15	16	17	M	SD
1.创新绩效差异	1.000																	0.4012	0.2621
2.直接连锁董事关系（Y/N）	−0.004	1.000																0.0018	0.0424
3.间接连锁董事关系（Y/N）	−0.001	—	1.000															0.0089	0.0940
4.连锁董事关系强度（直接）	−0.004	—	—	1.000														0.0013	0.0304
5.连锁董事关系强度（间接）	−0.002	—	—	—	1.000													0.0073	0.0806
6.董事平均年龄差异	0.078	−0.007	−0.007	−0.007	−0.008	1.000												1.4102	0.6426
7.董事平均受教育程度差异	0.013	−0.004	−0.002	−0.004	−0.003	0.005	1.000											0.5416	0.3389
8.配对企业董事会董事人数差异	0.062	0.002	0.009	0.002	0.008	0.002	−0.001	1.000										1.1360	0.6514
9.上市公司年龄差异	0.049	−0.005	−0.001	−0.005	−0.001	0.015	0.086	0.049	1.000									1.7782	0.8666
10.股权集中度差异	0.072	−0.003	−0.003	−0.003	−0.003	0.014	0.014	0.011	0.167	1.000								0.1497	0.1023
11.研发投入差异	0.335	0.002	0.012	0.003	0.012	0.079	0.025	0.065	0.091	0.037	1.000							0.6566	0.6925
12.配对企业董事平均年龄	0.100	0.004	0.012	0.004	0.012	0.073	0.024	0.042	0.075	0.036	0.211	1.000						3.9529	0.0483
13.董事平均受教育程度	0.012	0.003	0.008	0.003	0.007	−0.025	−0.251	0.004	−0.077	−0.027	0.050	−0.083	1.000					1.4935	0.1242
14.董事平均人数	0.068	0.014	0.034	0.014	0.033	−0.046	−0.015	0.343	0.086	0.018	0.121	0.071	−0.015	1.000				2.4039	0.1633
15.上市公司平均年龄	0.091	0.003	0.016	0.004	0.017	−0.014	0.144	0.090	0.516	0.133	0.205	0.187	−0.148	0.233	1.000			2.0397	0.5986
16.平均股权集中度	0.074	−0.002	−0.005	−0.002	−0.005	0.056	−0.061	−0.001	−0.113	−0.141	0.062	−0.016	0.111	−0.057	−0.422	1.000		0.4635	0.0663
17.平均研发投入	0.274	0.006	0.018	0.006	0.017	0.075	0.020	0.061	0.070	0.035	0.932	0.232	0.076	0.131	0.210	0.058	1.000	0.6191	0.5264
18.同行业（Y/N）	−0.023	0.018	0.013	0.018	0.014	−0.008	−0.019	−0.010	−0.024	−0.010	0.002	−0.005	0.021	−0.026	−0.029	−0.014	0.017	0.0462	0.2100

注：相关性有统计学意义（$p<0.01$）；虽然“平均研发投入”与“研发投入差异”的相关数值较高，但回归模型中仍然使用了这两个变量。因为在保留和删除任何一个变量的情况下，回归结果中所有变量的系数的显著性都没有改变，研究结论也没有改变，只是为了达到理论的完善。

2.5.2 主效应分析

主效应回归模型结果见表 2-3(模型 1～模型 4)。模型 1 和模型 2 的自变量分别为直接连锁董事关系和间接连锁董事关系，分别检验 H2-1a 和 H2-1b。也就是说，配对企业之间的直接(或间接)连锁董事关系与创新绩效差异呈显著负相关，其系数分别为 β=−0.0213 和 β=−0.0117。这意味着，两家企业之间直接(或间接)连锁董事关系的存在降低了公司间创新绩效差异，支持 H2-1a 和 H2-1b。

表 2-3 创新绩效差异(*N*=8 878 253)

变量	模型 1	模型 2	模型 3	模型 4
直接连锁董事关系(Y/N)	−0.0213*** (−11.05)			
间接连锁董事关系(Y/N)		−0.0117*** (−13.49)		
连锁董事关系强度(直接)			−0.0298*** (−11.12)	
连锁董事关系强度(间接)				−0.0151*** (−14.96)
董事平均年龄差异	0.0197*** (153.73)	0.0197*** (153.71)	0.0197*** (153.72)	0.0197*** (153.69)
董事平均受教育程度差异	0.0023*** (9.26)	0.0023*** (9.28)	0.0023*** (9.26)	0.0023*** (9.28)
配对企业董事会董事人数差异	0.0118*** (88.07)	0.0118*** (88.06)	0.0118*** (88.07)	0.0118*** (88.05)
上市公司年龄差异	−0.0065*** (−57.65)	−0.0065*** (−57.68)	−0.0065*** (−57.65)	−0.0065*** (−57.69)
股权集中度差异	0.1687*** (206.77)	0.1687*** (206.75)	0.1687*** (206.77)	0.1687*** (206.75)
研发投入差异	0.2259*** (687.96)	0.2259*** (687.88)	0.2259*** (687.96)	0.2259*** (687.87)
配对企业董事平均年龄	0.1739*** (98.04)	0.1740*** (98.10)	0.1739*** (98.04)	0.1740*** (98.11)
董事平均受教育程度	0.0288*** (41.40)	0.0288*** (41.47)	0.0288*** (41.39)	0.0288*** (41.47)
董事平均人数	0.0274*** (49.73)	0.0275*** (49.96)	0.0274*** (49.74)	0.0275*** (49.99)
上市公司平均年龄	0.0285*** (149.51)	0.0285*** (149.58)	0.0285*** (149.51)	0.0285*** (149.60)
平均股权集中度	0.3404*** (241.93)	0.3404*** (241.93)	0.3404*** (241.93)	0.3404*** (241.93)
平均研发投入	−0.1577*** (−361.24)	−0.1576*** (−361.13)	−0.1577*** (−361.24)	−0.1576*** (−361.12)

续表

变量	模型 1	模型 2	模型 3	模型 4
同行业(Y/N)	−0.0189*** (−48.66)	−0.0190*** (−48.69)	−0.0189*** (−48.66)	−0.0189*** (−48.65)
常数	−0.7167*** (−99.15)	−0.7176*** (−99.25)	−0.7167*** (−99.15)	−0.7177*** (−99.27)
F	102937	102942	102937	102945
调整的 R^2	0.1397	0.1397	0.1397	0.1397

注：括号中为 t 值。*、**和***分别表示在 10%、5%和 1%水平上的显著性。

表 2-3 中模型 3 和模型 4 的自变量分别为直接连锁董事关系强度和间接连锁董事关系强度，分别检验 H2-2a 和 H2-2b。也就是说，配对企业之间直接(或间接)连锁董事关系强度与其创新绩效差异在 1%以内呈显著负相关，系数分别为 β=−0.0298 和 β=−0.0151。这表明，更强的直接(或间接)连锁董事关系与较小的创新绩效差异相关，支持 H2-2a 和 H2-2b。

2.5.3 调节效应分析

H2-3a 和 H2-3b 表明，同行业配对企业之间的直接(或间接)连锁董事关系比不同行业配对企业之间的直接(或间接)连锁董事关系对降低创新绩效差异有更积极的作用。为了验证这一假设，本章分别采用了两个回归模型，在控制了 H2-1a、H2-1b、H2-2a 和 H2-2b 预测的主要影响后，分别添加了交互项“同一行业(Y/N)×直接(或间接)连锁董事关系”和“同一行业(Y/N)×直接(或间接)连锁董事关系强度”。回归模型(模型 5～模型 8)的结果如表 2-4 所示。模型 5～模型 8 中各交互项的相关系数均在 1%以内，呈显著负相关，系数分别为：β=−0.0173，β=−0.0075，β=−0.0235，β=−0.0064。这表明当配对企业处于同一行业时，连锁董事效应的影响会增强，即其创新绩效差异会缩小。因此，H2-3a 和 H2-3b 得到验证。图 2-2 进一步描述了当企业处于同一行业(Y/N)时，直接和间接连锁董事关系强度与其创新绩效差异之间的相关性。

表 2-4　行业差异的调节作用(N=8 878 253)

变量	模型 5	模型 6	模型 7	模型 8
直接连锁董事关系(Y/N)	−0.018 9*** (−9.15)			
间接连锁董事关系(Y/N)		−0.011 2*** (−12.36)		
连锁董事关系强度(直接)			−0.026 5*** (−9.15)	

续表

变量	模型 5	模型 6	模型 7	模型 8
连锁董事关系强度(间接)				−0.014 6*** (−13.79)
同行业(Y/N)× 直接连锁董事关系	−0.017 3*** (−7.07)			
同行业(Y/N)× 间接连锁董事关系		−0.007 5** (−2.26)		
同行业(Y/N)× 连锁董事关系强度(直接)			−0.023 5*** (−3.06)	
同行业(Y/N)× 连锁董事关系强度(间接)				−0.006 4* (−1.77)
董事平均年龄差异	0.019 7*** (153.72)	0.019 7*** (153.71)	0.019 7*** (153.72)	0.019 7*** (153.69)
董事平均受教育程度差异	0.002 3*** (9.27)	0.002 3*** (9.29)	0.002 3*** (9.27)	0.002 3*** (9.28)
配对企业董事会董事人数差异	0.011 8*** (88.07)	0.011 8*** (88.05)	0.011 8*** (88.07)	0.011 8*** (88.05)
上市公司年龄差异	−0.006 5*** (−57.65)	−0.006 5*** (−57.68)	−0.006 5*** (−57.65)	−0.006 5*** (−57.69)
股权集中度差异	0.168 7*** (206.77)	0.168 7*** (206.75)	0.168 7*** (206.77)	0.168 7*** (206.75)
研发投入差异	0.225 9*** (687.94)	0.225 9*** (687.87)	0.225 9*** (687.94)	0.225 9*** (687.86)
配对企业董事平均年龄	0.173 9*** (98.05)	0.174 0*** (98.10)	0.173 9*** (98.04)	0.174 1*** (98.11)
董事平均受教育程度	0.028 7*** (41.39)	0.028 8*** (41.46)	0.028 7*** (41.38)	0.028 8*** (41.47)
董事平均人数	0.027 4*** (49.74)	0.027 5*** (49.96)	0.027 4*** (49.74)	0.027 5*** (49.99)
上市公司平均年龄	0.028 5*** (149.51)	0.028 5*** (149.58)	0.028 5*** (149.51)	0.028 5*** (149.61)
平均股权集中度	0.340 4*** (241.94)	0.340 4*** (241.94)	0.340 4*** (241.94)	0.340 4*** (241.94)
平均研发投入	−0.157 7*** (−361.22)	−0.157 6*** (−361.12)	−0.157 7*** (−361.22)	−0.157 6*** (−361.10)
同行业(Y/N)	−0.018 9*** (−48.33)	−0.018 9*** (−48.08)	−0.018 9*** (−48.34)	−0.018 9*** (−48.16)
常数	−0.716 8*** (−99.16)	−0.717 6*** (−99.26)	−0.716 8*** (−99.16)	−0.717 7*** (−99.27)
F	96 075	96 079	96 075	96 082
调整的 R^2	0.139 7	0.139 7	0.139 7	0.139 7

注：括号中为 t 值。*、**和***分别表示在 10%、5%和 1%水平上的显著性。

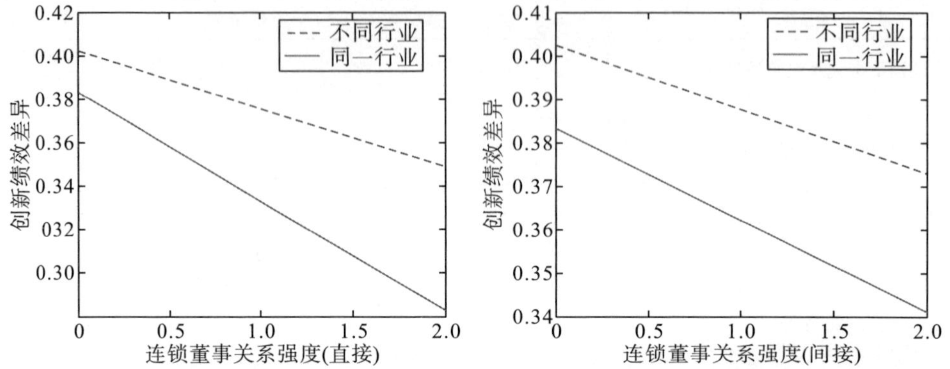

(a)同行业(Y/N)×连锁董事关系强度(直接) (b)同行业(Y/N)×连锁董事关系强度(间接)

图 2-2 行业差异的调节效应分析

董事平均年龄差异调节效应的回归模型结果如表 2-5 所示(模型 9～模型 12)。模型 9 和模型 11，其中交互项为“董事平均年龄差异×直接连锁董事关系”和“董事平均年龄差异×连锁董事关系强度(直接)”，来检验 H2-4a；模型 10 和模型 12，其中交互项为“董事平均年龄差异×间接连锁董事关系”和“董事平均年龄差异×连锁董事关系强度(间接)”，来检验 H2-4b。在模型 9 和模型 11 中，交互项的系数在 1%以内显著为负，而在模型 12 中，交互项的系数在 10%以内显著为负，但在模型 10 中不显著。这表明，配对企业中董事的平均年龄差异越大，创新绩效的差异越小，这是由直接和间接连锁董事关系的强度造成的。此外，这不仅适用于关系本身，而且当连锁董事关系是直接时，它的强度也是如此。因此，H2-4a 得到支持，而 H2-4b 不成立。图 2-3 进一步描述了当配对企业之间董事平均年龄差异增大时，董事关系强度与其创新绩效差异之间的相关性是如何增强的。

表 2-5 董事平均年龄差异的调节作用(N=8 878 253)

变量	模型 9	模型 10	模型 11	模型 12
直接连锁董事关系(Y/N)	−0.022 7*** (−11.64)			
间接连锁董事关系(Y/N)		−0.011 8*** (−13.54)		
连锁董事关系强度(直接)			−0.032 2*** (−11.76)	
连锁董事关系强度(间接)				−0.015 3*** (−15.07)
董事平均年龄差异× 直接连锁董事关系(Y/N)	−0.013 8*** (−4.40)			

续表

变量	模型 9	模型 10	模型 11	模型 12
董事平均年龄差异×间接连锁董事关系(Y/N)		−0.001 7 (−1.26)		
董事平均年龄差异×连锁董事关系强度(直接)			−0.019 7*** (−4.50)	
董事平均年龄差异×连锁董事关系强度(间接)				−0.003 0* (−1.87)
董事平均年龄差异	0.019 7*** (153.78)	0.019 7*** (153.18)	0.019 7*** (153.78)	0.019 7*** (153.27)
董事平均受教育程度差异	0.002 3*** (9.27)	0.002 3*** (9.29)	0.002 3*** (9.27)	0.002 3*** (9.28)
配对企业董事会董事人数差异	0.011 8*** (88.08)	0.011 8*** (88.06)	0.011 8*** (88.08)	0.011 8*** (88.05)
上市公司年龄差异	−0.006 5*** (−57.65)	−0.006 5*** (−57.68)	−0.006 5*** (−57.65)	−0.006 5*** (−57.69)
股权集中度差异	0.168 7*** (206.78)	0.168 7*** (206.75)	0.168 7*** (206.77)	0.168 7*** (206.75)
研发投入差异	0.225 9*** (687.96)	0.225 9*** (687.88)	0.225 9*** (687.95)	0.225 9*** (687.87)
配对企业董事平均年龄	0.173 9*** (98.03)	0.174 0*** (98.10)	0.173 9*** (98.03)	0.174 0*** (98.11)
董事平均受教育程度	0.028 8*** (41.40)	0.028 8*** (41.47)	0.028 8*** (41.40)	0.028 8*** (41.48)
董事平均人数	0.027 4*** (49.73)	0.027 5*** (49.96)	0.027 4*** (49.74)	0.027 5*** (49.99)
上市公司平均年龄	0.028 5*** (149.50)	0.028 5*** (149.58)	0.028 5*** (149.51)	0.028 5*** (149.60)
平均股权集中度	0.340 4*** (241.92)	0.340 4*** (241.93)	0.340 4*** (241.92)	0.340 4*** (241.93)
平均研发投入	−0.157 7*** (−361.24)	−0.157 6*** (−361.13)	−0.157 7*** (−361.24)	−0.157 6*** (−361.11)
同行业(Y/N)	−0.019 0*** (−48.67)	−0.019 0*** (−48.69)	−0.018 9*** (−48.66)	−0.018 9*** (−48.65)
常数	−0.688 9*** (−95.21)	−0.689 8*** (−95.32)	−0.688 9*** (−95.21)	−0.689 9*** (−95.34)
F	96 076	96 079	96 076	96 083
调整的 R^2	0.139 7	0.139 7	0.139 7	0.139 7

注：括号中为 t 值。*、**和***分别表示在 10%、5%和 1%水平上的显著性。

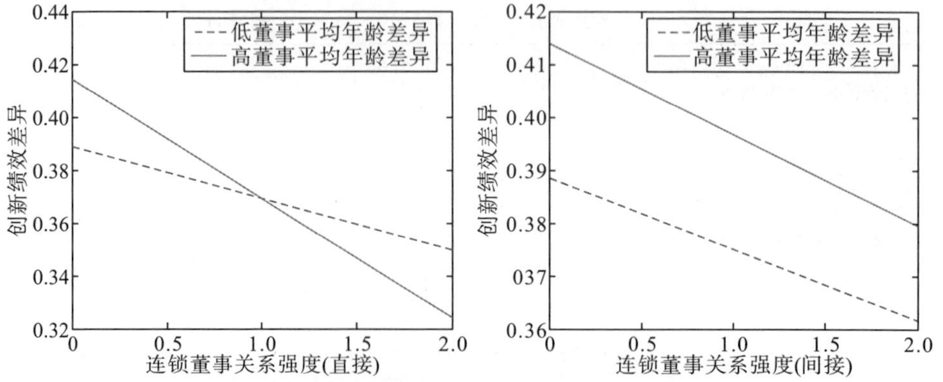

(a)同行业(Y/N)×连锁董事关系强度(直接)　(b)同行业(Y/N)×连锁董事关系强度(间接)

图 2-3　董事平均年龄差异调节效应分析

董事平均受教育程度差异调节效应的回归结果如表 2-6 所示(模型 13～模型 16)。模型 13 和模型 15 中的交互项为“董事平均受教育程度差异×直接连锁董事关系”和“董事平均受教育程度差异×连锁董事关系强度(直接)”，来检验 H2-4c；模型 14 和模型 16 的交互项为“董事平均受教育程度差异×间接连锁董事关系”和“董事平均受教育程度差异×连锁董事关系强度(间接)”，来检验 H2-4d。模型 13～模型 16 的交互项的系数并不显著，说明董事平均受教育程度的差异没有调节作用。因此，H2-4c 和 H2-4d 不成立。

表 2-6　董事平均受教育程度差异的调节作用(*N*=8 878 253)

变量	模型 13	模型 14	模型 15	模型 16
直接连锁董事关系(Y/N)	−0.021 5*** (−11.11)			
间接连锁董事关系(Y/N)		−0.011 8*** (−13.52)		
连锁董事关系强度(直接)			−0.030 2*** (−11.18)	
连锁董事关系强度(间接)				−0.015 2*** (−15.00)
董事平均受教育程度差异×直接连锁董事关系(Y/N)	−0.006 6 (−1.15)			
董事平均受教育程度差异×间接连锁董事关系(Y/N)		−0.004 1 (−1.60)		
董事平均受教育程度差异×连锁董事关系强度(直接)			−0.009 9 (−1.23)	

续表

变量	模型 13	模型 14	模型 15	模型 16
董事平均受教育程度差异×连锁董事关系强度(间接)				−0.004 7 (−1.57)
董事平均年龄差异	0.019 7*** −153.73	0.019 7*** −153.71	0.019 7*** −153.73	0.019 7*** −153.69
董事平均受教育程度差异	0.002 3*** −9.30	0.002 4*** −9.39	0.002 3*** −9.30	0.002 4*** −9.38
配对企业间董事会董事人数差异	0.011 8*** −88.07	0.011 8*** −88.06	0.011 8*** −88.07	0.011 8*** −88.05
上市公司年龄差异	−0.006 5*** (−57.65)	−0.006 5*** (−57.68)	−0.006 5*** (−57.65)	−0.006 5*** (−57.69)
股权集中度差异	0.168 7*** −206.77	0.168 7*** −206.75	0.168 7*** −206.77	0.168 7*** −206.75
研发投入差异	0.225 9*** −687.96	0.225 9*** −687.88	0.225 9*** −687.95	0.225 9*** −687.87
配对企业董事平均年龄	0.173 9*** −98.04	0.174 0*** −98.10	0.173 9*** −98.04	0.174 0*** −98.11
董事平均受教育程度	0.028 8*** −41.39	0.028 8*** −41.47	0.028 8*** −41.39	0.028 8*** −41.47
董事平均人数	0.027 4*** −49.73	0.027 5*** −49.96	0.027 4*** −49.74	0.027 5*** −49.99
上市公司平均年龄	0.028 5*** −149.51	0.028 5*** −149.58	0.028 5*** −149.51	0.028 5*** −149.60
平均股权集中度	0.340 4*** −241.93	0.340 4*** −241.93	0.340 4*** −241.93	0.340 4*** −241.94
平均研发投入	−0.157 7*** (−361.24)	−0.157 6*** (−361.13)	−0.157 7*** (−361.24)	−0.157 6*** (−361.12)
同行业(Y/N)	−0.018 9*** (−48.66)	−0.019 0*** (−48.69)	−0.018 9*** (−48.65)	−0.018 9*** (−48.65)
常数	−0.715 5*** (−99.09)	−0.716 3*** (−99.20)	−0.715 5*** (−99.09)	−0.716 4*** (−99.21)
F	96 074.55	96 079.27	96 074.67	96 082.51
调整的 R^2	0.139 7	0.139 7	0.139 7	0.139 7

注：括号中为 t 值。*、**和***分别表示在 10%、5%和 1%水平上的显著性。

2.5.4　稳健性检验

为了检查结果的稳健性，本章将所有自变量、调节变量和控制变量相较于因变量的滞后期改为 2 年，并使用相同的测量方法对上述所有模型进行检验，进行了敏感性分析。稳健性检验的结果表明本章的研究结论是可靠的。

2.5.5 结论与讨论

虽然对社会网络与企业创新绩效关系的研究多年来一直受到学者们的关注，但关于这一关系的实证证据一直没有定论(Gnyawali and Park，2011；Carpenter et al.，2012)。本章使用了一种不同的方法，即利用企业间创新绩效差异的变化而不是个体创新绩效来探究网络与绩效的关系。该方法与Pallotti等(2015)的研究方法类似，不同之处在于本章的研究采用了两阶段计量经济模型和不同的绩效差异测量方法。

本章的研究发现强调：连锁董事关系缩小了企业间创新绩效的差异，且连锁董事与企业个体属性差异(即企业间经营的行业不同或董事会董事的平均年龄不同)的相互作用将增强企业社会网络与创新绩效关系。这一发现符合社会网络与企业创新绩效关系领域的普遍认知，即网络关系会降低组织间创新绩效差异(Pallotti et al.，2015)，同行业企业之间的联系会促进创新绩效差异的降低(Laursen and Salter，2006)。尽管学者们一致认为创新应该至少从两个层面来理解(Gupta et al.，2007)，但近年来，除了Zhang等(2019)的研究外，对企业创新进行深入的跨层次机制分析的研究很少，特别是将网络理论与跨层次视角相结合的研究。本章研究了跨层次相互作用如何改变创新绩效，但与Zhang等(2019)的不同之处在于，本章侧重于二元层面的企业间创新绩效差异，而不是个体层面的创新绩效差异。

2.6 本章小结

基于中国A股上市公司的实证研究结果表明，直接和间接连锁董事关系的存在能够缩小企业间的创新绩效差异，直接和间接连锁董事关系强度越高，企业间的创新绩效差异越小。进一步从行业层次因素和董事会层次因素分别探讨其对创新绩效差异的影响，结果显示，在同一行业中，连锁董事关系及其强度与创新绩效差异之间的关系得到了强化。同时，连锁董事会间的平均年龄差异越大，除间接连锁董事关系外，直接连锁董事关系及其强度与创新绩效之间的关系得到了强化。

1) 管理实践意义

本章的研究结果进一步补充了社会网络与企业间创新绩效关系的研究，并为企业网络化成长路径的解析提供了新的见解。结合本章研究结果来看，企业可以通过加强连锁董事关系来缩小与其他企业间创新绩效的差异，从而不断增强自身的竞争力以实现企业成长。企业的连锁董事关系主要通过以下四种方式联接。①所有权，即两个企业由一个董事会共同控制。这种情况下，董事会将对两个企业的决策和运营有共同的决定权。②直接连锁，即两个企业共同聘用一个或多个董事。这些董事可以在两个企业中行使决策权，并可以同时对两个企业的运营情况进行监督和管理。③间接连锁，即两个企业的一个或多个董事是另一个企业的董事。这种情况下，一个企业的董事会成员可以在另一个企业中行使决策权，并对另一个企业的运营情况进行监督和管理。④互惠连锁，即两个企业的雇员分别成为对方企业的董事。这种情况下，两个企业通过互惠的方式将各自的员工纳入对方的董事会，从而形成一种连锁关系。综上所述，企业可以通过共享董事会成员的方式来形成一种联接关系，而这些联接关系可以构建一个企业间交流和互动的网络，即连锁董事网络。有了连锁董事网络，企业可以通过共享资源、知识和信息等来实现互利共赢，缩小企业间创新绩效的差异，并增强自身的竞争力，进而推动企业实现成长。

另外，本章研究发现，连锁效应确实会使企业间创新绩效趋同，但这种趋同受行业特征和董事会特征差异的调节。目前的研究结果强调了企业选择谁形成连锁董事关系对公司创新绩效的重要性。呼吁业界更多地关注选择创新绩效较好的企业建立连锁董事关系，并考虑行业和董事会特征的差异。

2) 主要理论贡献

本章研究的主要贡献表现在如下几个方面。

第一，以往一些关于社会网络对企业创新绩效影响的研究主要集中在社会网络对独立个体创新绩效的影响上(Ahuja，2000；Laursen and Salter，2006；Zhang et al.，2019)，本章强调社会网络对企业间创新绩效差异的影响。社会网络与企业创新绩效之间的关系难以通过独立个体创新绩效的研究得出明确的结论，本章从企业间创新绩效差异变化的新视角探讨了社会网络与企业创新绩效的关系。研究表明，社会网络可以缩小企业间创新绩效的差异，将网络的个体效应扩展到企业间效应。

第二，目前对企业创新机制的研究很少是跨层次的，大多只关注单一层面变量的作用，无法充分理解企业创新绩效的驱动机制(Gupta et al.，2007；Tan et al.，2015)。本章研究弥补了这一差距，主要研究了这些变量在连锁董事网络的二元层次和企业属性个体层次对企业间创新绩效差异的影响。结果表明，连锁董事关系降低了企业间创新绩效差异，且这一相关关系受到两家公司不同经营行业和两家公司董事会人口构成的调节。Gupta 等(2007)认为，每一种创新现象都应该至少从两个层面来理解，一个层面是行为人，另一个层面是行为人所嵌入的环境。因此，本章关于不同层次因素对创新绩效相互作用的实证分析不仅加大了企业创新绩效的研究深度，而且有助于全面解释企业创新绩效驱动机制。

第三，分析连锁效应与企业间创新绩效差异的关系也丰富了创新溢出的相关文献。与现有研究强调邻近性和员工流动对创新溢出的影响不同，本章基于网络视角的研究强调了连锁董事作为研究机构员工对外向知识溢出的作用，作为董事会成员对内向溢出的作用，以及知识溢出对关系企业创新绩效一致性的影响。

3)研究局限与展望

本章研究一些值得注意的局限性很可能为未来的研究提供动力。本章研究关注的是个体层面和二元层面对创新绩效的相互作用，而忽略了多个网络之间的跨层次互动，如企业与大学及其他研究机构之间的研发联盟网络。

此外，本章研究的结论仅基于来自我国企业的数据。如上所述，社会网络在经济转型下的中国企业运营中发挥着重要的作用(Peng，2004)。同样，未来的研究可以扩展单一国家的研究，用其他经济转型国家的证据来检验本章的理论假设。

参考文献

Abdelbadie R A, Salama A, 2019. Corporate governance and financial stability in US banks: Do indirect interlocks matter? [J]. Journal of Business Research, 104: 85-105.

Ahuja G, 2000. Collaboration networks, structural holes, and innovation: A longitudinal study[J]. Administrative Science Quarterly, 45(3): 425-455.

Ahuja G, Katila R, 2001. Technological acquisitions and the innovation performance of acquiring firms: A longitudinal study[J]. Strategic Management Journal, 22(3): 197-220.

Almeida P, Dokko G, Rosenkopf L, 2003. Startup size and the mechanisms of external learning: Increasing opportunity and decreasing ability?[J]. Research Policy, 32(2): 301-315.

Audretsch D B, Lehmann E, 2006. Entrepreneurial access and absorption of knowledge spillovers: Strategic board and managerial composition for competitive advantage[J]. Journal of Small Business Management, 44(2): 155-166.

Balsmeier B, Buchwald A, Stiebale J, 2014. Outside directors on the board and innovative firm performance[J]. Research Policy, 43(10): 1800-1815.

Bantel K A, Jackson S E, 1989. Top management and innovations in banking: Does the composition of the top team make a difference[J]. Strategic Management Journal, 10(S1): 107-124.

Baptista R, 2000. Do innovations diffuse faster within geographical clusters[J]. International Journal of Industrial Organization, 18(3): 515-535.

Baum J A C, Calabrese T, Silverman B S, 2000. Don't go it alone: Alliance network composition and startups' performance in Canadian biotechnology[J]. Strategic Management Journal, 21(3): 267-294.

Bikhchandani S, Hirshleifer D, Welch I, 1992. A theory of fads, fashion, custom, and cultural change as informational cascades[J]. Journal of Political Economy, 100(5): 992-1026.

Bikhchandani S, Hirshleifer D, Welch I, 1998. Learning from the behavior of others: Conformity, fads, and informational cascades[J]. Journal of Economic Perspectives, 12(3): 151-170.

Boisot M, Child J, 1996. From fiefs to clans and network capitalism: Explaining China's emerging economic order[J]. Administrative Science Quarterly, 41 (4) : 600-628.

Bouty I, 2000. Interpersonal and interaction influences on informal resource exchanges between R&D researchers across organizational boundaries[J]. Academy of Management Journal, 43 (1) : 50-65.

Burt R S, Christman K P, Kilburn H C, 1980. Testing a structural theory of corporate cooptation: Interorganizational directorate ties as a strategy for avoiding market constraints on profits[J]. American Sociological Review, 45 (5) : 821-841.

Cardamone P, 2010. The role of R&D spillovers in product and process innovation[J]. Applied Economics Letters, 17 (5) : 483-493.

Carpenter M A, Li M, Jiang H, 2012. Social network research in organizational contexts: A systematic review of methodological issues and choices[J]. Journal of Management, 38 (4) : 1328-1361.

Chen V Z, Li J, Shapiro D M, et al., 2014. Ownership structure and innovation: An emerging market perspective[J]. Asia Pacific Journal of Management, 31 (1) : 1-24.

Chen Y, Zheng D, 2017. Board network, information bridge and corporate investment convergence[J]. Nankai Business Review, 20 (3) : 159-171.

Choi S B, Lee S H, Williams C, 2011. Ownership and firm innovation in a transition economy: Evidence from China[J]. Research Policy, 40 (3) : 441-452.

Cohen J, 1988. Statistical power analysis for the behavioral sciences[M]. 2nd ed. Mahwah: Lawrence Erlbaum.

Cohen W M, Levinthal D A, 1989. Innovation and learning: The two faces of R&D[J]. The Economic Journal, 99 (397) : 569-596.

Cohen W M, Levinthal D A, 1990. Absorptive capacity: A new perspective on learning and innovation[J]. Administrative Science Quarterly, 35 (1) : 128-152.

Cowan R, Jonard N, Zimmermann J B, 2007. Bilateral collaboration and the emergence of innovation networks[J]. Management Science, 53 (7) : 1051-1067.

Datta D K, Rajagopalan N, 1998. Industry structure and CEO characteristics: An empirical study of succession events[J]. Strategic Management Journal, 19 (9) : 833-852.

Davis G F, Yoo M, Baker W E, 2003. The small world of the American corporate elite, 1982-2001[J]. Strategic Organization, 1 (3) : 301-326.

Echols A, Tsai W, 2005. Niche and performance: The moderating role of network embeddedness[J]. Strategic Management Journal, 26 (3) : 219-238.

Fleming L, 2001. Recombinant uncertainty in technological search[J]. Management Science, 47 (1) : 117-132.

Fracassi C, 2017. Corporate finance policies and social networks[J]. Management Science, 63 (8) : 2420-2438.

Galunic D C, Rodan S, 1998. Resource recombinations in the firm: Knowledge structures and the potential for schumpeterian innovation[J]. Strategic Management Journal, 19 (12) : 1193-1201.

Gibbons M, Johnston R, 1974. The roles of science in technological innovation[J]. Research Policy, 3 (3) : 220-242.

Gilsing V, Nooteboom B, Vanhaverbeke W, et al., 2008. Network embeddedness and the exploration of novel technologies: Technological distance, betweenness centrality and density[J]. Research Policy, 37(10): 1717-1731.

Gnyawali D R, Park B, 2011. Co-opetition between giants: Collaboration with competitors for technological innovation[J]. Research Policy, 40(5): 650-663.

Granovetter M S, 1973. The strength of weak ties[J]. American Journal of Sociology, 78(6): 1360-1380.

Granovetter M, 1985. Economic action and social structure: The problem of embeddedness[J]. American Journal of Sociology, 91(3): 481-510.

Gulati R, Gargiulo M, 1999. Where do inter organizational networks come from?[J]. American Journal of Sociology, 104(5): 1439-1493.

Gulati R, Westphal J D. 1999a. Cooperative or controlling? The effects of CEO-board relations and the content of interlocks on the formation of joint ventures[J]. Administrative Science Quarterly, 44(3): 473-506.

Gulati R, Westphal J D. 1999b. The dark side of embeddedness: An examination of the influence of direct and indirect board interlocks and CEO/board relationships on interfirm alliances[J]. Administrative Science Quarterly, 44: 473-506.

Gulati R, Nohria N, Zaheer A, 2000. Strategic networks[J]. Strategic Management Journal, 21(3): 203-215.

Gupta A K, Tesluk P E, Taylor M S, 2007. Innovation at and across multiple levels of analysis[J]. Organization Science, 18(6): 885-897.

Hagedoorn J, Cloodt M, 2003. Measuring innovative per formance: Is there an advantage in using multiple indicators[J]. Research Policy, 32(8): 1365-1379.

Hambrick D C, Mason P A, 1984. Upper echelons: The organization as a reflection of its top managers[J]. The Academy of Management Review, 9(2): 193-206.

Hamdan A, 2018. Board interlocking and firm performance: The role of foreign ownership in Saudi Arabia[J]. International Journal of Managerial Finance, 14(3): 266-281.

Hamel G, 1991. Competition for competence and inter partner learning within international strategic alliances[J]. Strategic Management Journal, 12(S1), 83-103.

Haveman H A, Jia N, Shi J, et al., 2017. The dynamics of political embeddedness in China[J]. Administrative Science Quarterly, 62(1): 67-104.

Heidenreich M, 2009. Innovation patterns and location of European low-and medium-technology industries[J]. Research Policy, 38(3): 483-494.

Heller D A, Fujimoto T, 2004. Inter firm learning in hori-zontal high-commitment alliances: Findings from two cases in the world auto-industry[J]. Annals of Business Administrative Science, 3(3): 35-52.

Hillman A J, Dalziel T, 2003. Boards of directors and firm performance: Integrating agency and resource dependence per spectives[J]. Academy of Management Review, 28(3): 383-396.

Howard M D, Withers M C, Tihanyi L, 2017. Knowledge dependence and the formation of director interlocks[J]. Academy of Management Journal, 60(5): 1986-2013.

Henderson R, Jaffe A, Trajtenberg M, 1993. Geographic localization of knowledge spillovers as evidenced by patent citations[J]. The Quarterly Journal of Economics, 108(3): 577-598.

Imai K, Baba Y, 1989. Systemic innovation and cross-border networks: Transcending market and hierarchies to create a new techno-economic system, OECD. Conference on Science[C]//Conference on Science Technology and Economic Growth, Paris. OECD Paris.

Köhler C, Sofka W, Grimpe C, 2012. Selective search, sectoral patterns, and the impact on product innovation performance[J]. Research Policy, 41(8): 1344-1356.

Kraatz M S, 1998. Learning by association? Interorganizational networks and adaptation to environmental change[J]. Academy of Management Journal, 41(6), 621-643.

Lambe C J, Spekman R E, 1997. Alliances, external technology acquisition, and discontinuous technological change[J]. Journal of Product Innovation Management, 14(2): 102-116.

Larson A, 1992. Network dyads in entrepreneurial settings: A study of the governance of exchange relationships[J]. Administrative Science Quarterly, 37(1): 76-104.

Laursen K, Salter A, 2006. Open for innovation: The role of openness in explaining innovation performance among UK manufacturing firms[J]. Strategic Management Journal, 27(2): 131-150.

Leiponen A, Helfat C E, 2010. Innovation objectives, knowledge sources, and the benefits of breadth[J]. Strategic Management Journal, 31(2): 224-236.

Levitt B, March J G, 1988. Organizational learning[J]. Annual Review of Sociology, 14(1): 319-340.

Li H, Atuahene-Gima K, 2001. Product innovation strategy and the performance of new technology ventures in China[J]. Academy of Management Journal, 44(6): 1123-1134.

Li M, 2019. Diversity of board interlocks and the impact on technological exploration: A longitudinal study[J]. Journal of Product Innovation Management, 36(4): 490-512.

Lieberman M B, Asaba S, 2006. Why do firms imitate each other?[J]. Academy of Management Review, 31(2): 366-385.

Lin J L, Fang S C, Fang S R, et al., 2009. Network embeddedness and technology transfer performance in R&D consortia in Taiwan[J]. Technovation, 29(11): 763-774.

Lin N, Dayton P W, Greenwald P, 1978. Analyzing the instrumental use of relations in the context of social structure[J]. Sociological Methods and Research, 7(2): 149-166.

Lynn G S, Reilly R R, Akgun A E, 2000. Knowledge management in new product teams: Practices and outcomes[J]. IEEE Transactions on Engineering and Management, 47(2): 221-231.

Marcel J J, 2009. Why top management team characteristics matter when employing a chief operating officer: A strategic contingency perspective[J]. Strategic Management Journal, 30(6): 647-658.

Mazzola E, Perrone G, Kamuriwo D S, 2016. The interaction between inter-firm and interlocking directorate networks on firm's new product development outcomes[J]. Journal of Business Research, 69(2): 672-682.

Miyazoe K, 2006. Transfer of knowledge related to the management of department stores: Research based on the “buyers manual” and “MD notes” in Japan[J]. Annals of Business Administrative Science, 5(3): 41-66.

Mizruchi M S, 1996. What do interlocks do? An analysis, critique, and assessment of research on interlocking directorates[J]. Annual Review of Sociology, 22(1): 271-298.

Nahapiet J, Ghoshal S, 1998. Social capital, intellectual capital, and the organizational advantage[J]. Academy of Management Review, 23(2): 242-266.

Norman G, Pepall L, 2004. Knowledge spillovers, mergers and public policy in economic clusters[J]. Review of Industrial Organization, 25(2): 155-174.

Obigbemi I F, Omolehinwa E O, Mukoro D O, et al., 2016. Earnings management and board structure: Evidence from Nigeria[J]. Sage Open, 6(3): 1-15.

Oh W Y, Barker V L, 2018. Not all ties are equal: CEO outside directorships and strategic imitation in R&D investment[J]. Journal of Management, 44(4): 1312-1337.

Owen-Smith J, Powell W W, 2004. Knowledge networks as channels and conduits: The effects of spillovers in the Boston biotechnology community[J]. Organization Science, 15(1): 5-21.

Pallotti F, Tubaro P, Lomi A, 2015. How far do network effects spill over? Evidence from an empirical study of performance differentials in interorganizational networks[J]. European Management Review, 12(3): 189-208.

Papadakis V M, Barwise P, 2002. How much do CEOs and top managers matter in strategic decision-making?[J]. British Journal of Management, 13(1): 83-95.

Peng M W, 2004. Outside directors and firm performance during institutional transitions[J]. Strategic Management Journal, 25(5): 453-471.

Pfeffer J, 1972. Size and composition of corporate boards of directors: The organization and its environment[J]. Administrative Science Quarterly, 17(2): 218-229.

Powell W W, 1998. Learning from collaboration: Knowledge and networks in the biotechnology and pharmaceutical industries[J]. California Management Review, 40(3): 228-240.

Powell W W, Koput K W, Smith-Doerr L, 1996. Interorganizational collaboration and the locus of innovation: Networks of learning in biotechnology[J]. Administrative Science Quarterly, 41(1): 116-145.

Pöschl J, Foster-Mcgregor N, Stehrer R, 2016. International R&D spillovers and business service innovation[J]. World Economy, 39(12): 2025-2045.

Richardson R J, 1987. Directorship interlocks and corporate profitability[J]. Administrative Science Quarterly, 32(3): 367-386.

Rindova V P, 1999. What corporate boards have to do with strategy: A cognitive perspective[J]. Journal of Management Studies, 36(7): 953-975.

Rosenbusch N, Gusenbauer M, Hatak I, et al., 2019. Innovation offshoring, institutional context and innovation performance: A meta-analysis[J]. Journal of Management Studies, 56(1): 203-233.

Salas J M, 2010. Entrenchment, governance, and the stock price reaction to sudden executive deaths[J]. Journal of Banking and Finance, 34(3): 656-666.

Salman N, Saives A L, 2005. Indirect networks: An intangible resource for biotechnology innovation[J]. R&D Management, 35(2): 203-215.

Sampson R C, 2007. R&D alliances and firm performance: The impact of technological diversity and alliance organization on innovation[J]. Academy of Management Journal, 50(2): 364-386.

Schilling M A, Phelps C C, 2007. Interfirm collaboration networks: The impact of large-scale network structure on firm innovation[J]. Management Science, 53(7): 1113-1126.

Schumpeter J A, 1934. The theory of economic development: an inquiry into profits, capital, credit, interest, and the business cycle[M]. Cambridge: Harvard University Press.

Scott C, Brown J S, 1999. Bridging epistemologies: The generative dance between organizational knowledge and organizational knowing[J]. Organization Science, 10(4): 381-400.

Song W, Ma X, Yu H, 2019. Entrepreneurial orientation, interaction orientation, and innovation performance: A model of moderated mediation[J]. Sage Open, 9(4): 21-28.

Sorensen J B, Start T E, 2000. Aging, obsolescence, and organizational innovation[J]. Administrative Science Quarterly, 45(1): 81-112.

Srinivasan R, Wuyts S, Mallapragada G, 2018. Corporate board interlocks and new product introductions[J]. Journal of Marketing, 82(1): 132-148.

Tan J, Zhang H, Wang L, 2015. Network closure or structural hole? The conditioning effects of network-level social capital on innovation performance[J]. Entrepreneurship Theory and Practice, 39(5): 1189-1212.

Useem M, 1984. The inner circle[M]. Oxford: Oxford University Press.

Uzzi B, 1997. Social structure and competition in interfirm networks: The paradox of embeddedness[J]. Administrative Science Quarterly, 42(1): 35-67.

Wally S, Baum J, 1994. Personal and structural determinants of the pace of strategic decision making[J]. Academy of Management Journal, 37(4): 932-956.

Wei J S, Walker G, Kogut B, 2000. Interfirm cooperation and startup innovation in the biotechnology industry[J]. Strategic Management Journal, 15(5): 387-394.

Westphal J D, Seidel M D L, Stewart K J, 2001. Second-order imitation: Uncovering latent effects of board network ties[J]. Administrative Science Quarterly, 46(4): 717-747.

Whittaker E, Bower D J, 1994. A shift to external alli ances for product development in the pharmaceutical industry[J]. R&D Management, 24(3): 249-259.

Wincent J, Anokhin S, Örtqvist D, 2010. Does network board capital matter? A study of innovative performance in strategic SME networks[J]. Journal of Business Research, 63(3): 265-275.

Wong L H H, Gygax A F, Wang P, 2015. Board interlocking network and the design of executive compensation packages[J]. Social Networks, 41: 85-100.

Zhang J M, Jiang H, Wu R, et al., 2019. Reconciling the dilemma of knowledge sharing: A network pluralism framework of firms' R&D alliance network and innovation performance[J]. Journal of Management, 45(7): 2635-2665.

第 3 章　多重网络嵌入与企业成长：双重网络嵌入对创新绩效的影响

3.1　问 题 背 景

“新基建”是支撑数字经济快速发展、促进传统产业转型升级的新型基础设施。加强 5G 网络、数据中心等新型基础设施建设，发展新一代信息网络，拓展 5G 在智慧城市、智能交通、人工智能、物联网等领域应用，是促进我国数字经济时代创新发展的重要基石。计算机、通信和其他电子设备制造业，即《国民经济行业分类》（GB/T4754—2017，2019 修订版）中的 C39 行业，作为我国主要的先进装备制造业，其所包含的计算机制造、通信设备制造、智能消费设备制造等细分产业是我国“新基建”发展的基石，也是我国数字经济产品制造业的主要支撑行业之一（Huang and Rice，2009）。因此，研究 C39 行业技术创新，不仅与构建集约高效、经济适用、安全可靠的新型基础设施息息相关，而且对我国数字经济的发展具有重要意义。然而，C39 行业作为高新技术产业，具有技术复杂度高、产品生命周期短、行业迭代升级快、创新需求迫切等特点，这意味着该行业的单一企业所拥有的资源难以满足其通过创新实现技术升级和产品更迭的需求（Pfeffer and Salancik，1978），因而，“闭门造车”式的技术创新活动已经无法支持企业发展。获得有价值、异质性的外部资源成为 C39 行业高新技术企业开展创新活动的重点，所获取的创新资源可以帮助企业加快技术创新发展，掌握自主核心技术，应对外部动荡环境，从而提高企业竞争优势，获得卓越的创新绩效。

依据管理实践来看，高新技术企业通过与高等院校、科研机构及其他企业构建合作网络和关系网络等网络渠道获取外部创新资源是企业创新的主要做法之一。合作研发网络是企业通过建立正式或非正式的合作关系开展技术研发活动所形成的重要合作网络，是知识交流频繁的技术密集型企业实现知识流动与知识溢出的重要渠道（Lissoni，2001）。对于 C39 行业的企业来说，通过嵌入合作研发网络获取创新所需要的新知识元素和新想法（Du et al.，2014a），帮助企业更好地完成知识元素探索和组合的创新过程（Savino et al.，2017），是提高企业创新绩效的重要方式。而高技术企业的创新活动不仅需要技术研发等知识资源，也需要获取市场需求信息、政府政策信息和行业发展信息等信息资源，帮助企业制定战略发展方向，提高企业创新决策效率，降低技术开发的不确定性，规避创新风险。连锁董事网络是企业广泛嵌入的关系网络(张红娟等，2022)，其不仅可以帮助企业识别市场新机会并做出快速反应，也为企业新知识的创新和已有知识的组合提供了更多可能。

现有关于提高企业创新绩效的研究，已经从个体属性(如能力、金融资本、知识基础)和企业外部关系(如供应链网络、合作网络)这两个视角展开，但从企业外部关系视角展开的研究多聚焦于企业嵌入单一社会网络情境下网络对企业创新绩效的影响，且企业能力在该情境下的作用机制尚不明确。Galaskiewicz 和 Zaheer(1999)曾指出，随着企业对外部资源的需求不断增加，企业正在嵌入更为广泛和相互重叠的网络之中，研究企业同时嵌入多个外部网络是至关重要的。此外，企业如何将从其外部所获取的异质性资源转变为企业创新成果，这与企业内部的吸收能力对资源的识别、消化、转化和应用有关，因此探究企业吸收能力的作用机制，有利于提高企业创新绩效。

鉴于此，本章以 C39 行业为研究对象，基于网络嵌入理论、知识基础理论、资源依赖理论和吸收能力等理论基础，主要探讨企业同时嵌入合作研发网络和连锁董事网络这两个网络情境时，网络结构嵌入对企业创新绩效的作用关系，以及企业吸收能力对于企业双重网络结构嵌入的创新绩效效应的影响机理。

3.2　相关概念与理论基础

3.2.1　基本概念界定

1. 创新绩效的概念

创新的概念最早可以追溯到熊彼特(Schumpeter)在 1912 年所发表的巨著《经济发展概论》，其认为“创新是建立一种新的生产函数，将从未有过的生产要素与生产条件进行重新组合，并引入到生产的体系中”。而衡量企业创新活动所产生成果的重要指标则是创新绩效。现有研究文献对企业创新绩效的定义分为两类，分别从狭义和广义两个角度对企业创新绩效进行界定。从狭义的角度来说，企业创新绩效是指企业通过创新活动真正引入市场的创新成果绩效，如新技术、新产品、新服务和新流程等(Soete and Freeman，1997)。而从广义的角度则在关注企业创新活动所产生的成果绩效时，同时关注了企业创新的过程绩效，即企业从产生创意到新产品创造过程中取得的所有成就(Hagedoorn and Cloodt，2003)，包括知识获取、流程创新和管理水平提高等(高建等，2004)。

2. 社会网络的概念

企业嵌入外部社会网络可帮助企业从外界获取多种稀缺性、异质性资源，也成为企业拓展市场的生存空间和提高企业核心竞争力的重要措施(Campello et al.，2012)。高新技术企业构建外部合作网络和关系网络等网络渠道是获取外部创新资源，助力企业完成创新活动的主要方式之一。合作研发网络和连锁董事网络是企业广泛嵌入的外部网络，是企业研发关系和企业间社会关系呈现的重要网络形态(Kraatz，1998)。本部分基于本章研究内容，梳理了合作研发网络和连锁董事网络的定义，以及特征的测量方法。

1)合作研发网络的定义

随着外部市场环境的剧烈变化、高新技术的快速变革且日趋复杂，高度不确定的外部环境为企业带来了较大的风险与挑战(王大洲，2001)。为获得竞争优势，降低创新风险与交易成本，缩短新产品和新技术的研发周期，越来越多的企业选择与其他外部企业、供应商、高等院校和科研院所等主体建立合作关系。该合作关系的建立帮助企业获取组织内部所欠缺的资源，减少因仅依靠内部资源开展创新活动而无法适应外部环境所导致的创新活动的失败。

合作研发网络这一概念最早由 Freeman(1991)提出，其指出合作研发网络是企业间建立合作创新所构成的网络结构，该网络是企业为了更好地开展创新活动、增强与其他企业的互动交流所形成的合作关系。Freeman(1991)基于合作研发网络中各主体间关系的紧密程度，将网络分为正式网络和非正式网络，并且认为企业建立正式网络相较于非正式网络更加重要，这主要是由于正式网络所获得的资源多为异质性、多元化的。后有学者王大洲(2001)在 Freeman(1991)的研究基础上，对企业合作伙伴的类型进行了拓展。他认为，企业与研究机构间的合作关系也是形成合作研发网络的一种。

此后，国内外学者对合作研发网络的概念进行了相关界定，认为合作研发网络是各创新主体围绕共同目标开展合作创新活动形成的合作关系，通过正式合约或非正式合约建成网络(Harris et al.，2000)。合作研发网络具有以下几点特性。其一，创新主体可通过合作研发网络交换多样性、异质性资源(吴贵生等，2000)。其二，合作研发网络中的创新主体并不只是企业主体，也包含高等院校和科研院所等创新主体。其三，合作研发网络是通过正式合约或非正式合约所形成的，合作关系的建立往往是由于各创新主体间具有共同目标。

2)连锁董事网络的定义

Burt(1980)和 Barucci(2006)认为，所谓的连锁董事网络是企业董事会中同一董事个体同时在多家其他企业董事会任职时建立起的企业间的网络关系，是一类重要的组织间网络关系。现有文献基于这一概念，从董事个体层面和企业组织层面构建了两个层次的关系网络，即不同董事在同一企业任职所构成的网络关系且以董事个体为网络节点所形成的“董事—董事”网络(the director network)，及因拥有共同董事而建立的以企业为节点的“企业—企业”网络(the board network)。现有文献对企业组织层面的连锁董事网络的研究多聚焦于连锁董事网络对企业战略决策、创新活动、企业并购、投资趋同和企业融资等方面的影响(Barnea and Guedj，2009；陈运森和郑登津，2017；Srinivasan et al.，2018；尹筑嘉等，2018；Chang and Wu，2021)。

本章研究从企业组织层面切入，借鉴 Burt(1980)、Barucci(2006)等对连锁董事网络的定义，以企业为网络节点，以企业间的连锁董事关系为节点间的连线，以企业间连锁董事的个数为权重，形成如图 3-1 所示的加权无向的连锁董事网络图。本章研究对于企业间的连锁董事关系的判断可借助如图 3-2 所示的连锁董事关系示意图，具体说明如下。若企业间直接拥有共同董事(如图 3-2 中的公司 A 和公司 B 直接共同拥有董事 1、董事 2 和董事 5)，或企业间间接拥有共同董事(如图 3-2 中公司 A 和公司 C 通过公司 B 间接共同拥有董事 2，形成了间接连锁关系，我们仅考虑 2 步间接关系)，则判断这两个节点企业间具有连锁董事关系。根据直接连锁董事和间接连锁董事的数量，可赋予节点间连线的权重，如公司 A 与公司 B 间拥有 3 名连锁董事，则节点 A 和节点 B 之间连线的权重为 3(图 3-1)，同理，公司 A 与公司 C 间拥有 2 名连锁董事，则节点 A 和节点 C 之间的连线权重为 2(图 3-1)。

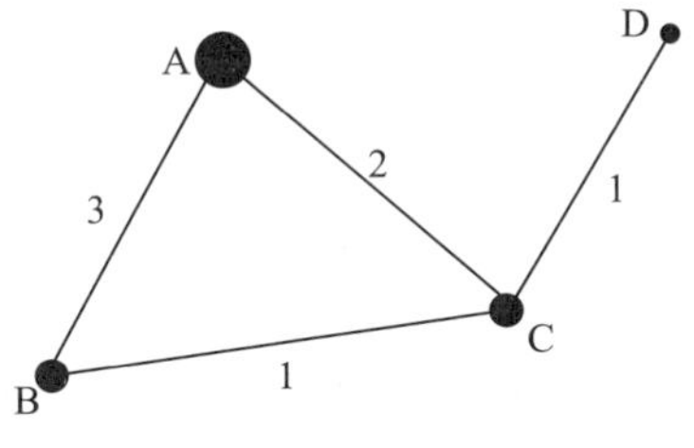

图 3-1　加权无向连锁董事网络示意图

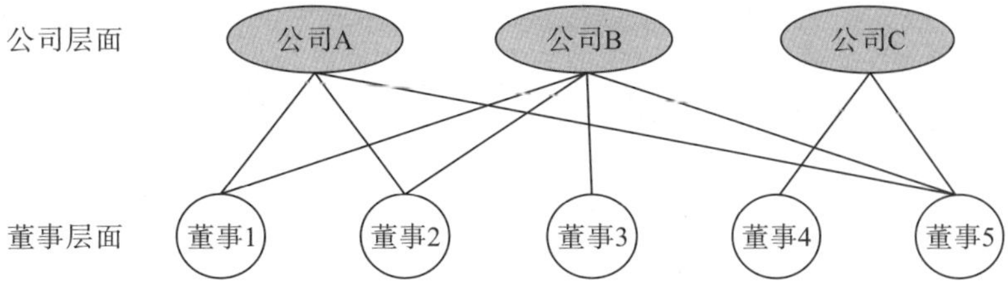

图 3-2　连锁董事关系示意图

3）社会网络特征的测度

关于社会网络特征的研究主要集中在整体网络特征与个体网络特征两个方面。现有研究一般都使用网络规模、网络密度、网络点度中心势、加权网络聚类系数、网络平均加权路径长度、网络中心度等指标对网络特征进行刻画。

网络连线（Line）是指网络中各参与主体间建立的联系数量的总和。其计算公式如下：

$$\text{Line} = \sum_{i=1}^{N} a_{ij} \tag{3-1}$$

其中，a_{ij} 表示网络中各节点之间的关系：当 $a_{ij}=1$ 时，则表示节点 i 与节点 j 之间具有关系；当 $a_{ij}=0$ 时，则表示节点 i 与节点 j 之间不存在网络关系。

网络密度是度量网络中各节点之间联系密集程度的重要指标。网络密度越大，网络处于紧密联系状态，网络中各主体联系越紧密，信息在网络中的传递路径较短，信息和资源的流动速度越快（高展军和李垣，2006）。当网络密度小时，网络非冗余程度高，企业网络处于松散的网络状态；各行动者可以获取的网络资源往往较多（McEvily and Marcus，2005）。其计算公式如下：

$$\text{ND} = \frac{2\,\text{Line}}{\text{Node}(\text{Node}-1)} \tag{3-2}$$

其中，Line 表示网络中实际联系的连线数量；Node 表示网络中存在的节点数量；Node（Node−1）表示网络中可构成连线的最大数量。

网络点度中心势可测量整体网络结构的均衡程度，网络点度中心势越大，说明网络权力集中于少数节点，整体网络越不均衡（刘可文等，2017）。其计算公式如下：

$$C_D = \frac{\sum_{i=1}^{\text{Node}} \left(C_{\max} - C_i\right)}{(\text{Node}-1)(\text{Node}-2)} \tag{3-3}$$

其中，C_D 表示整体网络中心势；公式右侧的分子表示网络中最大的节点程度中心度与其他节点中心度差值的总和；公式右侧的分母表示差值总和中可能的最大值。

加权网络聚类系数是刻画某个节点相邻两个节点彼此具有连接关系的概率，反映网络中节点的聚集程度。网络聚集系数越高，网络中的各节点联系越紧密，网络形成高度内聚性网络结构，节点间的信任程度高，互动交流次数多，易形成长期合作关系，减少组织机会主义行为的发生。其计算公式如下：

$$C = \frac{1}{N}\sum_{i=1}^{N} C_i = \frac{1}{k_i\left(k_i-1\right)}\sum_{i,k} \omega_{ijk} a_{ij} a_{ik} a_{jk} \tag{3-4}$$

其中，C_i 表示单个节点的聚类系数，每个节点聚类系数的平均值被认为是网络的聚类系数（Stuart，2000）；k_i 表示与节点 i 相邻的节点数；$a_{ij}=1$ 表示节点 i 和节点 j 相连，故当且仅当 $a_{ij}a_{ik}a_{jk}=1$ 时，节点 i、j、k 构成一个三角形，否则必会有 $a_{ij}a_{ik}a_{jk}=0$ 的结果。

网络平均加权路径长度（average weighted path length，AWPL）是衡量网络连通性的重要指标，用网络中一条路径步数的平均值乘以路径的权重计算。该指标有效地衡量社会网络、物流网络等复杂网络结构研究的精准度，网络平均加权路径长度值越小，说明节点间连接越紧密。其计算公式如下：

$$\mathrm{AWPL}=\left(\frac{1}{p}\right)\sum\left(L(i)\times w(i)\right) \tag{3-5}$$

其中，p 表示所有可达的路径数；$L(i)$ 表示第 i 条路径的步数；$w(i)$ 表示第 i 条路径的权重。

此外，个体网络特征研究聚焦于网络中心度、结构洞和结构等价等指标。其中，网络中心度指标是个体网络研究的重要指标之一，表示节点对群体的“权力”量化，可反映网络中节点的位置情况。网络中心度有程度中心度（degree centrality）、中介中心度（betweenness centrality）和接近中心度（closeness centrality）三种。程度中心度是网络中心度测量中最常用的测量指标。加权程度中心度计算公式如下：

$$\mathrm{Degree}_{it}=\frac{\sum_{j=1}^{\mathrm{Node}}x_{ij}}{\mathrm{Node}-1} \tag{3-6}$$

其中，Degree_{it} 表示节点 i 的程度中心度；$\sum_{j=1}^{\mathrm{Node}}x_{ij}$ 表示企业 i 与其余 $\mathrm{Node}-1$ 个企业的连线数量（$i\neq j$ 则代表企业 i 不与自身相连）；Node 表示网络中存在的节点数量；$\mathrm{Node}-1$ 则表示节点 i 可以连接的最大连接数。程度中心度越高，则表示该节点在网络中越重要。而加权程度中心度则考虑了企业 i 与企业 j 联系的多重度，可以更真实、细致地描述企业在网络中的位置。

在整体特征研究中，学者 Davis 等（2003）、Caldarelli 和 Catanzaro（2004）、段海艳和仲伟周（2008）从网络规模、网络关系数、网络密度、网络中心势、聚类系数、平均路径长度等整体网络指标分析网络结构特征和产生影响。学者 Simoni 和 Caiazza（2013）通过计算网络密度、平均路径长度等指标随年份的变化情况，刻画整体网络的演化特征与趋势。鉴于此，本章在研究加权无向整体网络的演化特征与趋势时，主要聚焦于网络规模、网络关系数、网络密度、网络中心势、聚类系数、平均路径长度这六大指标。

3. 吸收能力的概念

吸收能力(absorptive capacity)的概念源于知识经济时代企业对外部知识源的依赖性增强。Cohen 和 Levinthal(1990)针对企业在利用外部性知识方面所面对的问题，开创性地提出了吸收能力，认为吸收能力是组织和个人对于外部知识的评估、消化和应用于商业的能力，从而对其创新和创新绩效产生影响。该概念分析了组织或个人吸收外部新知识的强弱对组织创新的影响。

在随后近二十年的研究中，吸收能力的定义与作用机制获得学者的广泛关注。Todorova 和 Durisin(2007)认为，企业吸收能力是一个动态过程，企业通过认识外部知识源和先前知识的价值后，动态地、不断反馈地进行知识识别、消化、转化和应用这四个阶段，进而影响企业创新、战略柔性和创新绩效(图 3-3)。

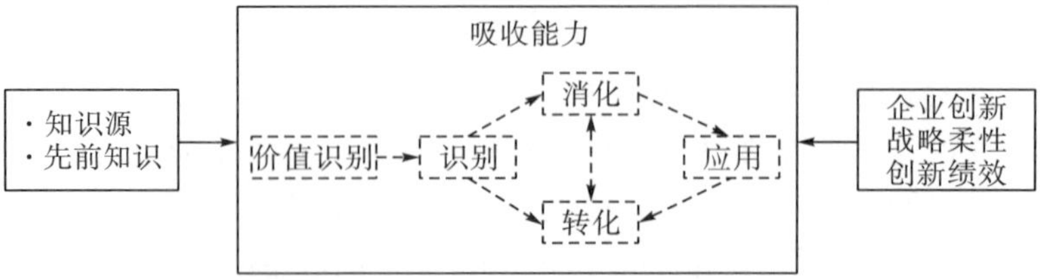

图 3-3 Todorova 和 Durisin(2007)对企业吸收能力的定义

本章研究考虑 C39 企业属于高技术企业，其开展创新活动所需的创新资源均具有极高的专业性。故本章借鉴 Cohen 和 Levinthal(1990)所提出的理论结构，认为 C39 企业的吸收能力包括识别、消化、转化和应用四个过程，以完成外部资源的吸收全流程。识别是指企业探索、发现并获得外部知识源的过程；消化是对所获得的外部有价值的知识加以理解；转化是将所理解的知识结构转化为企业创新所需要的知识元素；应用是企业将所拥有的知识元素进行重新组合，完成创新，从而提高企业竞争力的过程。

3.2.2 理论基础

本章从资源的视角出发，探究企业同时嵌入合作研发网络和连锁董事网络所形成的位置差异，如何影响其获取外部异质性资源，进而作用于企业创新绩效的作用机制。同时关注企业内部对资源的吸收和利用能力对企业双重网络嵌入的创新绩效效应所产生的调节关系，从而帮助企业获取更大的竞争优势。因此，本部分理论基础将对社会网络理论、资源基础理论、资源依赖理论和吸收能力理论进行阐述。

1. 社会网络理论

社会网络理论研究起源于 20 世纪 30 年代，是社会学领域的重要分支，是对社会学相关问题研究的一种成熟研究范式。德国社会学家 Simmel 在 1922 年的社会学研究中首次使用“网络”一词。1940 年，英国人类学家 Brown 首先提出了“社会网络”的概念，将社会网络想象为相互交织的社会关系。Wellman 和 Berkowitz（1988）将社会网络概念进一步界定为社会行动者（social actor）与行动者之间关系的集合，并构成了一种社会结构。随着社会网络应用范围不断扩大，社会网络被广泛地应用于管理、医学等其他领域。社会网络理论在组织管理学研究中极其适用（Tichy et al.，1979），突破了对个体研究的限制，将网络主体拓展到了所有社会行动者，包括群体或企业、政府、高等院校等组织。

网络嵌入理论源于社会网络理论的研究。网络嵌入理论由 Granovetter（1985）提出，其将网络嵌入分为关系嵌入维度和结构嵌入维度两类，研究企业所在网络对企业行为和绩效的影响。关于关系嵌入维度的研究主要从两个主体间关系的强度、质量、频率、方向、可持续性等方面分析组织间的二元关系对企业行为及绩效的影响。不同的关系强度对企业的影响机制不同，强关系可使企业间高度信任，提高信息传递质量，增加隐性知识的互换；弱关系则可为企业带来更多、更广泛的知识和信息资源（Granovetter，1973）。关于结构嵌入维度的研究关注企业在其嵌入的个体网络或整体网络中的位置对企业行为和绩效的影响。Freeman（1977）认为，处于网络中心位置的企业可以获取更多的知识和信息资源，而处于结构洞位置的企业则拥有更大的网络控制力和影响力。

网络嵌入理论是在研究网络对企业创新绩效影响时最常用的理论，该理论可以很好地分析企业如何基于所嵌入的网络获得创新所需要的异质性资源，进而影响企业创新绩效。例如，McEvily 和 Zaheer（1999）认为，企业嵌入的网络结构不同，其对外部资源、信息和知识的获取会有差异，从而对企业创新绩效的影响也不相同。

2. 资源基础理论

资源基础理论是一种关于企业竞争力的经济学理论，是影响最为深远的理论之一。其认为，企业是由资源组成的综合体，企业的竞争优势不仅来自外部市场结构，也与企业内部有价值的（valuable）、稀缺的（rare）、难以模仿的（imperfectly imitable）和不可代替的（non-substitutable）资源情况有关（Barney，1991）。企业所具有的资源的差异性决定了企业市场竞争力的差异。同时，该理论解释了企业如何在竞争环境中保持独特、可持续的优势（Hoopes and Walker，2003），这取决于其自身对资源吸收和利用的能力(Barney and Clark，2007)。

知识基础理论是资源基础理论的发展和延续，其更加聚焦于企业知识资源对企业竞争优势的影响。由 Kogut 和 Zander(1992)提出的知识基础理论认为企业是由知识组成的综合体，是一个知识的处理系统，企业可以通过知识获取、整合、重组等过程完成知识积累和知识再创造。拥有庞大知识库资源且具有创造和应用知识的能力是企业竞争优势可持续的源泉。

企业的知识基础是由显性知识和隐性知识构成的(Grant，1996)。显性知识是指能够被编译和解释的知识，可以通过专利申请手段进行保护，是企业获取短期竞争优势的一个来源；而隐性知识是指隐含在企业的行动中无法被阐释的部分，包括 know-how 技术和经验，该类型知识不易获取且被模仿难度大，是企业核心竞争力的重要来源(Carlo et al.，2012)。后有学者 Todorova 和 Durisin(2007)从知识基础理论的视角出发，认为企业的知识基础具有路径依赖的特性，会影响企业经济绩效和创新活动。因此，如何优化企业知识基础，提高企业知识重组效率，创造更多新的知识，最终提高创新绩效成为学者关注的重点。

知识基础理论让学者从知识视角出发，关注企业边界、企业竞争等问题，深入研究企业的知识共享(曹勇和向阳，2014)、知识识别、知识传播、知识聚集(王新华等，2018)、知识创造和知识整合(魏江和徐蕾，2014)等对企业创新绩效的影响。

3. 资源依赖理论

资源依赖理论是研究组织与外部环境中关键资源依赖关系的常用理论。该理论起源于 20 世纪 40 年代，在 1978 年 Pfeffer 和 Salancik 出版了《组织外部控制：资源依赖视角》一书后，资源依赖理论受到学者的广泛关注。资源依赖理论认为，组织是开放系统，随着环境多样性和不确定性增强，组织内部难以产生其生存所需要的所有资源，必须从企业外部环境中获取这些企业赖以生存的资源，以满足其生产和经营的需求。企业为了获取外部资源，必须与其依赖的环境中掌握关键资源的渠道上下游企业或竞合企业、政府、高等院校等组织建立互动关系。Oliver(1990)认为，资源依赖理论不局限于企业对单个资源的控制，而是涉及多个资源之间的协调关系，组织需要整合不同的资源来实现合作。而外部网络的构建是实现资源获取和利用的重要渠道，组织间网络联系可以提高对外部依赖的信息的共享和资源的协调(Carpenter and Westphal，2001)。

4. 吸收能力理论

在数字经济时代背景下，企业创新活动日趋复杂，虽然从组织外部拓展创新资源有助于推动企业创新，但如何对外部资源进行有效吸收并加以转化，使其成为企业自身的知识与资源基础才是推动企业创新的关键。基于此，相关学者提出吸收能力的概念(Cohen and Levinthal，1989)，基于该概念分析了组织或个人对外部新知识的吸收强弱对组织创新的影响(Chen et al.，2011)。随着近二十年的研究发展，吸收能力的定义与内涵不断被丰富和拓展。Cohen 和 Levinthal(1990)认为，吸收能力是组织和个人对于外部知识的评估、消化和将其应用于商业的能力。在此基础上，学者 Zahra 和 George(2002)基于 Cohen 和 Levinthal(1989)的研究，从过程维度进一步剖析了吸收能力的内涵，即吸收能力可被分为对知识的获取和消化的潜在吸收能力及知识转化与应用的现实吸收能力两个方面，奠定了后续吸收能力相关文献的研究基础。此后，Todorova 和 Durisin(2007)从动态性视角进一步丰富了吸收能力的内涵。该研究将吸收能力看作一个动态过程，企业通过认识外部知识源和先前知识的价值后，动态、不断反馈地进行知识识别、消化、转化和应用这四个阶段，进而对企业竞争优势进行影响。

3.2.3　国内外研究综述

1. 企业创新绩效相关研究文献计量分析

面对汗牛充栋的文献资料，人工搜索、解读与分类面临着巨大的工作量，定性的文献梳理会导致研究视角单一、数量有限，不能很好地反映特定领域的研究现状与研究热点前沿。在以人工智能、大数据为标志的信息化时代，利用文献计量工具定量地对特定领域的数据进行挖掘极为重要。本部分利用目前最常使用的文献计量软件 Citespace V，对与“企业创新绩效”相关的文献进行可视化分析，以了解该领域的研究发展脉络，并洞悉企业创新绩效的影响因素。

1)企业创新绩效相关研究文献基本情况

本章研究以综合性学术信息库(Web of Science，WOS)中的 SCI-E 引文索引数据子库和 SSCI 引文索引数据子库为英文文献的数据检索来源，同时以中国知网(China National Knowledge Infrastructure，CNKI)数据库中的中国社会科学引文索引(Chinese Social Science Citation Index，CSSCI)数据子库和中文核心期刊(北大核心)数据子库为中文文献的数据检索来源。为排除检索中误检和漏检的情况，本部分研究参考现有文献(郑烨等，2017)设计合理的关于“企业创新绩效”为主题的逻辑关系检索式，检索时间选择为 2000～2021 年，文献类型为期刊文献，共检索出中文文献 1468 篇，外文文献 1827 篇。相关文献检索情况见表 3-1。

表 3-1 企业创新绩效文献检索相关情况

检索科目	中文文献检索	外文文献检索
数据库	CNKI 数据库中 CSSCI 数据库和北大核心数据库	WOS 中核心合集数据库（SCI-E 数据库、SSCI 数据库）
检索方式	SU=“创新绩效”AND SU=“企业”	TS="firm innovation performance" OR TS="company innovation performance" OR TS="enterprise innovation performance" OR TS="corporation innovation performance" OR（TS="innovation performance" AND（TS="company" OR TS="enterprise" OR TS="cooperation" OR TS="firm" OR TS="cooperate" OR TS="companies" OR TS="business")）
文献类型	期刊文献	Article
时间跨度	2000～2021 年	2000～2021 年
检索时间	2022 年 5 月 24 日	2022 年 5 月 24 日
检索结果	1468 篇	1827 篇

以“企业创新绩效”为主题的相关文献发表数量随时间的变化情况（图 3-4），能够反映该领域的发展速度和宏观趋势。从图 3-4 可知，国内外学者对“企业创新绩效”领域的研究成果呈整体增长态势。2000～2011 年为该领域低产量时期，发文数量呈现增长趋势，但整体变化不大。2012～2015 年该领域中英文发文数量平稳增长。而在 2015 年《国务院政府工作报告》提出“大众创业、万众创新”的理念后，“企业创新绩效”领域的英文文献数量出现猛烈的增长势头，发文数量明显多于中文文献，国外学者对企业创新绩效的研究表现出较高的关注热情。

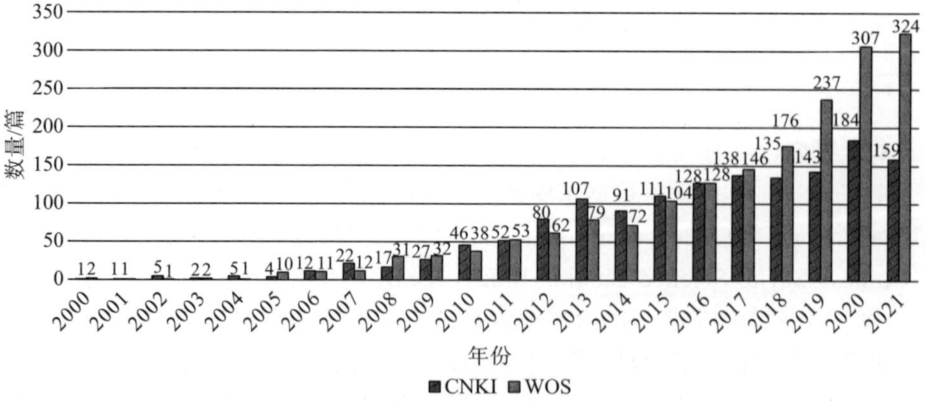

图 3-4 以“企业创新绩效”为主题的相关文献发表时间分布情况

2）企业创新绩效影响因素研究情况

关于创新绩效的影响因素的研究文献非常丰富，利用科学的分析方法有利于获得更具说服力的结果。关键词（keyword）有编制索引和帮助作者检索文献的作用，也是对文章核心内容的凝练，揭示了文章内容的主要主题与核心观点（魏瑞斌，2009）。本部分研究利用 Citespace V 中关键词分析功能，科学梳理国内外学者对于创新绩效影响因素的研究现状。关键词文献计量分析具体设置如下：对 2000～2021 年每一年内排名前三十的关键词进行分析，通过关键路径算法检查所有数据间的关系，建立数据间最有效的连接路径，剪切不重要节点关系，最大程度上简化生成一个稠密网络（陈悦等，2008），其他参数为默认值。其中，国内外文献出现频次排名前二十的关键词见表 3-2，中文文献关键词共现网络见图 3-5，英文文献关键词共现网络见图 3-6。

表 3-2　国内外文献出现频次排名前二十的关键词

CNKI 数据库				WOS 数据库			
关键词	中心度	年份	频次/次	关键词	中心度	年份	频次/次
创新绩效	1.35	2014 年	654	innovation performance	0.26	2014 年	786
吸收能力	0.22	2014 年	65	research and development	0.19	2014 年	534
研发投入	0.14	2017 年	32	absorptive capacity	0.34	2014 年	459
动态能力	0.14	2014 年	24	impact	0.18	2014 年	412
技术创新	0.10	2014 年	19	firm performance	0.31	2014 年	399
创新	0.05	2014 年	18	performance	0.15	2014 年	311
企业创新	0.05	2014 年	17	knowledge	0.05	2014 年	299
社会网络	0.02	2017 年	13	capability	0.19	2014 年	283
企业规模	0.06	2014 年	13	management	0.16	2014 年	221
中小企业	0.05	2014 年	13	strategy	0.20	2014 年	216
知识共享	0.01	2014 年	13	product innovation	0.08	2014 年	191
政府补贴	0.03	2014 年	12	product development	0.04	2014 年	189
协同创新	0.08	2015 年	12	firm	0.03	2014 年	172
网络能力	0.03	2014 年	12	technology	0.14	2014 年	156
创新网络	0.02	2016 年	12	moderating role	0.00	2018 年	142
知识获取	0.03	2014 年	12	dynamic capability	0.01	2018 年	136
知识转移	0.00	2015 年	12	determinants	0.14	2014 年	102
组织学习	0.00	2014 年	11	competitive advantage	0.02	2014 年	83
新创企业	0.00	2017 年	11	networks	0.02	2014 年	52
社会资本	0.03	2015 年	11	market orientation	0.05	2014 年	51

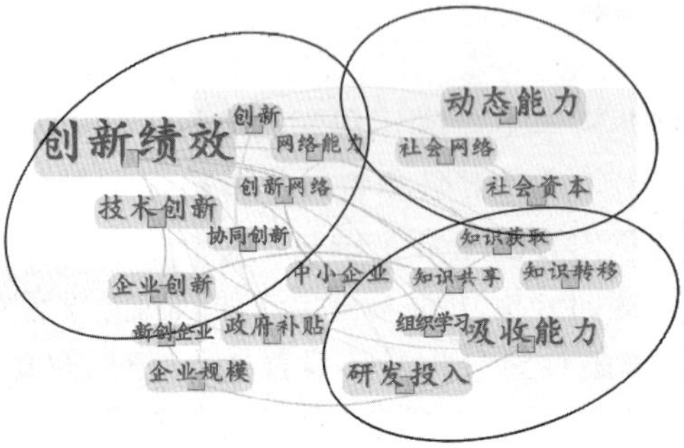

图 3-5　企业创新绩效关键词共现网络（中文文献）

图 3-6　企业创新绩效关键词共现网络（英文文献）

对上述“企业创新绩效”研究的国内外文献的高频关键词进行归类后发现，企业创新绩效的影响因素可以被分为两大类，即企业网络层面因素和企业个体属性层面因素。

(1) 企业社会网络层面的影响因素

企业社会网络是指企业与外部的供应商、客户、政府部门、合作企业、竞争对手、中介机构、高等院校和科研院所等外部主体所建立的联系与互动。关于企业网络层面的影响因素的研究文献多从网络的整体特征和网络的节点特征的视角出发，以社会网络理论为基础(Mitchell，1969)，探讨企业社会网络的网络密度(Guler and Nerkar，2012)、网络规模(Carnabuci and Operti，2013)和网络“小世界性”(Uzzi and Spiro，2005)等网络的整体特征对企业创新绩效的影响，及企业所在节点的中心度(Freeman，1977)、结构洞等节点特征对企业创新绩效的影响，并带入合作研发、产业集群/联盟、政治关联等不同类型的社会网络展开研究，探讨企业的网络嵌入(Gilsing et al.，2008)。

(2) 企业个体属性层面的影响因素

关于企业个体属性层面的研究包括企业特征和能力两个子类。

企业特征强调企业规模、企业性质、企业文化、股权结构、内部人员和团队、研发投入等基本特征对企业创新绩效的影响。Wallsten(2000)认为，企业规模在政府研发与创新绩效关系中起到正向调节作用。王素莲和赵弈超(2018)将研究样本按照企业性质分为国有企业和家族企业两类。在不同性质的企业中，企业家的风险倾向对企业研发投入与创新绩效关系的调节效应具有一定的差异。

企业能力包括企业所具有的动态能力(赵凤等，2017)、知识整合能力等(Ebers，2001)。这些因素在企业创新过程中发挥作用，从而对企业创新绩效产生影响。赵凤等(2017)将企业动态能力分为吸收能力、适应能力和创新能力三种，探究在开放式创新环境中企业动态能力对外部技术获取与产品多元化创新关系的调节作用。李贞和杨洪涛(2012)将知识整合能力分为社会化能力、系统化能力、合作化能力三个因素，探究企业知识整合能力对创新绩效的影响，并将吸收能力和关系学习纳入研究。针对企业能力对企业创新绩效的影响机制的研究已经成为学者关注的重点。

2. 企业嵌入与创新绩效的文献综述

企业嵌入的外部网络是以企业为主体，与外界竞合企业、政府、高等院校和科研院所等众多组织建立关系从而形成的网络。企业外部网络是影响企业创新绩效的重要前置因素，现已受到国内外学者的广泛关注，本节分别从单一外部网络和双重外部网络两个方面，综述企业嵌入外部网络对其创新绩效影响的研究现状。

1) 企业嵌入单一外部网络对其创新绩效的影响研究

梳理现有对外部网络与企业创新绩效的研究，发现学者主要从产业集群网络、战略联盟网络、合作研发网络、连锁董事网络、供应链网络、政治关系网络等企业所嵌入的外部网络展开研究，探讨整体网络结构、企业在网络中的位置和企业的网络能力等特征对企业创新绩效的影响。具体情况见表 3-3 关于企业外部网络研究的梳理。

表 3-3　关于企业外部网络研究的梳理

外部网络	现有研究
产业集群网络	Schilling 和 Phelps (2007)；赵炎和王琦 (2013)
战略联盟网络	Phelps (2010)；张红娟和谭劲松 (2014)
合作研发网络（学研合作、企—企合作）	Zaheer 和 Bell (2005)；Shipilov (2009)；李健和余悦 (2018)；张红娟等 (2022)
连锁董事网络	Dyer 和 Singh (1998)；段海艳 (2012)
供应链网络（顾客网络、供应商网络）	Bellamy 等 (2014)；吉敏和胡汉辉 (2015)；李桂华等 (2020)
政治关系网络	周玮等 (2011)；孙梦男等 (2017)

外部网络是企业获取资源的重要渠道，不同类型的社会网络因其网络中参与主体的差异具有异质性特征（石军伟和付海艳，2010），企业所获得的创新资源和支持也有所不同（Pfeffer and Salancik，1978），因此企业会通过嵌入不同类型的社会网络，获取企业开展创新活动所需要的不同资源。Dirk 等 (2011) 认为，企业通过与高等院校、科研院所和其他企业共同开展联合研发活动所形成的合作研发网络可以为企业带来创新所需要的多种知识元素，有利于企业创新活动的开展。在对政治关系网络的研究中，孙梦男等 (2017) 认为，政治关系的建立可以为企业带来融资便利、税收优惠、政策动向信息等资源，对企业短期和长期价值均有一定

的提升作用。在连锁董事网络研究中，Bellamy 等(2014)认为连锁董事网络可以提高董事会的决策效率，提升公司价值。并且企业连锁董事网络的构建可以为企业带来更多的社会资本(Dyer and Singh，1998)，为企业提供行业最新进展、动态和发展趋势，及可能存在的商业机会信息，洞悉外部威胁(金彧昉等，2016)，从而提高企业创新绩效。因此，从资源的视角来看，为满足创新所需的多种异质性资源，越来越多的企业会选择嵌入不同的外部网络，研究社会网络对企业创新绩效的影响至关重要。

2) 企业嵌入双重外部网络对其创新绩效的影响研究

基于前文的研究发现，企业为满足技术创新和产品创新的多种需求，会选择嵌入多个外部网络来获取多种异质性资源。Zhang 等(2019)认为，企业嵌入某一类型网络对企业经营活动带来的影响，会受到企业同时嵌入的另一类型网络的影响。基于此，结合企业多样性外部资源需求的实践意义，研究企业同时嵌入到多种类型的网络中时对企业创新绩效的影响成为近几年众多学者关注的热点研究领域。表 3-4 展示了企业同时处于多个网络的情境下对企业创新绩效影响的相关现有研究情况。现有对企业多重网络的研究多集中于企业跨层次、跨区域所嵌入的社会网络对企业创新绩效的影响。

表 3-4 关于双重外部网络对企业创新绩效的影响研究

分类	划分维度	影响因素	学者
多层次网络研究	组织间网络：联盟企业网络 组织内部个体网络：专利发明人网络	企业创新活动	Paruchuri(2010)
	组织间网络：合作研发网络 组织内部知识网络：专利发明人网络	创新知识产出	Grigoriou 和 Rothaermel(2017)
按照地理位置分类	本地知识网络 超本地知识网络	集群企业创新能力	魏江和徐蕾(2014)
	本地社会网络 海外社会网络	海归创业企业技术创新绩效	吴绍玉等(2016)
按照关系主体分类	市场网络：竞争企业、产业链上下游企业等 制度网络：政府、高等院校与科研院所、行业协会	企业升级	刘富先和毛蕴诗(2021)
	产业技术网络：联合创新企业、科技服务中介、大学和研究机构 商业网络：上下游企业、客户、政府部门、金融机构	创新追赶	芮正云和罗瑾琏(2019)
	垂直网络：上下游供应链网络 水平网络：同行业竞合企业	创新绩效	彭伟华和侯仁勇(2019)
	创新生态网络：参与定制技术标准的其他组织 政治网络：在政府任职的高级管理人员关系网络	创新绩效	董彩婷等(2020)

现有研究认为，创新活动中的多网络和跨层次网络嵌入的问题日益突出，创新活动嵌入多重网络的现象不可被忽视，若仅集中研究单一网络层次与创新关系的影响或许会导致错误的结论产生(Gupta et al.，2007)。为此，现有文献从企业内外网络、区域内外网络视角研究了网络嵌入与创新绩效的关系。

在基于企业内外网络视角研究网络与企业创新绩效关系的文献中，研究者重点关注了内外网络之间的相互作用。例如，Paruchuri(2010)从组织间整体网络结构与组织内部个体网络结构相结合的角度来探讨对企业创新活动的影响，发现组织间网络位置对企业专利发明人网络影响企业创新活动具有调节作用；任胜钢等(2010)从企业内外部网络视角出发，研究我国企业外部网络能力和内部网络效度与企业创新绩效之间的影响关系；Grigoriou 和 Rothaermel(2017)对全球制药企业 125 年的数据展开研究，其认为组织间合作网络会受到组织内部知识重组潜力(聚集系数)和知识协调成本(平均路径长度)的调节作用。

在基于区域内外网络视角研究的文献中，主要依据地理位置进行分类，将网络分为本地网络及超本地网络、国内网络及海外网络等多种网络，研究不同网络的作用机制。例如，魏江和徐蕾(2014)研究了企业嵌入的本地知识网络和超本地知识网络这两类网络，是如何对集群企业创新能力产生影响的，为集群企业突破发展路径依赖提供了新思路；吴绍玉等(2016)探讨了同时嵌入本地社会网络和海外社会网络对海归创业企业技术创新绩效的影响，处于种子期、初创期、发展期和成熟期不同阶段的企业对于技术创新绩效的作用机制的异质性。

除上述两个类别以外，由于关注视角不同，我国学者根据不同的划分标准对企业所嵌入的多重外部网络进行划分，对企业通过不同网络渠道所获取的不同类型异质性资源对于企业创新绩效的影响进行了分析。芮正云和罗瑾琏(2019)基于经济发达的长三角地区的多个企业的问卷调研数据，从产业网络视角出发，研究产业网络技术型嵌入(企业与联合创新企业、科技服务中介、大学和研究机构所构成的网络)和商业型嵌入(客户和供应商、政府部门及金融机构所构成的网络)对企业双元创新追赶的影响。彭伟华和侯仁勇(2019)将企业所嵌入的网络分为垂直网络和水平网络，前者指企业嵌入的客户和供应商等上下游企业的网络，而后者则是指企业与竞争企业所建立的关系网络。该研究表明，垂直网络和水平网络对企业创新绩效均有正向影响，但作用机制不同。董彩婷等(2020)认为，企业创新生态嵌入和政治网络嵌入对企业创新绩效均具有促进作用。向永胜和魏江(2013)对集群企业嵌入商业网络(本地关系强度、超本地关系强度)和技术网络(本地关系强度、超本地关系强度)对于企业创新能力的影响进行探究，但缺少了对企业同时嵌入两个网络时是否存在相互影响的研究。

3. 企业吸收能力与创新绩效的文献综述

关于吸收能力对企业创新绩效的影响关系，现有研究主要从两个角度进行探讨：一是将吸收能力作为独立自变量，探讨企业的吸收能力对企业创新的直接影响；二是将吸收能力作为中介与调节变量，通过分析吸收能力在其他变量与企业创新绩效关系中所充当的中介与调节机制，来剖析吸收能力与企业创新的关系。

在吸收能力对企业创新的直接影响方面，现有研究虽展开了丰富讨论，但结论仍存在较大差异。其中，大部分研究认为吸收能力通过提高知识转化效率能够促进企业创新；少部分研究认为吸收能力反而会阻碍企业的可持续性创新(Ketata et al.，2015)；还有学者发现吸收能力对企业创新的影响并不显著(Darroch and McNaughton，2003)。

在吸收能力作为中介或调节变量影响企业创新绩效方面，现有研究一方面探讨了吸收能力在技术并购(肖阳和张晓飞，2021)、组织学习导向(张秀娥和张坤，2021)、质量管理实践(周锋等，2021)等因素与企业创新之间的中介作用；另一方面探讨了吸收能力对研发国际化(陈玉萍等，2020)、技术相似性(严焰和池仁勇，2020)等因素与企业创新间关系的调节作用。随着企业跨边界协作趋势的盛行，企业开展创新活动越来越倾向通过组织网络来获取外部创新资源。因此，作为吸收与利用外部资源的重要能力，吸收能力逐渐被考虑为影响组织网络与企业创新之间关系的重要机制。在中介机制方面，相关研究发现，吸收能力充当了组织网络与企业创新的中介，即企业外部网络对企业创新绩效的影响需要通过吸收能力间接作用于创新绩效(刘学元等，2016)。例如，Liao 等(2007)认为，团队知识共享需要先通过吸收能力才能提高企业的创新能力，并且将创新能力运用到日常业务中。Tsai(2001)从网络结构和客户关系角度切入，认为吸收能力在网络嵌入对创新绩效的影响中起到中介作用。刘学元等(2016)基于中国 278 家制造业企业调研数据，得出企业吸收能力在网络关系强度与企业创新绩效中起到不完全中介作用，制造业企业处于华东、华北地区时，企业所处创新网络关系可以通过吸收能力作为中介间接对创新绩效产生影响，而无直接影响。

此外，还有学者发现，吸收能力除了在组织网络与企业创新绩效间起到了中介作用，还发挥了重要的调节作用(McFadyen and Cannella，2004)。Nieto 和 Quevedo(2005)对吸收能力所起的中介作用和调节作用进行了分析。郑慕强和徐宗玲(2009)则基于广东地区两个行业的 224 家中小企业调研数据，利用网络规模、强度和互惠度 3 个网络特征来衡量企业所处外部网络对于企业技术创新绩效的影响。研究认为，吸收能力在其中起调节和部分中介作用。解学梅和左蕾蕾(2013)

基于 Zahra 和 George (2002) 对企业吸收能力的概念定义，将企业吸收能力分为潜在吸收能力与实际吸收能力两类，认为前者在开放式创新与企业创新绩效间起调节作用，而后者起到完全中介的作用。

3.3　整体网络的结构特征与演化

为明晰本章研究所关注的企业嵌入的合作研发网络和连锁董事网络整体网络的结构特征与演化情况，本章首先分别构建 C39 行业上市公司合作研发整体网络和连锁董事整体网络。然后，分别绘制两个网络的网络演化图谱，并计算整体网络的特征值。

3.3.1　合作研发整体网络的情况

1. 数据获取与数据分析

1) 样本选择

本章以 C39 行业为研究对象，该行业作为我国“新基建”的根基，在我国未来发展中占据重要地位，是我国数字经济发展基石和经济转型升级的重要支撑行业，所以，对 C39 行业展开研究具有重要意义。另外，C39 行业作为高新技术行业，具有技术复杂度高、产品生命周期短、行业迭代升级快等特点，单一企业所拥有的知识和信息资源难以满足技术更迭与产品创新的需求，故企业开始积极寻找外部企业、政府、金融中介、高等院校和科研机构等主体广泛建立合作关系，以获得丰富的异质性资源，分散创新风险，降低运营成本，保证创新研发活动的有效开展。因此，C39 行业的合作研发成果丰硕，有利于本章合作研发网络的构建，反映高新技术行业的研发情况。

在样本时间区间的选择上，由于企业申请发明专利后会经历 18 个月的时间才会被国家知识产权局公布，所以本章可获得的较为完整的专利申请情况的时间最晚为 2020 年，则以 2020 年为研究样本区间的截止时间。另外，由于我国 A 股上市公司研发投入数据披露自 2011 年起才趋于完整，所以以 2011 年为样本的起始区间。

综上，本章的研究样本为 2011～2020 年 C39 行业所有沪深两市 A 股上市公司，共计 583 家企业。为确保研究数据的可靠性和代表性，本章对研究数据进行了以下两点处理。①剔除每年 ST 和 ST*的企业。剔除的原因在于 ST 和 ST*所披露的数据可能会失真，导致与其他公司的数据不具有可比性。②剔除当年数据披露不完全的公司。最终以 451 家企业作为研究样本。

2）数据获取

本章以C39在中国申请的发明专利情况为合作研发网络的数据来源，借鉴孟庆斌等(2019)、杨武等(2019)的研究中关于专利数据的获取数据库的选择，本章以大为全球专利数据库为数据来源。

为了保证数据的完整性，本章根据CSMAR数据库中公司代码与公司名称的对应关系，将经过上述样本处理后所得到的451家公司所使用过的公司全称进行整理，共计得到560个公司名称，再将其导入大为全球专利数据库中“申请(专利权)人”一栏进行检索，选择中国申请发明专利，专利申请日期为2020年及以前。共计检索得到182 006件中国申请专利信息。检索式示例：PA=('TCL集团股份有限公司'or'TCL 集团股份有限公司'or'TCL 科技集团股份有限公司'or'安福县海能实业股份有限公司'or……or'紫光国芯微电子股份有限公司')AND(ADY＜=2020)。

下载所检索到的182 006件中国申请专利中每件专利的“专利号”“专利申请人”“申请人数量”“申请时间”等字段，作为本章合作研发网络研究的数据基础。

3）数据处理

第一步：统一公司名称。

由于专利检索下载后的数据存在一个公司具有多个公司名称的情况(该问题会导致在构建网络图谱时同一公司占据多个网络节点)，所以将具有多个公司名称的企业，统一为CSMAR数据库中该公司最新使用的公司名称，使得同一公司代码仅具有一个公司名称，便于后期网络图谱的构建。

第二步：合作专利筛选。

本章研究关注的是合作专利情况，因此需要进一步筛选出合作专利。当申请人数量大于1时，则认为该专利存在合作研发的情况，属于联合申请专利。所以，本章将申请人数量大于1的专利保留，删除申请人数为1的专利，最后从检索出的182 006条专利数据中筛选得到30 768条合作专利数据。

第三步：样本合并。

由于企业合作研发关系往往在联合专利申请1年以前就已形成，且这种关系一般会长时间维持(Schilling and Phelps，2007)，所以，为与企业创新绩效数据匹配形成面板数据，本章借鉴 Stuart(2000)的研究，利用合作专利的期间数据来构建合作网络，以3年(t–3～t–1年)为时间窗口，将2008～2019年的合作专利合并整理为2008～2010年、2009～2011年、2010～2012年、2011～2013年、2012～2014年、2013～2015年、2014～2016年、2015～2017年、2016～2018年、2017～2019年共10个区间数据。并对每个时间窗口的专利进行编号，获得专利与申请人关系数据。

4) 数据分析

1) C39 研发情况

图 3-7 为 2000～2020 年我国 C39 企业在中国申请发明专利数量随着时间变化的趋势。由图 3-7 可知，我国 C39 企业在中国申请发明专利数量随着时间变化呈现逐年上升的趋势，说明以 C39 企业为代表的“新基建”行业的技术创新活动活跃，产业转型升级速度快。

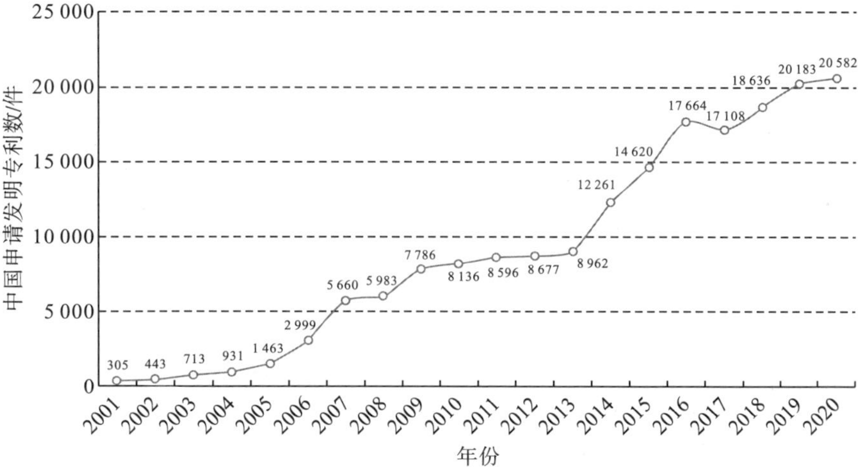

图 3-7　C39 企业 2000～2020 年专利申请情况

图 3-8 为我国 C39 技术生命周期图，其横轴为专利数量，纵轴为专利申请人数，反映了专利技术随时间变化的趋势。结合图 3-7 和图 3-8 可知，我国 C39 行业的发展共分为三个阶段，分别为：起步期、爆发期、成长期。第一阶段为 2000～2007 年的起步期，由于该阶段处于市场的起步期，技术没有特定针对的市场领域，技术开发具有较大的风险，仅有少数企业愿意开展该领域的技术研发活动，年专利申请量始终未突破万件，但该时期所申请的专利将作为后续该技术领域研发创新的基础，专利价值较高。第二阶段为 2008～2013 年的爆发期，该时期 C39 技术针对的市场领域逐渐形成，在前一阶段的企业研发创新的基础上，越来越多的企业想要抓住新市场机会，纷纷开始布局该行业的相关业务。其中大部分企业为新加入企业，且该阶段市场竞争激烈，因此，即使在专利申请人数(即 C39 企业)骤增的情况下，该阶段专利申请数量虽有所增长，但增长率极低，甚至低于第一阶段。第三阶段为 2014～2020 年的成长期，在该阶段，市场中的“劣质”企业被

逐步淘汰，竞争格局基本形成，恰逢国家大力推动“新基建”产业建设，C39 企业开展创新研发活动越发积极。该阶段正处于我国 4G 向 5G 转型、人工智能和物联网等新型基础建设发展的关键时期，且在 2018 年 12 月中央经济工作会议首次提出加快新型基础设施建设的议题后，《国务院政府工作报告》(2019 年、2020 年)也多次提及构建“智能”“绿色”“安全”的新型基础建设的重要性。C39 作为“新基建”的基础行业，在市场需求的刺激下，积极响应政府号召，大幅提升相关技术研发投入，研发创新成果急剧上升。目前，C39 正处于技术迭代更新快、产品生命周期短和行业转型升级的关键成长期。

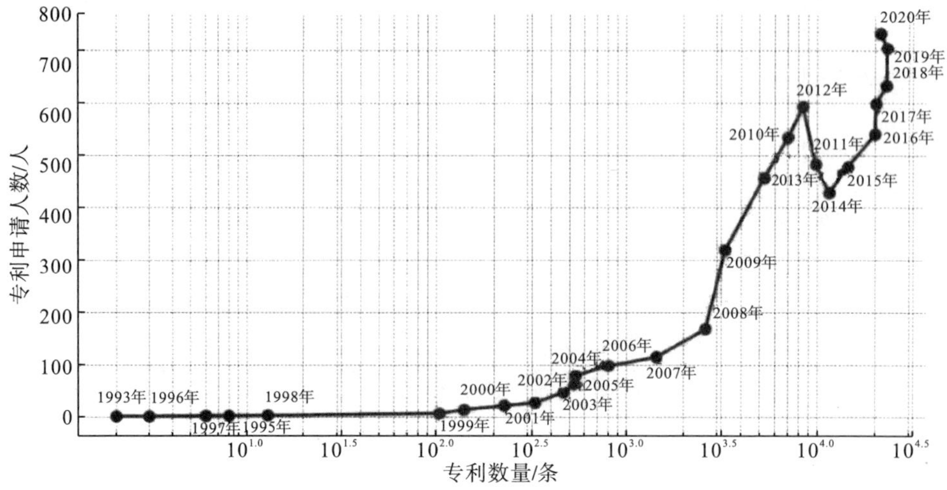

图 3-8 C39 专利技术生命周期图

(2)联合申请专利情况

由图 3-9 可知，联合申请发明专利数量与 C39 总发明专利申请数量的趋势基本保持一致，均呈现快速增长态势。C39 属于高新技术行业，随着该行业的不断发展，技术复杂度不断提高、产业迭代周期越来越短，单一企业所拥有的知识和信息等资源储备难以满足技术更迭与产品创新的需求。因此，为获取企业所需要的多种异质性创新资源，企业开始积极寻找外部企业、政府、金融中介、高等院校和科研机构等主体广泛建立合作关系，进而，该时期合作研发现象普遍存在。C39 自 2013 年联合申请专利占比骤增，由 2012 年的 8.3%跳跃至 2013 年的 18.4%，且该时间节点后联合申请发明专利占总申请发明专利的数量比例基本保持在 20%。

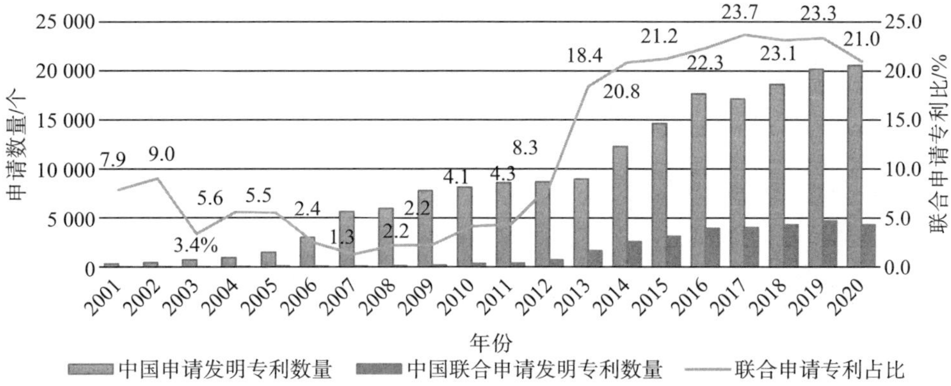

图 3-9　C39 2001～2020 年合作研发专利申请趋势图

为研究 C39 中通过建立合作关系进行创新研发的主要集中技术领域的发展状况，本部分利用国际专利分类(international patent classification，IPC)对申请专利的技术领域进行区分。IPC 层次结构系统分为部、大类、小类、组(主组和子组)这 5 个层次，共计有 70 000 个技术类别，复杂层次结构分类示例见图 3-10。

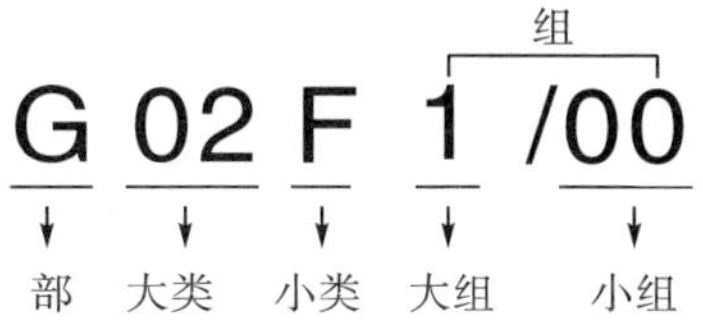

图 3-10　IPC 复杂层次分类示例

本章研究将合作研发专利中申请量排名前十的 IPC 中小类的发展趋势进行梳理，见图 3-11 和图 3-12。其中，企业 2001～2020 年在用于控制光的器件或装置(G02F)在中国申请发明专利共计 6334 件，该领域合作研发申请数量从 2010 年起急剧上升，在 2016 年达到申请的巅峰后呈现一定下降趋势，但总体来说是 C39 企业专利申请数量最多的领域。此外，对用静态方法显示可变信息的指示装置进行控制的装置或电路(H01L)和半导体器件/其他类目中不包括的电固体器件(G09G)这两个领域是近年来 C39 联合申请发明专利的重点领域。

2. 合作研发网络构建方法

本部分基于 3.3.1 小节中数据处理后的 10 个区间数据，分别构建每个数据区间的合作研发网络。具体步骤如下。

1)构建“专利—申请人”二模关系网络

将每一数据区间中的原始数据，整理为专利号与申请人一一对应的关系数据，并对每个时间窗口的专利数据自行编码，形成如表 3-5 所示的“专利—申请人”二模关系网络。

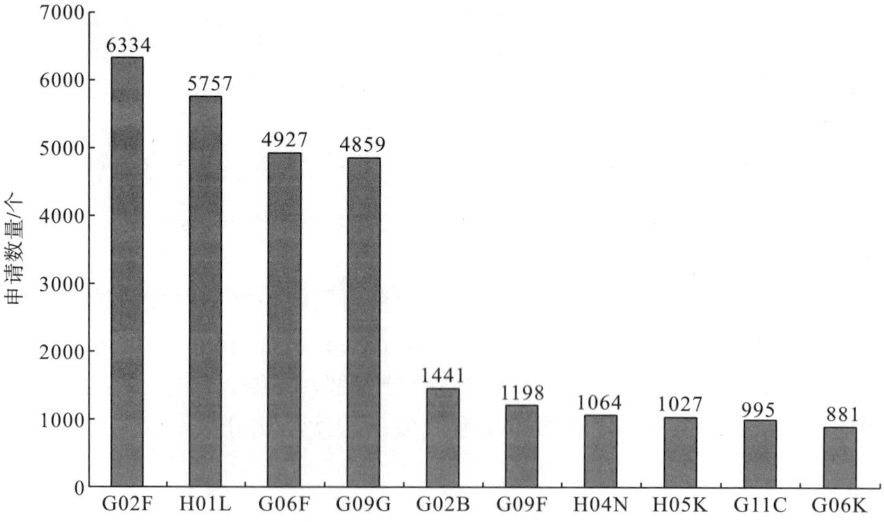

图 3-11 申请量排名前十的 IPC 中小类情况

GO2F-IPC 分类名称：通过改变其中涉及的元件的介质的光学性质来控制光的光学器件或装置；非线性光学元件；光的变频；光学逻辑元件；光学模拟/数字转换器

H01L-IPC 分类名称：不包括在 H10 类目中的半导体器件(使用半导体器件的测量入 G01；一般电阻器入 H01C；磁体、电感器、变压器入 H01F；一般电容器入 H01G；电解型器件入 H01G9/00；电池组、蓄电池入 H01M；波导管、谐振器或波导型线路入 H01P；线路连接器、汇流器入 H01R；受激发射器件入 H01S；机电谐振器入 H03H；扬声器、送话器、留声机拾音器或类似的声机电传感器入 H04R；一般电光源入 H05B；印刷电路、混合电路、电设备的外壳或结构零部件、电气元件的组件的制造入 H05K；在具有特殊应用的电路中使用的半导体器件见应用相关的小类)

G06F-IPC 分类名称：电数字数据处理(基于特定计算模型的计算机系统入 G06N)

G09G-IPC 分类名称：对用静态方法显示可变信息的指示装置进行控制的装置或电路传输数据的装置在数字计算机与显示器之间入 G06F3/14；由若干分离源或光控的光电池结合而成的静态指示装置入 G09F9/00；由若干光源的组合而构成的静态的指示装置入 H01J，H01K，H01L，H05B33/12；文件或者类似物的扫描、传输或者重现，如传真传输，其零部件入 H04N1/00)

G02B-IPC 分类名称：光学元件、系统或仪器

G09F-IPC 分类名称：显示；广告；标记；标签或铭牌；印鉴

H04N-IPC 分类名称：图像通信，如电视

H05K-IPC 分类名称：印刷电路；电设备的外壳或结构零部件；电气元件组件的制造

G11C-IPC 分类名称：静态存储器(半导体存储器件入 H10B)

G06K-IPC 分类名称：图形数据读取(图像或视频识别或理解入 G06V)；数据表达；记录载体；处理记录载体

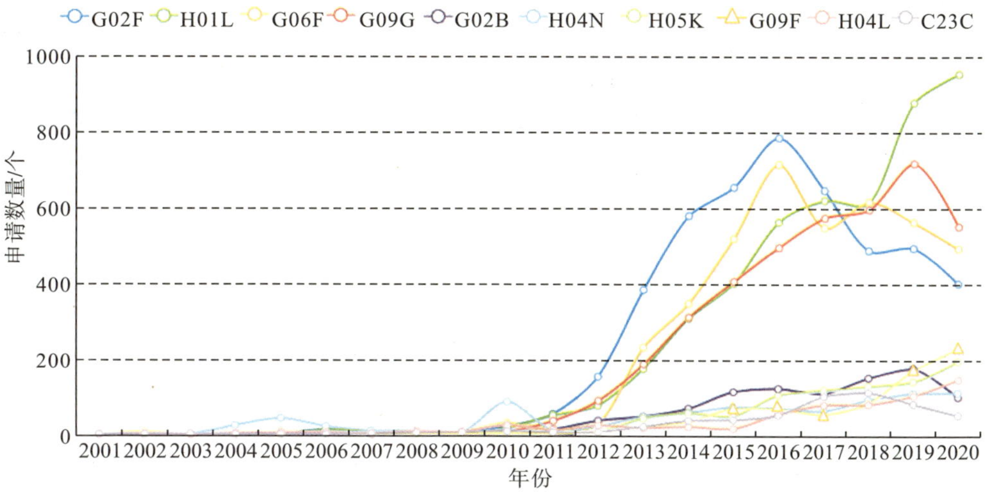

图 3-12　IPC 中小类申请年度趋势分析

表 3-5　“专利—申请人”二模关系网络（2015 年）示例

专利序号	申请人 1	申请人 2	申请人 3
159	深圳市天威视讯股份有限公司	国家广播电视总局广播电视规划院	中兴通讯股份有限公司
160	国家广播电视总局广播电视规划院	深圳市天威视讯股份有限公司	北京数码视讯科技股份有限公司
161	电子科技大学	深圳茂硕电源科技股份有限公司	

2）构建“申请人—申请人”一模关系网络

利用 UCINET 6.0 软件，将“专利—申请人”二模关系网络所形成的对应关系，转变为横纵轴均为申请人的“申请人—申请人”一模关系网络，见表 3-6。然后，在申请人 A 与申请人 B 相交的矩阵单元中填入这两位申请人共同申请的专利数量。

表 3-6　“申请人—申请人”一模关系网络（2015 年）示例

申请人	深圳市天威视讯股份有限公司	国家广播电视总局广播电视规划院	中兴通讯股份有限公司	北京数码视讯科技股份有限公司	电子科技大学	深圳茂硕电源科技股份有限公司
深圳市天威视讯股份有限公司	—	2	1	1	0	0
国家广播电视总局广播电视规划院	2	—	1	1	0	0
中兴通讯股份有限公司	1	1	—	0	0	0

续表

申请人	深圳市天威视讯股份有限公司	国家广播电视总局广播电视规划院	中兴通讯股份有限公司	北京数码视讯科技股份有限公司	电子科技大学	深圳茂硕电源科技股份有限公司
北京数码视讯科技股份有限公司	1	1	0	—	0	0
电子科技大学	0	0	0	0	—	1
深圳茂硕电源科技股份有限公司	0	0	0	0	1	—

3) 绘制演化结构图

通过对网络进行可视化分析，我们可直观地了解整个网络的发展趋势。因此，本小节将各时间窗口的矩阵数据输入 Gephi 可视化软件中，绘制 C39 合作研发网络的可视化拓扑结构图，为后文分析奠定基础。

4) 网络指标计算

利用 UCINET 6.0 软件，计算以申请人为节点，以共同发明同一专利作为连线的“申请人—申请人”一模关系网络的各企业节点的程度中心度数值，及整体网络的网络规模、网络关系数、网络密度、网络中心势、聚类系数、平均路径长度等特征值进行计算。

本部分通过计算整体网络的网络规模、网络关系数、网络密度、网络中心势、网络聚类系数和网络平均加权路径长度这六个度量整体网络特征的重要指标，来分析 C39 2008～2019 年合作研发网络的整体网络特征。

3. C39 合作研发网络结构演化情况分析

鉴于篇幅限制，本小节将重点展示具有代表性的 2008—2011 年、2013—2015 年、2017—2019 年这三个时间窗口的可视化网络结构图，具体见图 3-13。

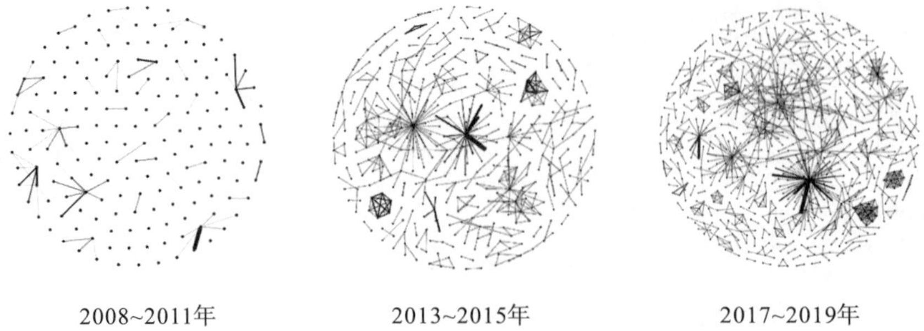

图 3-13 合作研发网络拓扑图

从合作研发网络的网络规模和网络关系数来看，随着时间的推移，两个指标呈现持续增长的趋势，2017～2019 年的合作研发网络的参与组织（网络规模）数量为 571 个，网络中各主体间的联系（网络关系）数量为 605 个，相较于 2008～2010 年参与合作研发的组织数量增长 2 倍以上，意味着通过建立合作关系进行创新研发的组织数量越来越多，组织间的合作频次越来越多，合作关系较为稳定。如表 3-7 所示。

表 3-7　2008～2019 年我国 C39 合作研发网络整体网络的结构特征

时间窗口	网络规模/个	网络关系/个	网络密度	网络中心势	加权聚类系数	平均加权路径长度
2008～2010 年	176	174	0.005 65	0.66%	2.787	2.018
2009～2011 年	231	219	0.004 12	0.87%	1.706	2.321
2010～2012 年	286	275	0.003 37	0.78%	1.710	2.789
2011～2013 年	321	311	0.003 03	0.74%	3.190	3.134
2012～2014 年	331	341	0.003 12	0.85%	5.806	2.584
2013～2015 年	354	354	0.002 83	1.03%	10.615	1.869
2014～2016 年	405	430	0.002 63	0.82%	10.982	2.805
2015～2017 年	477	515	0.002 27	0.94%	7.879	2.798
2016～2018 年	542	572	0.001 95	0.99%	6.604	2.282
2017～2019 年	571	605	0.001 86	0.81%	6.310	2.517

数据来源：由 UCINET 6.0 计算与作者整理所得。

从网络密度和网络中心势来看，网络密度随着网络规模的增长而不断下降，网络中心势随着网络规模的增加具有小幅度提升，说明合作研发网络中新加入的企业参与网络的合作频次较少，与网络中处于核心位置的企业合作联系较少，且处于该网络核心位置的企业在一定程度上可以稳固自身地位。

从加权聚类系数指标来看，网络的聚类系数处于 1.0～11.0，最大值为 2014～2016 年的 10.982。而平均加权路径长度为 1.8～3.2。当网络聚类系数值较大，且加权平均最短路径较小时，说明网络中存在多数节点不直接相连，但是仅需很短的链条就可完成信息传达，网络具有“小世界”的特性。从这两个指标可以看出，在近几年网络具有一定的“小世界性”，尤其在 2014～2016 年，网络“小世界性”特征最强，该网络的众多节点可以通过较短的步数完成信息的交流。

3.3.2 连锁董事整体网络情况

1. 数据来源与数据处理

1) 样本选择与数据来源

由于连锁董事的资源获取渠道不是仅局限于 C39，所以本部分在刻画连锁董事网络的整体网络时所用的样本数据是来自沪深 A 股上市的所有企业的董事数据。并通过 CSMAR 数据库、Wind 经济数据库获取企业中董事任职信息。

2) 数据处理

第一步：企业董事数据下载。

本章利用 CSMAR 数据库，获得 2011～2020 年 A 股上市公司每年任职董事的个人信息，包括：姓名、性别、年龄、职务、身份标识号等。

第二步：董事信息筛选并编号。

利用 Wind 经济数据库对所获得的董事个人信息加以比对，确认信息的正确性，使得每一董事均具有可识别的唯一身份标识号，将其作为本章连锁董事网络构建的基础样本数据。并剔除不存在连锁董事关系的公司。

第三步：构建每年样本数据。

考虑到连锁董事网络的动态性，本章以每年作为时间窗口，处理当年董事任职信息，形成企业与董事的关系数据，以便后期的网络处理。

2. 连锁董事网络构建

连锁董事网络的构建方法与合作研发网络的构建方法基本一致，先构建“企业—董事”二模关系网络，再构建“企业—企业”一模关系网络，此部分不再赘述，具体参考 3.3.1 小节所示的网络构建方法。

利用 Gephi 可视化软件，构建连锁董事网络的拓扑结构图，输出的连锁董事网络可视化图用于本小节的分析。

利用 UCINET 6.0 软件计算连锁董事网络的网络规模、网络关系、网络密度、网络中心势、网络聚类系数和平均路径加权长度等网络特征值，用于刻画整体网络特征情况。

3. 连锁董事网络结构演化情况分析

构建网络拓扑图可简单直观地了解整体网络的发展趋势。本小节将 2011～

2020 年各时间窗口的矩阵数据输入 Gephi 可视化软件中，绘制沪深 A 股上市公司的连锁董事网络拓扑结构图。鉴于篇幅限制，本部分将具有代表性的 2011 年、2016 年、2020 年这三个时间窗口的可视化网络图进行展示，见图 3-14。

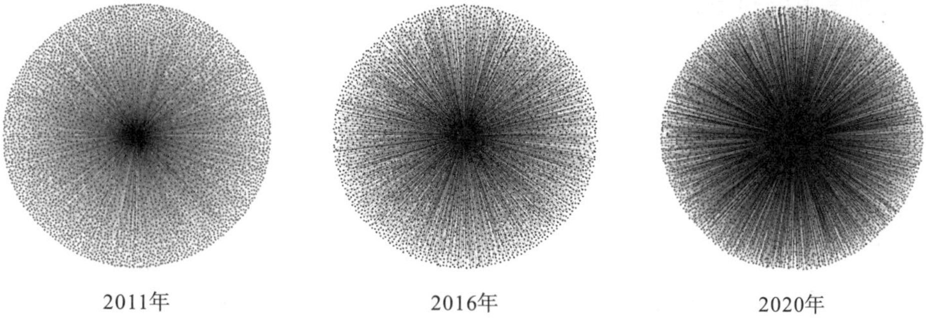

图 3-14　连锁董事网络拓扑图

从网络规模和网络关系数来看，具有连锁董事的企业数量及企业间通过连锁董事所构成的相关关系数逐年增加。其中，2020 年连锁董事网络中具有连锁董事的企业主体（网络规模）数量为 3924 个，较 2011 年数据同比增长 1.9 倍；2020 年网络中各主体间的联系（网络关系）数量为 10 468 个，较 2011 年数据同比增长 2.3 倍，意味着越来越多的企业关注到了连锁董事关系的构建，企业通过连锁董事所形成的企业间联系数量明显增多。如表 3-8 所示。

表 3-8　2011～2020 年我国 C39 连锁董事网络整体网络的结构特征

时间窗口	网络规模/个	网络关系/个	网络密度	网络中心势/%	加权聚类系数	平均加权路径长度
2011 年	2 076	4 566	0.001 06	0.18	0.154	3.582
2012 年	2 232	5 179	0.001 04	0.13	0.157	3.840
2013 年	2 303	5 885	0.001 11	0.11	0.151	4.160
2014 年	2 463	6 792	0.001 12	0.14	0.145	4.790
2015 年	2 649	7 716	0.001 10	0.09	0.150	4.443
2016 年	2 932	8 766	0.001 02	0.10	0.147	4.465
2017 年	3 308	9 517	0.000 87	0.15	0.149	4.611
2018 年	3 347	8 511	0.000 76	0.09	0.147	4.207
2019 年	3 503	9 078	0.000 74	0.12	0.149	4.197
2020 年	3 924	10 468	0.000 68	0.09	0.143	4.609

数据来源：由 UCINET 6.0 计算与作者整理所得。

从网络密度和网络中心势来看，连锁董事网络密度随着网络规模的增长呈现先增加后减少的变化趋势。这表明，近年来新加入网络的企业并未积极地与网络核心位置的企业构建连锁董事关系，新加入企业仍处于网络边缘位置，网络密度整体值较低，2020 年最低仅达 0.000 68。此外，网络中心势具有较强的不平稳性，说明连锁董事网络中处于连锁董事核心位置的企业地位并不稳固，网络并未出现明显集团效应。

从加权聚类系数、平均加权路径长度来看，网络的加权聚类系数在 0.14～0.16，而平均加权路径长度在 3.5～4.8。

3.3.3 结论与讨论

为更加清楚地了解 C39 的创新情况，对 2001～2020 年 C39 沪深 A 股上市公司的专利申请数据基本情况进行梳理，得出如下结论：从 C39 技术研发情况来看，我国 C39 的技术发展先后经历了上市起步期、爆发期、成长期三个时期，在国家对新型基础设施建设的大力支持下，作为推动“新基建”发展的关键行业，该行业企业纷纷加大研发创新活动力度，申请发明专利数量大幅提高。

通过对网络整体特征数据进行分析，得到如下结论。其一，从合作研发网络来看，越来越多的企业参与到合作研发网络之中，且组织间合作频次逐渐增加，形成了网络规模和网络关系逐渐增加的网络特征。从网络密度来看，前期网络密度随着网络规模增加而增加，新入企业积极参加网络合作，自 2015～2017 年的时间窗口开始，网络密度随着网络规模的增长而下降，这表明新加入的企业参与网络的合作频次较少，与网络中核心位置的企业合作联系较少。从聚集系数、平均加权路径长度和网络可视化图谱演化可得，网络中存在“小世界”的情况，即有部分企业已经形成自己的合作研发团队，并保持着长期的合作关系。其二，从连锁董事网络来看，网络具有拥有连锁董事的公司数量越来越多，网络间的关系数量明显增加，但网络整体密度处于较低水平，原本处于核心位置的公司并未稳定中心位置的特征，信息在连锁董事中整体的传播速度较低。

3.4 企业双重网络结构嵌入对创新绩效影响的机理研究假设

本节依据网络嵌入理论、资源基础理论、资源依赖理论和吸收能力理论，梳理合作研发网络中心度、连锁董事网络中心度、吸收能力和企业创新绩效这四个变量之间的相关关系与作用机理，提出本章的研究假设与理论模型。

3.4.1　合作研发网络、连锁董事网络对企业创新绩效的影响

1. 合作研发网络结构嵌入对企业创新绩效的影响

新知识的获取是企业技术创新重要的过程(Fleming，2001)，合作研发网络是企业与其他创新主体建立合作关系而形成的网络，是重要的外部知识资源获取渠道。网络程度中心度是刻画网络节点中心度位置优劣性最直接、最有效的指标，反映了该节点与其他节点的关联性。当企业程度中心度越大，说明该节点企业与其他节点的知识和信息的通达性越好，该节点企业越容易获取异质性资源，并在网络中具有较大影响力，反映了企业在网络中“量”的优势特征。因此，在企业结构嵌入的相关研究中常用中心度作为结构嵌入的表征。

随着企业所处合作研发网络中心度的提高，企业从外部网络获取的异质性知识增加，从而通过知识与信息优势提高企业创新绩效(Eggers，2012)。基于网络嵌入理论，高中心度的企业与网络中其他主体构建了知识互动和交流的渠道，其所接触的知识元素也会随之增多(Dicken，2004)，为企业进行技术创新提供更多的知识重组机会(Vanhaverbeke et al.，2009)，打破企业路径依赖，提高创新的可行性(杨博旭等，2019)。同时，企业与其他主体所构建的丰富且非冗余的连接关系，有效提高了主体间技术研发等知识的流动、利用和转移效率(Wang et al.，2014)，摒弃冗余知识，接受新颖知识，降低知识资源的搜索成本，从而提高创新效率(Geum et al.，2013)。

但当合作研发网络中心度超过临界值时，企业则会存在“过度嵌入”的风险(李德辉等，2017)，为企业带来的负面影响将抵消合作研发网络中心度所带来的收益。一方面，网络中心度越高，可能会导致企业知识资源过载，企业所获得的大量知识可能已被重组和利用(Deutsch et al.，2011)，或为同质性知识元素，导致知识在企业内流动速度减慢，企业不得不花费大量时间、人力和财力等成本进行知识元素的梳理与甄别，降低了创新效率与成功率。同时，大量无效创新活动也会对原有或其他创新活动产生挤出效应，在资源有限的情况下，企业所要花费的成本大于收益，而不利于企业创新。另一方面，从认知的角度来看，企业“过度嵌入”会导致认知惰性和行为惯性，导致存在路径依赖和锁定效应，更加倾向于在企业熟悉且有一定知识积累的领域开展创新活动，不利于创新绩效的提高。

根据以上分析，提出以下研究假设。

H3-1：以中心度为表征的合作研发网络结构嵌入与企业创新绩效存在倒 U 型关系。

2. 连锁董事网络结构嵌入对企业创新绩效的影响

连锁董事网络是公司间通过同一董事在不同企业任职而形成的关系网络，该网络是企业获取丰富的异质性信息资源的重要渠道。连锁董事通过参与多家企业的经营活动，长期活跃于该领域的市场中，帮助企业实现大量互惠资源和信息的有效获取与利用，减少信息获取成本，促进经营效率的提高，帮助企业创造更多的创新绩效。

嵌入连锁董事网络中心位置的企业对于外界环境的变化更加敏感，尤其对于高新技术行业，连锁董事通过董事网络能够更快地获取行业内最新技术发展情况，把握市场需求信息，了解经济政策和制度的变化，有效帮助企业对未来市场与技术发展做出准确的预测(严若森和华小丽，2017)，加快企业对市场机会识别与反应的速度(彭正银和廖天野，2008)，减少外部不确定性为企业带来的创新风险(Li et al.，2013)，降低企业经营与技术研发的成本，加速企业创新的步伐，促进企业创新活动的开展，从而提升创新绩效。另外，企业的研发经费和高技术人才也是支撑企业创新活动的重要资源，嵌入连锁董事网络中心位置的企业往往具有较高的声望，了解市场中资金和人才流动情况，有利于拓展融资渠道，为企业带来企业、个体或金融机构等的资金投入，保障创新活动的开展。而创新型人才的引入可以为企业提供前沿知识和先进技术，或可降低行业技术壁垒，加大企业研发和战略布局，提高企业创新绩效。

根据以上分析，提出以下研究假设。

H3-2：以中心度为表征的连锁董事网络结构嵌入对企业创新绩效具有促进作用。

3.4.2 双重网络结构嵌入的交叉调节作用

1. 合作研发网络结构嵌入对连锁董事网络与创新绩效关系的调节作用

合作研发网络可以为企业带来创新所需要的异质性知识资源，提高企业知识基础。处于合作研发网络中心位置的企业具有信息获取的优先权(Badar et al.，2013)，可以通过占据有利的网络位置，更广泛地获得企业创新发展所需要的丰富的异质性知识资源(范建红和陈怀超，2015)。然而，当庞大的知识量输入到企业当中，难免会获得较多相似和相同的知识元素(Huang and Rice，2009)，会导致企业出现信息过载和资源冗余的风险(宋晶和陈劲，2019)。连锁董事作为企业创新战略制定的参与者，为保证企业技术开发和战略发展方向的有效性，须对合作研发网络所获取的技术研发知识、技术发展信息等资源进行甄别，并与连锁董事网络所获取的政府政策信息、市场需求信息和市场开拓知识等资源进行融合。高新技术行业知识具有专业性和复杂性，无较强技术背景的连锁董事需要投入较多的时间与精力来甄别资源的有效性，理解与掌握新知识的难度较大，导致董事错失市场机会信息的识别和企业创新的管理，从而抑制连锁董事对企业创新绩效的正向关系。此外，节点企业与大量其他组织建立联系，企业关系的维护成本显著增加，易导致企业在构建关系的过程中产生“关系陷阱”(刘蕴，2018)。

根据以上分析，提出以下研究假设。

H3-3：以中心度为表征的合作研发网络结构嵌入会弱化连锁董事网络嵌入与企业创新绩效间的正向关系。

2. 连锁董事网络结构嵌入对合作研发网络嵌入与创新绩效关系的调节作用

合作研发网络嵌入与企业创新绩效的关系会受到连锁董事网络结构嵌入的调节作用。

首先，高连锁董事网络中心度会加强合作研发网络中心度与创新绩效的正向关系。这主要是因为：第一，随着连锁董事网络中心度提高，连锁董事与外部不同主体的关系数量和交流频次增多，有利于核心资源的识别、获取与控制(Zaheer et al.，2010)，提高企业资源交换的质量，其中有难以获取的稀缺的隐性资源(陈培祯和曾德明，2019)，从而更有效地帮助研发人员理解、掌握和创造新的技术知识，提高知识重组效率和知识应用的程度，促进企业创新活动的开展；第二，嵌入连锁董事网络企业的中心度越高，意味着该企业及企业中连锁董事的地位和影响力也较高，连锁董事具有的丰富的人力资源和社会资源，能够为企业带来更多的具有创新资源与技术知识的技术研发人员及具有先进管理经验的管理人才或董事进入公司(Haynes and Hillman，2010)，进而促进企业的创新绩效，同时显著提升企业在行业内的声望(朱丽等，2017)；第三，企业在行业内具有的高声望和连锁董事所具有的丰富资源，促使技术研发人员更好地寻找和选择与企业自身知识互补的企业开展联合研发，使合作研发网络的资源获取更有效，进一步促进企业的创新绩效。

其次，高连锁董事网络中心度会加强合作研发网络中心度与企业探索创新绩效负向关系。基于资源依赖理论，处于连锁董事网络中心位置的企业，可以通过占据有利的网络位置，更广泛地获得企业创新发展所需要的丰富的异质性资源(范建红和陈怀超，2015)，但当庞大的信息量输入到企业当中，将导致企业出现信息过载和资源冗余的风险，增加企业内研发人员理解与掌握新知识和信息的难度(宋晶和陈劲，2019)，使得研发人员不得不花费大量的时间和精力投入资源、信息及知识的筛选与收集上，进而导致企业创新绩效的降低。尤其是C39这类高新技术产业中的企业，技术、产品等均具有较高的前沿性(李金生等，2018)，使企业更加重视对资源的保护。当大量资源进入企业后，会出现对资源过度保护的现象，减缓信息更新、传播和转化速度，不能很好地支持企业创新活动。因此，连锁董事网络中心位置弱化了合作研发网络对企业创新绩效的影响。

根据以上分析，提出以下研究假设。

H3-4：以中心度为表征的连锁董事网络嵌入显著调节合作研发网络中心度与企业创新绩效的倒U型关系，即较高的连锁董事网络中心度加强了低合作研发网络中心度与企业创新绩效间的正向作用，也加强了高合作研发网络中心度与企业创新绩效间的负向作用。

3.4.3 吸收能力的调节作用

1. 吸收能力对合作研发网络结构嵌入与企业创新绩效关系的调节作用

本章借鉴Cohen和Levinthal(1990)所提出的吸收能力理论，认为吸收能力是企业经过识别、消化、转化和应用这四个过程完成对企业外部资源的吸收全流程。识别是指企业探索、发现并获得外部知识源的过程；消化是将所获得的外部有价值的知识加以理解；转化是将所理解的知识加以结构转化为企业创新所需要的知识元素；应用是企业将所拥有的知识元素进行知识重新组合完成创新，从而提高企业竞争力。企业的吸收能力会对企业创新速度(speed)、频率(frequency)和程度(magnitude)产生影响，从而影响企业的创新绩效。在开放的创新环境中，企业固然可以通过嵌入合作研发网络的中心位置获取更多有价值的资源，但这些外部资源是否能够被有效转化为企业创新成果，这与企业有目的地构建所获取的外部知识的整合流程和渠道有关(Jantunen，2005)，而吸收能力是衡量企业对外部资源识别、消化、转化和应用能力的重要指标。

首先，较高的企业吸收能力加强了低合作研发网络中心度对企业创新绩效的正向作用。这是因为，当企业吸收能力较强时，其可促进企业合作研发网络对外部网络资源的识别、搜寻与获取(Huang and Rice，2009)，提高企业对有价值的异质性知识的获取数量，从而提高企业创新绩效。其次，较高的企业吸收能力降低了高合作研发网络中心度对企业创新绩效的负向作用。其原因为，将外部网络获取的知识和信息资源消化、转化和应用于企业产品、服务和技术当中，是企业提高创新绩效的关键(刘蕴，2018)。而企业的高吸收能力可促使企业更灵活地重新配置企业的知识基础，加强企业对于现有知识的整合(Jantunen，2005)，更好地帮助企业将从合作研发网络所获得的过载知识资源精准、高效地与创新活动匹配，转化为企业内部资产（简兆权等，2008），提高外部知识在内部转化与应用的效率（熊正德等，2020），从而提高企业创新绩效。

根据以上分析，提出以下研究假设。

H3-5：企业吸收能力显著调节合作研发网络结构嵌入与企业创新绩效间的倒 U 型关系。即较高的企业吸收能力加强了低合作研发网络中心度对企业创新绩效的正向作用，降低了高合作研发网络中心度对企业创新绩效的负向作用。

2. 吸收能力对连锁董事网络与企业创新绩效关系的调节作用

企业吸收能力是指企业识别、消化、转化和应用外部资源的全过程。一般来说，当企业处于连锁董事网络中心位置时，其可获得市场需求信息、政府政策信息和市场开拓知识等多种资源，企业的高吸收能力会促进外部资源转化为内部创新所需要的资源，从而提高创新绩效。但学者 Bettis 和 Prahalad（1995）发现，当企业吸收能力处于一个较高的水平时，会抑制企业的创新活动开展。其主要原因是，企业过强的吸收能力容易导致企业陷入"能力陷阱"之中（Bettis and Prahalad，1995），包括熟悉性陷阱和相近性陷阱。其中，熟悉性陷阱是指企业过度强调对于熟悉领域知识和信息的利用，形成了路径依赖，无法将从连锁董事网络获取的信息资源利用到企业创新活动与创新战略的制定当中，一味地指导企业在现有领域开展创新活动，妨碍了企业开发具有较高创新性的新产品、新工艺和新服务等，从而抑制企业创新绩效。相近性陷阱则指企业偏好于现所关注的相近领域，在对所获得的信息资源的转化和应用过程中，主要集中在所熟悉领域范围内的创新（Christensen，1997），企业害怕创新所带来的风险，从而拒绝在新研究领域展开创新，抑制了连锁董事网络与企业创新绩效的正向关系。

根据以上分析，提出以下研究假设。

H3-6：吸收能力抑制连锁董事网络与企业创新绩效间的正向关系。

综上，本章研究得出如图 3-15 所示的企业双重网络嵌入对企业创新绩效影响的机理模型。

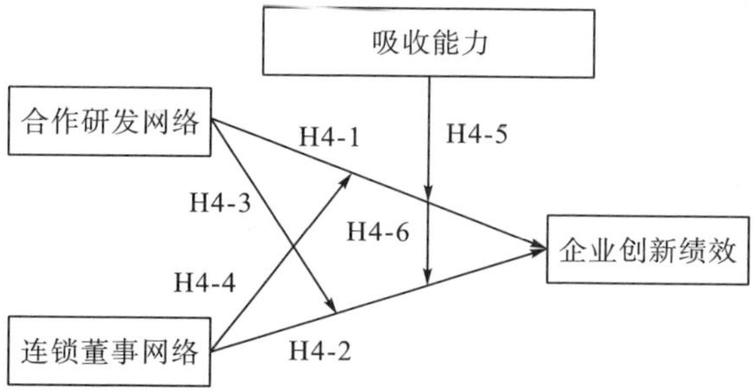

图 3-15　企业双重网络嵌入对企业创新绩效影响的机理模型

3.5 研究设计

3.5.1 数据和样本

为了验证图 3-15 的机理模型和相关假设，我们采用 C39 在沪深 A 股上市的企业数据作为实证检验的样本。本节研究样本与 3.3.1 小节保持一致，即选择 2011～2020 年 C39 沪深 A 股上市公司作为研究样本。

3.5.2 变量和测量

1) 因变量

本小节研究选取的因变量为技术创新绩效。在现有研究中，学者们大多从专利发明数量，如采用发明专利申请或受理量(杨震宁等，2016；Rydehell et al.，2019)、获得专利数量(Hagedoorn and Cloodt，2003)，及发明专利质量，如专利被引频次(Liu and Buck，2007)两个方面衡量企业的技术创新绩效。考虑到专利质量指标存在评判标准不一致等问题，本小节选择申请发明专利数量作为技术创新绩效的测量指标。

2) 自变量

本小节研究采用网络标准化加权程度中心度作为衡量合作研发网络与连锁董事网络中心度的测量指标。合作研发网络中心度为企业在 $t-3$～$t-1$ 年的组织间合作研发网络的加权程度中心度，其反映了企业通过合作研发的方式与外部企业建立联系的数量，同时会考虑各创新主体(节点)之间的关系的密切程度，即两个企业间合作研发的频次。连锁董事网络中心度为企业在第 t 年的组织间连锁董事网络的加权程度中心度，其反映了企业在社会网络中通过董事同时在两家公司任职的方式与其他企业产生联系的数量，同时考虑了两家企业间连锁董事的数量作为权重，更细致地反映了企业在网络中的位置情况。

3) 调节变量

本小节研究的调节变量为吸收能力，参考 Cohen 和 Levinthal(1990)、Tsai(2001)学者的研究，利用企业研发强度作为吸收能力的代理变量。

4) 控制变量

参考刘健和刘春林(2016)、He 和 Tian(2013)的研究，本小节研究从企业基本特性、企业技术研发、企业战略管理三个方面进行控制变量的选取。具体包括：企业年龄、企业规模、企业成长性、创新投入增长、研发人员占比、董事会规模、股权集中度、所有权性质八个控制变量。

企业年龄：利用企业创立时间到样本观察年份的年数来衡量。该控制变量的选取可以排除因企业创建时间不同，自身所积累的资源基础不同，而影响到企业的创新绩效，因此对企业年龄加以控制。

企业规模：利用企业总资产来衡量。一般企业规模越大，所拥有的资源量越大，会对企业创新活动的开展产生影响，从而对企业创新绩效具有重要影响。

企业成长性：利用企业总资产的增值率来衡量。企业成长性作为企业具有的一种可持续发展能力，对企业创新绩效有着十分重要的影响。

创新投入增长：利用企业的研发支出增长率来衡量。该指标反映了企业对创新活动的关注程度，影响企业的创新活动，从而对创新绩效产生影响。

研发人员占比：利用研发人员占公司人数比例来衡量。对于高新技术企业来说，研发人员是企业最具有活力与创造力的异质性人力资本(李永周等，2014)，其对企业研发能力具有推动作用，研发人员占比越高，企业的研发创新能力越强，对创新绩效具有影响。

董事会规模：利用董事会成员数量来衡量。董事会规模的大小会影响企业战略投资决策，从而对企业创新绩效产生影响。

股权集中度：利用前十大股东持股比例来衡量。股权集中度越高，说明大股东所持有的公司股票数量比重越大，企业的经营风险难以分散，故股东在进行项目开发的选择上更加偏向于成功概率较大的项目，减少高风险项目的开发活动，影响企业的创新。

所有权性质：本小节研究将企业所有权性质分为国有企业和非国有企业，若为国有企业则赋值为 1，否则为 0。李春涛和宋敏(2010)认为，中国制造业企业的创新活动会受到企业所有权性质的影响，国有企业和非国有企业的创新性有所差异。

本小节研究各变量及具体测量方式如下表 3-9 所示。

表 3-9　主要研究变量及其测量方式

	变量	变量符号	变量测量
因变量	技术创新绩效	pat1	企业申请发明专利数量
自变量	合作研发网络中心度	I_deg	$t-3$～$t-1$ 年所申请合作发明专利构成的第 t 年合作研发网络的企业加权程度中心度
	连锁董事网络中心度	B_deg	第 t 年连锁董事网络的企业加权程度中心度
调节变量	吸收能力	RD1	年度研发强度

续表

	变量	变量符号	变量测量
控制变量	企业年龄	age	公司创立到观测年份为止的年数
	企业规模	size	企业总资产
	企业成长性	growth	企业总资产的增长率
	创新投入增长	RD_inc	研发支出增长率
	研发人员占比	RD_pera	研发人员占公司人数的比例
	董事会规模	boardsize	董事会成员数量
	股权集中度	top10	前十大股东持股比例
	所有权性质	type	国有企业为 1，否则为 0

3.5.3 分析方法

为了检验提出的假设，本章采用负二项回归模型。鉴于本章的被解释变量为企业发明专利的申请数量，该数据形式均为非负整数计数数据，不适合采用一般线性回归模型。同时，被解释变量的标准差不等于均值，且标准差明显大于均值，数据呈现高离散程度分布，使用 Poisson 回归模型时可能会导致高显著性水平。因此，选择负二项回归模型进行实证分析是恰当的。

此外，考虑到焦点企业从合作网络和连锁董事网络中获取知识与战略决策到形成技术创新绩效存在时间滞后，本章研究采用因变量滞后一期的数据进行主效应分析。

本章研究分别采用如下模型检验控制变量和对各假设进行验证。具体模型如下。

模型一：检验控制变量选取的合理性。

$$\text{Pat1}_{i,t+1} = \exp\left(\alpha_0 + \beta_k \sum \text{Control}_{it} + \varepsilon_{it}\right) \tag{3-7}$$

其中，$\text{Pat1}_{i,t+1}$ 表示企业 i 在 $t+1$ 期的创新绩效，α_0 为常数项，β_k 为回归系数，$\sum \text{Control}_{it}$ 表示企业年龄、企业规模)、企业成长性、研发人员占比、创新投入变化、董事会规模、股权集中度、所有权性质八个控制变量，ε_{it} 为回归的残差项。

模型二：检验合作研发网络程度中心度对企业创新绩效的影响研究，即对 H3-1 的检验。

$$\text{Pat1}_{i,t+1} = \exp\left(\alpha_0 + \beta_1 \text{I\_deg}_{it} + \beta_2 \text{I\_deg}_{it}^2 + \beta_k \sum \text{Control}_{it} + \varepsilon_{it}\right) \tag{3-8}$$

其中，β_1 是 I_deg_{it} 的回归系数，I_deg_{it} 是企业 i 在 t 期的合作研发网络中心度，β_2 是 I_deg_{it}^2 的回归系数，I_deg_{it}^2 是企业 i 在 t 期的合作研发网络中心度的平方项，其他字母项含义与式(3-7)中对应项含义相同。

模型三：检验连锁董事网络程度中心度对企业创新绩效的影响研究，即对 H3-2 的检验。

$$\mathrm{Pat1}_{i,\ t+1}=\exp(\alpha_0+\beta_1\mathrm{B\_deg}_{it}+\beta_k\sum\mathrm{control}_{it}+\varepsilon_{it}) \tag{3-9}$$

其中，β_1 是 $\mathrm{B\_deg}_{it}$ 的回归系数，$\mathrm{B\_deg}_{it}$ 是企业 i 在 t 期的连锁董事网络中心度，其他字母项含义与式(3-7)的对应项含义相同。

模型四：检验合作研发网络中心度对连锁董事网络中心度与企业创新绩效影响的调节作用研究，即对 H3-3 的检验。

$$\mathrm{Pat1}_{i,t+1}=\exp\begin{pmatrix}\alpha_0+\beta_1\mathrm{I\_deg}_{it}+\beta_2\mathrm{B\_deg}_{it}+\beta_3\mathrm{I\_deg}_{it}\times\mathrm{B\_deg}_{it}+\\ \beta_k\sum\mathrm{Control}_{it}+\varepsilon_{it}\end{pmatrix} \tag{3-10}$$

其中，β_3 是 $\mathrm{I\_deg}_{it}\times\mathrm{B\_deg}_{it}$ 的回归系数，$\mathrm{I\_deg}_{it}\times\mathrm{B\_deg}_{it}$ 是企业 i 在 t 期的合作研发网络中心度与连锁董事网络中心度的交互项，其他字母项的含义与式(3-7)的对应项含义相同。

模型五：检验连锁董事网络中心度对合作研发网络中心度与企业创新绩效影响的调节作用的研究，即对 H3-4 的检验。

$$\mathrm{Pat1}_{i,t+1}=\exp\begin{pmatrix}\alpha_0+\beta_1\mathrm{I\_deg}_{it}+\beta_2\mathrm{I\_deg}_{it}^2+\beta_3\mathrm{B\_deg}_{it}+\beta_4\mathrm{I\_deg}_{it}\times\mathrm{B\_deg}_{it}\\ +\beta_5\mathrm{I\_deg}_{it}^2\times\mathrm{B\_deg}_{it}+\beta_k\sum\mathrm{Control}_{it}+\varepsilon_{it}\end{pmatrix} \tag{3-11}$$

其中，β_5 是 $\mathrm{I\_deg}_{it}^2\times\mathrm{B\_deg}_{it}$ 的回归系数，$\mathrm{I\_deg}_{it}^2\times\mathrm{B\_deg}_{it}$ 是企业 i 在 t 期合作研发网络中心度的平方项与连锁董事网络中心度的交互项，其他字母项的含义与式(3-7)的对应项含义相同。

模型六：检验企业内部吸收能力对合作研发网络中心度与企业创新绩效影响的调节作用的研究，即对 H3-5 的检验。

$$\mathrm{Pat1}_{i,t+1}=\exp\begin{pmatrix}\alpha_0+\beta_1\mathrm{I\_deg}_{it}+\beta_2\mathrm{I\_deg}_{it}^2+\beta_3\mathrm{RD1}_{it}+\beta_4\mathrm{I\_deg}_{it}\times\mathrm{RD1}_{it}+\\ \beta_5\mathrm{I\_deg}_{it}^2\times\mathrm{RD1}_{it}+\beta_k\sum\mathrm{Control}_{it}+\varepsilon_{it}\end{pmatrix} \tag{3-12}$$

其中，β_3 是 $\mathrm{RD1}_{it}$ 的回归系数，$\mathrm{RD1}_{it}$ 是企业 i 在 t 期的吸收能力，β_4 是 $\mathrm{I\_deg}_{it}\times\mathrm{RD1}_{it}$ 的回归系数，$\mathrm{I\_deg}_{it}\times\mathrm{RD1}_{it}$ 是企业 i 在 t 期的合作研发网络中心度与吸收能力的交互项，β_5 是 $\mathrm{I\_deg}_{it}^2\times\mathrm{RD1}_{it}$ 的回归系数，$\mathrm{I\_deg}_{it}^2\times\mathrm{RD1}_{it}$ 是企业 i 在 t 期的合作研发网络中心度的平方项与吸收能力的交互项，其他字母项的含义与式(3-7)的对应项含义相同。

模型七：检验企业内部吸收能力对连锁董事网络中心度与企业创新绩效影响的调节作用的研究，即对 H3-6 的检验。

$$\mathrm{Pat1}_{i,t+1}=\exp\begin{pmatrix}\alpha_0+\beta_1\mathrm{B\_deg}_{it}+\beta_2\mathrm{RD1}_{it}+\beta_3\mathrm{B\_deg}_{it}\times\mathrm{RD1}_{it}+\\ \beta_k\sum\mathrm{Control}_{it}+\varepsilon_{it}\end{pmatrix} \tag{3-13}$$

其中，β_3 是 $\mathrm{B\_deg}_{it}\times\mathrm{RD1}_{it}$ 的回归系数，$\mathrm{B\_deg}_{it}\times\mathrm{RD1}_{it}$ 是企业 i 在 t 期的连锁董事网络中心度与吸收能力的交互项，其他字母项的含义与式(3-7)的对应项含义相同。

3.6 实证分析与结果

3.6.1 描述性统计

利用计量分析软件 STATA 16.0，对 C39 上市公司的 2011～2020 年数据进行描述性统计，分别输出因变量、自变量、调节变量和控制变量共计 12 个统计量的观测值（N）、平均值（Mean）、标准差（SD）、最小值（Min）和最大值（Max）的情况（表 3-10）。

表 3-10 主要变量描述性统计

变量	观测值	平均值	标准差	最小值	最大值
pat1	2 621	32.85	101.4	0	757
B_deg	2 421	0.000 281	0.000 178	4.74×10^{-5}	0.000 870
I_deg	2 621	3.57×10^{-5}	0.000 171	0	0.00 141
RD1	2 492	0.036 3	0.023 8	0.000 798	0.133
age	2 621	15.32	5.987	4	33
size	2 621	6.844×10^{9}	1.416×10^{10}	3.836×10^{8}	1.001×10^{11}
growth	2 621	0.026 0	0.125	−0.138	0.813
RD_inc	2 492	0.129	0.548	−0.608	3.829
RD_pera	2 492	16.59	17.28	0	75.69
boardsize	2 621	8.041	1.557	5	12
top10	2 621	58.61	15.13	22.46	88.82
type	2 621	0.249	0.433	0	1

注：表中数据由 STATA 16.0 软件计算后，作者整理得出。

从因变量企业创新绩效（pat1）来看，当期发明专利申请数量最大值为 757，最小为 0，平均值为 32.85，标准差为 101.4。由此可知，我国 C39 的企业在技术创新能力方面有较大差距，大多企业申请发明专利数量处于较低水平。从数据来看，平均值和标准差不相等，且标准差明显高于平均值，故认为企业创新绩效存在过度离散的特征，因此采用负二项回归模型是合理的。

3.6.2 相关性分析

本小节运用计量分析软件 STATA 16.0 计算各变量之间的相关系数（表 3-11）。在相关系数矩阵中，连锁董事网络中心度、合作研发网络中心度与企业创新绩效

表 3-11　所有变量的相关系数矩阵

	VIF	pat1	B_deg	I_deg	R&D1	age	size	growth	R&D_inc	R&D_pera	boardsize	top10
pat1		1										
B_deg	1.16	0.365***	1									
I_deg	1.15	0.207***	0.168***	1								
R&D1	1.37	0.226***	0.021 0	0.036*	1							
age	1.13	0.078***	0.039**	0.098***	−0.033 0	1						
size	1.24	0.631***	0.341***	0.284***	0.045**	0.160***	1					
growth	1.03	0.005 00	−0.010 0	−0.028 0	−0.052***	−0.111***	−0.011 0	1				
R&D_inc	1.03	−0.021 0	0.023 0	0.059***	0.044**	−0.012 0	0.032 0	−0.068***	1			
R&D_pera	1.40	0.093***	−0.079***	−0.052**	0.486***	0.096***	0.009 00	−0.007 00	−0.084***	1		
boardsize	1.14	0.168***	0.143***	0.229***	0.040**	0.057***	0.175***	−0.013 0	0.027 0	−0.093***	1	
top10	1.10	−0.065***	−0.082***	−0.092***	0.034*	−0.220***	−0.106***	0.127***	−0.038*	−0.040**	−0.018 0	1
type	1.22	0.180***	0.137***	0.229***	0.028 0	0.225***	0.230***	−0.066***	0.093***	−0.055***	0.261***	−0.205***

注：*、**、***分别表示相关性系数在 0.1、0.05、0.01 的水平上显著。

均具有正相关关系，pat1 与 B_deg、I_deg、R&D1 之间的相关系数分别为(r_1=0.365；r_2=0.207；r_3=0.226)。此外企业创新绩效与企业年龄、企业规模、企业成长性、创新投入增长、研发人员占比、董事会规模、股权集中度、所有权性质八个控制变量的相关系数分别为(r_4=0.078；r_5=0.631；r_6=0.005；r_7=−0.021；r_8=0.093；r_9=0.168、r_{10}=−0.065 r_{11}=0.180)。此外，各变量的方差膨胀因子(variance inflation factor，VIF)在 1.03～1.37，远低于 10。故认为该模型不存在严重的多重共线性问题。

3.6.3 回归结果分析

在相关性回归分析的基础上，本小节将进行非平衡面板负二项回归分析，深入探究合作研发网络、连锁董事网络、吸收能力对创新绩效的影响。基于前文的研究假设，本小节实证研究主要分为以下 4 个阶段。

第一阶段：检验本章中选取的控制变量的有效性。仅将控制变量和因变量加入回归模型中，对应回归结果为模型 1。

第二阶段：检验自变量对因变量的影响作用。在第一阶段的基础上分别加入合作研发网络中心度和连锁董事网络中心度两个自变量及它们的二次项，对应回归结果为模型 2 和模型 3，用于检验 H3-1 和 H3-2。

第三阶段：检验两个网络间的相互调节作用。分别检验合作研发网络中心度与连锁董事网络中心度之间的相互调节作用，对应回归结果为模型 4 和模型 5，用于检验 H3-3 和 H3-4。

第四阶段：检验企业吸收能力的调节作用。在第二阶段的基础上引入企业吸收能力这一调节变量，用于检验吸收能力在合作研发网络与连锁董事网络对企业创新绩效影响中的调节作用，对应回归结果为模型 6 和模型 7，用于检验 H3-5 和 H3-6。

在进行回归之前，需要利用 Hausman 检验确定固定效应模型和随机效应模型的选取。Hausman 检验结果显示 Prob＞Chi^2=0.00，故拒绝原假设，采用固定效应模型。

表 3-12 显示了负二项回归结果。

表 3-12 滞后一期的负二项回归结果分析

pat1	模型 1	模型 2	模型 3	模型 4	模型 5	模型 6	模型 7
I_deg		0.186***		0.061 2***	0.226***	0.166***	
		(0.036 5)		(0.008 89)	(0.032 7)	(0.036 9)	
I_deg2		−0.155***			−0.169***	−0.135***	
		(0.033 6)			(0.031 7)	(0.034 0)	
B_deg			0.043 7***	0.055 5***	0.043 5***		0.042 2***
			(0.014 2)	(0.014 1)	(0.014 3)		(0.014 2)

续表

pat1	模型 1	模型 2	模型 3	模型 4	模型 5	模型 6	模型 7
B_deg×I_deg				−0.035 9***	−0.130***		
				(0.006 08)	(0.027 2)		
B_deg×i_deg2					0.013 6***		
					(0.003 62)		
R&D1						0.167***	0.174***
						(0.015 9)	(0.016 6)
B_deg×R&D1							−0.019 8*
							(0.011 0)
I_deg×R&D1						−0.062 7**	
						(0.031 9)	
I_deg2×R&D1						0.007 66*	
						(0.013 9)	
age	0.006 12	0.000 341	0.003 41	0.010 9	0.003 90	0.014 5	0.015 0
	(0.017 0)	(0.014 8)	(0.014 8)	(0.014 4)	(0.014 3)	(0.014 6)	(0.014 8)
size	0.146***	0.132***	0.134***	0.131***	0.133***	0.127***	0.128***
	(0.010 2)	(0.008 70)	(0.007 62)	(0.009 14)	(0.009 01)	(0.009 12)	(0.007 62)
growth	−0.004 44	0.028 0	0.024 6	0.029 4	0.026 7	0.051 7**	0.047 8**
	(0.015 6)	(0.023 1)	(0.024 2)	(0.024 1)	(0.024 0)	(0.021 0)	(0.021 7)
boardsize	0.048 4***	0.036 6***	0.031 5**	0.029 4**	0.029 2**	0.022 1	0.014 2
	(0.015 2)	(0.013 7)	(0.014 2)	(0.014 1)	(0.014 1)	(0.013 5)	(0.014 2)
top10	0.013 9	0.020 6*	0.014 7	0.024 9*	0.024 5*	0.006 18	−0.003 16
	(0.015 1)	(0.012 5)	(0.012 9)	(0.012 8)	(0.012 6)	(0.012 4)	(0.012 7)
RD_inc	−0.016 0	−0.024 0	−0.023 3	−0.027 4*	−0.023 5	0.025 7*	0.025 0*
	(0.016 8)	(0.014 8)	(0.014 6)	(0.015 2)	(0.014 9)	(0.014 4)	(0.014 2)
RD_pera	0.126***	0.118***	0.119***	0.119***	0.119***	−0.003 62	−0.002 44
	(0.017 2)	(0.015 9)	(0.016 4)	(0.016 2)	(0.016 2)	(0.019 6)	(0.020 6)
type	0.195***	0.201***	0.185***	0.178***	0.177***	0.180***	0.174***
	(0.035 3)	(0.030 8)	(0.032 2)	(0.032 1)	(0.031 9)	(0.030 1)	(0.031 1)
Constant	0.688***	0.755***	0.838***	0.817***	0.808***	0.676***	0.750***
	(0.072 9)	(0.058 3)	(0.058 1)	(0.059 4)	(0.059 1)	(0.057 6)	(0.058 3)

注：括号内为稳健标准误值。*表示 $P<0.1$，**表示 $P<0.05$，***表示 $P<0.01$。

模型 1 是为了检验该研究控制变量选取的合理性。本章在选择控制变量时，充分考虑了企业技术研发层面和企业战略层面对企业创新绩效的影响因素，经验证明该模型中企业规模、董事会规模、研发人员占比、所有权性质与企业创新绩效具有显著相关关系。其他控制变量虽然在模型 1 的回归中并没有显著的相关关系，但参考以往学者的研究，本章认为这些控制变量的选取是必要的，因此，本章控制变量总体选取是合理且有效的。

在模型 2 中，合作研发网络中心度的平方项对企业创新绩效影响的回归系数显著为负(β=−0.155，P<0.01)，合作研发网络中心度一次项的回归系数显著为正(β=0.186，P<0.01)，H3-1 得到验证，即合作研发网络中心度与企业创新绩效之间具有倒 U 型关系。在模型 3 中，连锁董事网络中心度对企业创新绩效影响的回归系数显著为正(β=0.0437，P<0.01)，H3-2 得到验证。

模型 4 为合作研发网络中心度对连锁董事网络中心度与企业创新绩效正向影响关系的调节作用的回归结果。其中，合作研发网络中心度对连锁董事网络中心度与企业创新绩效影响关系具有负向调节作用(β=−0.0359，P<0.01)，H3-3 得到验证。

模型 5 为合作研发网络中心度对连锁董事网络中心度与企业创新绩效倒 U 型关系的调节作用的回归结果。其中，合作研发网络中心度的一次项与连锁董事网络中心度的交互项的回归系数显著为负(β=−0.130，P<0.01)，合作研发网络中心度的二次项与连锁董事网络中心度的交互项的回归系数显著为正(β=0.0136，P<0.01)。并绘制连锁董事网络对企业合作研发网络与企业创新绩效的合作研发网络中心度对连锁董事网络中心度及企业创新绩效倒 U 型关系调节效应图(图 3-16)，H3-4 得到验证。

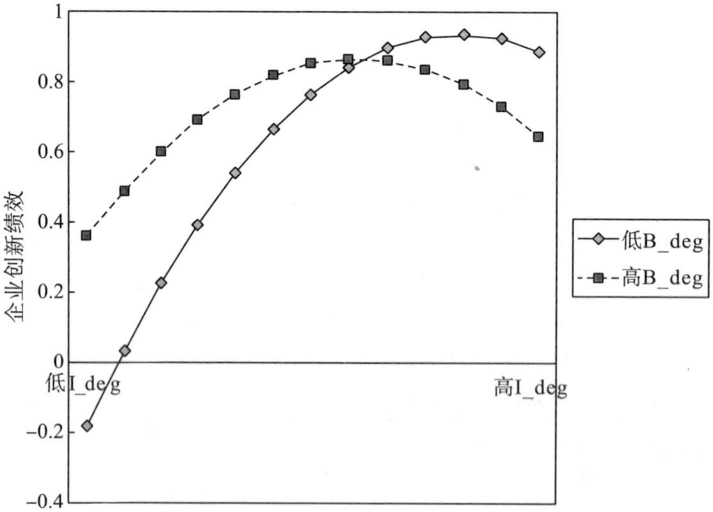

图 3-16 连锁董事网络对合作研发网络与企业创新绩效的倒 U 型关系调节效应

模型 6 和模型 7 是为了验证企业吸收能力对企业外部网络与企业创新绩效相关关系的调节作用。模型 6 是企业吸收能力对企业外部合作研发网络与企业创新绩效关系的调节作用的研究。吸收能力与合作研发网络中心度的一次项的交互项的回归系数显著为负(β=–0.0627，P<0.05)，与合作研发网络中心度的二次项的交互项的回归系数显著为正(β=0.00766，P<0.10)。并绘制吸收能力对合作研发网络与企业创新绩效的倒 U 型关系调节效应图(图 3-17)，H3-5 得到验证。

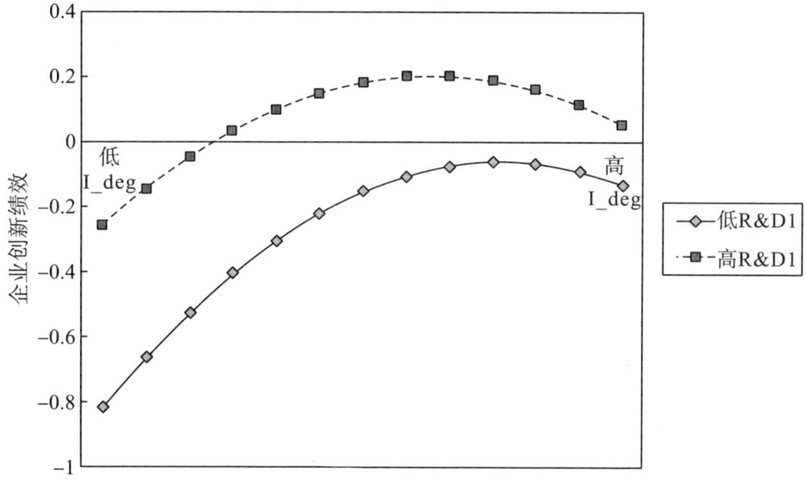

图 3-17　吸收能力对合作研发网络与企业创新绩效的倒 U 型关系调节效应

模型 7 是企业内部吸收能力对连锁董事网络与企业创新绩效关系的调节作用的研究。吸收能力与连锁董事中心度的交互项的回归系数为负数，且在 10%的水平上显著(β=–0.0198，P<0.10)，H3-6 得到验证。

3.6.4　稳健性检验

我们采取因变量滞后二期的数据进行稳健性检验。相关稳健性检验结果见表 3-13。从表 3-13 来看，所有回归模型的变量参数和显著性变化情况与前文回归结果相比较滞后一期的回归结果变化不大，故认为该模型具有稳健性。

表 3-13　滞后二期的稳健性检验回归结果分析

Pat1	模型 1	模型 2	模型 3	模型 4	模型 5	模型 6	模型 7
I_deg		0.161***		0.051 2***	0.183***	0.132***	
		(0.036 9)		(0.010 7)	(0.039 3)	(0.039 2)	

续表

Pat1	模型 1	模型 2	模型 3	模型 4	模型 5	模型 6	模型 7
I_deg2		−0.139***			−0.139***	−0.114***	
		(0.033 7)			(0.038 0)	(0.036 2)	
B_deg			0.045 8***	0.056 1***	0.047 4***		0.043 7***
			(0.014 9)	(0.015 3)	(0.015 4)		(0.015 0)
B_deg×I_deg				−0.031 5***	−0.093 1***		
				(0.005 14)	(0.025 0)		
B_deg×I_deg2					0.009 19***		
					(0.003 30)		
RD1						0.179***	0.180***
						(0.016 4)	(0.017 2)
B_deg×RD1							−0.022 5**
							(0.011 0)
I_deg×RD1						−0.045 0	
						(0.037 0)	
RD1×I_deg2						0.003 07	
						(0.004 77)	
age	0.008 83	0.005 21	0.002 94	0.010 6	0.005 18	0.019 8	0.015 4
	(0.015 5)	(0.015 7)	(0.015 6)	(0.015 4)	(0.015 5)	(0.015 7)	(0.015 7)
size	0.149***	0.141***	0.138***	0.137***	0.139***	0.141***	0.136***
	(0.008 13)	(0.010 1)	(0.008 59)	(0.010 1)	(0.010 3)	(0.010 9)	(0.008 81)
growth	0.025 4**	0.027 4**	0.028 0**	0.028 8**	0.029 4***	0.041 3***	0.040 7***
	(0.011 4)	(0.011 4)	(0.011 3)	(0.011 2)	(0.011 3)	(0.011 0)	(0.010 9)
boardsize	0.027 8*	0.024 0	0.019 5	0.018 5	0.017 3	0.000 358	−0.009 45
	(0.015 8)	(0.015 8)	(0.016 5)	(0.016 3)	(0.016 3)	(0.015 6)	(0.016 6)
top10	0.024 2*	0.028 0**	0.026 1*	0.035 7***	0.035 4**	0.005 79	0.002 99
	(0.013 5)	(0.013 4)	(0.013 8)	(0.013 8)	(0.013 8)	(0.013 6)	(0.014 0)
RD_inc	−0.015 5	−0.012 5	−0.015 1	−0.020 7*	−0.016 2	−0.023 1*	−0.022 2*
	(0.012 4)	(0.012 3)	(0.012 0)	(0.012 2)	(0.012 2)	(0.013 3)	(0.013 0)
RDpera	0.126***	0.125***	0.120***	0.120***	0.120***	−0.002 80	−0.006 58
	(0.019 9)	(0.019 8)	(0.020 3)	(0.020 0)	(0.019 8)	(0.022 8)	(0.023 8)
type	0.213***	0.216***	0.203***	0.195***	0.193***	0.201***	0.200***
	(0.033 5)	(0.033 5)	(0.034 6)	(0.034 5)	(0.034 4)	(0.032 4)	(0.033 2)
Constant	0.877***	0.834***	0.891***	0.873***	0.863***	0.794***	0.841***
	(0.059 5)	(0.061 6)	(0.062 1)	(0.063 3)	(0.063 8)	(0.059 7)	(0.060 3)

注：括号内为稳健标准误值。*表示 $P<0.1$，**表示 $P<0.05$，***表示 $P<0.01$。

3.6.5　结论与讨论

本部分基于 2011～2020 年的非平衡面板数，运用固定效应负二项回归模型对 H3-1～H3-6 进行了检验，得到以下研究结论。①企业合作研发网络结构嵌入对企业创新绩效的影响呈现倒 U 形关系，而企业连锁董事网络结构嵌入对企业创新绩效的影响呈现正相关关系。②企业结构嵌入连锁董事网络显著调节合作研发网络结构嵌入与企业创新绩效的倒 U 形关系。具体而言，较高的连锁董事网络中心度加强了低合作研发网络中心度与企业创新绩效间的正向作用，也加强了高合作研发网络中心度与企业创新绩效间的负向作用。③企业结构嵌入合作研发网络会弱化连锁董事网络的结构嵌入与企业创新绩效的正向关系。④吸收能力对两个网络的作用机理不一致，企业吸收能力显著调节合作研发网络结构嵌入与企业创新绩效间的倒 U 形关系，即较高的企业吸收能力加强了低合作研发网络中心度对企业创新绩效的正向作用，降低了高合作研发网络中心度对企业创新绩效的负向作用，但高的企业吸收能力抑制连锁董事网络对企业创新绩效的正向关系。

3.7　本 章 小 结

本章研究提出了对于“在国家大力支持高技术企业自主创新的大背景下，创新驱动的高技术企业如何提高技术创新绩效”基本问题的思考。我们对 2001～2020 年 C39 行业沪深 A 股上市公司的专利申请数据基本情况进行梳理，从 C39 行业技术研发情况来看，我国 C39 行业的技术发展先后经历了上市起步期、爆发期、成长期三个时期。从合作研发网络来看，越来越多的企业参与合作研发网络之中，且组织间合作频次逐渐增加，形成了网络规模和网络关系逐渐增加的网络特征。从网络密度来看，前期网络密度随着网络规模增加而增加，然而自 2015～2017 年的时间窗口开始，网络密度随着网络规模的增长而下降。从聚集系数、平均加权路径长度和网络可视化图谱演化可见，网络中存在“小世界”的情况，即有部分企业已经形成稳定的长期合作研发关系。从连锁董事网络来看，该网络具有拥有连锁董事关系的企业数量越来越多，但网络整体密度处于较低水平。

本章进一步对企业嵌入多重网络于企业创新绩效的影响进行了实证分析，研究发现：合作研发网络对企业创新绩效的影响呈现倒 U 形关系，而连锁董事网络对企业创新绩效的影响呈现正相关关系；连锁董事网络中心度显著调节合作研发网络中心度与企业创新绩效的倒 U 形关系，而合作研发网络中心度会弱化连锁董事网络中心度与企业创新绩效的正向关系；企业吸收能力显著调节合作研发网络与企业创新绩效间的倒U形关系，但高的企业吸收能力抑制连锁董事网络与企业创新绩效间的正向关系。

1) 管理实践意义

结合本章研究结论来看，移动互联网时代C39的企业可以通过嵌入合作研发网络及连锁董事网络来加快企业实现网络化成长。一方面，企业通过嵌入合作研发网络的中心位置可获取技术创新、知识重组所需要的技术发展知识和技术研发知识，从而推动企业内部的创新活动，为企业提供实现网络化成长所需的知识创新及技术创新等。另一方面，企业嵌入连锁董事网络可以帮助企业获取创新所需要的信息资源和关系资源等，如市场需求信息、政府政策信息、创新管理信息、市场开拓信息等，可以有效帮助企业对未来市场与技术发展做出准确的预测，加快企业对市场机会的识别与反应速度，减少外部不确定性带来的创新风险，从而提高企业创新效率，加快推动企业实现网络化成长。

2) 主要理论贡献

首先，本章丰富了企业多重网络嵌入与创新绩效的相关关系研究。虽然在社会网络研究领域，对于企业嵌入社会网络对企业创新绩效的影响研究已经较为多见，但该类文献主要研究企业嵌入单一的外部网络(连锁董事网络、合作研发网络、政企合作网络、产业集群网络等)对企业开展的创新活动的影响。然而，高新技术企业，特别是C39企业的技术创新对创新资源的需求呈现出高度复杂和丰富性等特征，企业不仅常常需要依靠内部知识的积累，还必须同时从不同的外部网络中获取更为丰富的异质性资源。因此，研究C39企业同时嵌入多个社会网络中对于企业创新绩效的影响变得至关重要。本章从不同网络类型获取不同创新资源的视角出发，关注我国C39这一高技术行业同时嵌入合作研发网络(获取知识、技术的重要渠道)和连锁董事网络(获取市场信息等资源的重要渠道)对企业创新绩效的影响。

其次，本章在一定程度上丰富了吸收能力在企业多重网络嵌入情境下与创新绩效的相关关系研究。基于资源基础理论和吸收能力理论，本章在探讨企业外部网络双重嵌入对企业创新绩效的影响的同时，考虑了企业吸收能力的差异(会使企业对外部获得资源转化为创新成果的速度、效率和程度不同)。因此，关注企业外部网络资源多元渠道获取与吸收能力如何整合作用于企业创新绩效，在一定程度上丰富了吸收能力与企业创新绩效关系的研究。

3) 研究局限与展望

本章的研究在如下方面存在局限。第一，在实证数据收集与处理方面。本章在收集合作研发网络所需要的申请专利数据时，仅从受大多学者认可的大为全球专利数据库获取，后续研究可与中国专利数据库、世界专利数据库和德文特等专利数据库中的申请专利数据进行比对，补充大为全球专利数据库收录不完全的专利数据，可研究的样本年份也会因为数据量充足而增加。第二，在变量测量的选取方面。本章研究利用公司年度研发强度衡量企业吸收能力，该测量方式突出体现了企业技术创新过程中企业内部对于知识、技术资源的识别、消化、转化和应用，而对于连锁董事网络所获得信息资源的吸收能力无法很好地展现。这也有可能会使吸收能力对连锁董事与企业创新绩效的调节作用仅在 10%的水平显著，因此在后续研究中，可根据研究需求进一步完善关于吸收能力的测量。第三，本章研究更加关注企业嵌入合作研发网络和连锁董事网络的网络位置对于企业创新绩效的影响，未来多重网络的研究还可以从整体网络特征出发，研究不同网络内部结构对企业创新的作用机理。

参 考 文 献

曹勇, 向阳, 2014. 企业知识治理、知识共享与员工创新行为: 社会资本的中介作用与吸收能力的调节效应[J]. 科学学研究, 32(1): 92-102.

陈培祯, 曾德明, 2019. 网络位置、知识基础对企业新产品开发绩效的影响[J]. 管理评论, 31(11): 128-138.

陈玉萍, 高强, 谢家平, 2020. 研发国际化与企业创新绩效: 吸收能力的调节作用[J]. 上海对外经贸大学学报, 27(6): 113-122.

陈悦, 刘则渊, 陈劲, 等, 2008. 科学知识图谱的发展历程[J]. 科学学研究(3): 449-460.

陈运森, 郑登津, 2017. 董事网络关系、信息桥与投资趋同[J]. 南开管理评论, 20(3): 159-171.

董彩婷, 柳卸林, 张思, 2020. 创新生态嵌入和政治网络嵌入的双重作用对企业创新绩效的影响[J]. 管理评论, 32(10): 170-180.

段海艳, 2012. 连锁董事、组织冗余与企业创新绩效关系研究[J]. 科学学研究, 30(4): 631-640.

段海艳, 仲伟周, 2008. 网络视角下中国企业连锁董事成因分析: 基于上海、广东两地 314 家上市公司的经验研究[J]. 会计研究(11): 69-75.

范建红, 陈怀超, 2015. 董事会社会资本对企业研发投入的影响研究: 董事会权力的调节效应[J]. 研究与发展管理, 27(05): 22-33.

高建, 汪剑飞, 魏平, 2004. 企业技术创新绩效指标: 现状、问题和新概念模型[J]. 科研管理(z1): 14-22.

高展军, 李垣, 2006. 战略网络结构对企业技术创新的影响研究[J]. 科学学研究, 24(3): 474-479.

吉敏, 胡汉辉, 2015. 创新意愿、集群供应链网络关系强度与企业创新绩效关系研究: 基于常州产业集群的实证研究[J]. 科技管理研究, 35(19): 165-170.

简兆权, 吴隆增, 黄静, 2008. 吸收能力、知识整合对组织创新和组织绩效的影响研究. 科研管理, 29(1): 80-86, 96.

金彧昉, 张祥建, 徐晋, 2016. 连锁董事网络竞争场的微观结构与动态极化效应[J]. 经济管理, 38(12): 62-73.

李春涛, 宋敏, 2010. 中国制造业企业的创新活动: 所有制和 CEO 激励的作用[J]. 经济研究, 45(5): 55-67.

李德辉, 范黎波, 杨震宁, 2017. 企业网络嵌入可以高枕无忧吗: 基于中国上市制造业企业的考察[J]. 南开管理评论, 20 (1): 67-82.

李桂华, 赵珊, 王亚, 2020. 供应网络位置、吸收能力与企业创新绩效[J]. 软科学, 34 (12): 1-7.

李健, 余悦, 2018. 合作网络结构洞、知识网络凝聚性与探索式创新绩效: 基于我国汽车产业的实证研究[J]. 南开管理评论, 21 (6): 121-130.

李金生, 卞曰瑭, 李晏墅, 2018. 基于知识创造的高技术企业自主创新投资模型研究[J]. 管理工程学报, 32 (3): 150-161.

李晓莉, 于渤, 2018. 技术创新战略与技术创新能力的交互对后发企业技术跨越的影响[J]. 技术经济, 37 (4): 1-11.

李永周, 黄薇, 刘旸, 2014. 高新技术企业研发人员工作嵌入对创新绩效的影响: 以创新能力为中介变量[J]. 科学学与科学技术管理, 35 (3): 135-143.

李贞, 杨洪涛, 2012. 吸收能力、关系学习及知识整合对企业创新绩效的影响研究: 来自科技型中小企业的实证研究[J]. 科研管理, 33 (1): 79-89.

刘富先, 毛蕴诗, 2021. 双重网络嵌入与企业升级: 吸收能力的调节作用[J]. 重庆大学学报(社会科学版), 27 (4): 284-296.

刘健, 刘春林, 2016. 不确定性下关联股东网络的并购经验与并购绩效研究[J]. 南开管理评论, 19 (3): 4-17.

刘可文, 袁丰, 潘坤友, 2017. 长江三角洲不同所有制企业空间组织网络演化分析[J]. 地理科学, 37 (5): 651-660.

刘学元, 丁雯婧, 赵先德, 2016. 企业创新网络中关系强度、吸收能力与创新绩效的关系研究[J]. 南开管理评论, 19 (1): 30-42.

刘蕴, 2018. 社会网络关系嵌入过度与企业资源获取: 双中介模型[J]. 企业经济, (04): 36-41.

马柯航, 2015. 虚拟整合网络能力对创新绩效的作用机制研究: 知识资源获取的中介作用[J]. 科研管理, 36 (08): 60-67.

马蓝, 安立仁, 2016. 合作经验、吸收能力、网络权力对企业创新绩效的影响机制: 基于组织学习视角[J]. 科技进步与对策, 33 (1): 81-87.

马永红, 李欢, 王展昭, 2016. 网络结构视角下的产业转移与企业创新绩效[J]. 科学学研究, 34 (3): 366-372, 379.

孟庆斌, 李昕宇, 张鹏, 2019. 员工持股计划能够促进企业创新吗?: 基于企业员工视角的经验证据[J]. 管理世界, 35 (11): 209-228.

潘蓉蓉, 罗建强, 杨子超, 2021. 冗余资源与吸收能力调节作用下的制造企业服务化与企业价值研究[J]. 管理学报, 18 (12): 1772-1779.

彭伟华, 侯仁勇, 2019. 双重网络嵌入对企业创新绩效的影响[J]. 济南大学学报(社会科学版), 29 (3): 86-93, 159.

彭正银, 廖天野, 2008. 连锁董事治理效应的实证分析: 基于内在机理视角的探讨[J]. 南开管理评论 (1): 99-105.

任兵, 阎大颖, 张婧婷, 2008. 连锁董事与企业战略: 前沿理论与实证研究评述[J]. 南开学报(哲学社会科学版) (3): 119-126.

任胜钢, 宋迎春, 王龙伟, 等, 2010. 基于企业内外部网络视角的创新绩效多因素影响模型与实证研究[J]. 中国工业经济 (4): 100-109.

芮正云, 罗瑾琏, 2019. 产业网络双重嵌入与新创企业创新追赶[J]. 科学学研究, 37 (2): 267-275.

石军伟, 付海艳, 2010. 企业的异质性社会资本及其嵌入风险：基于中国经济转型情境的实证研究[J]. 中国工业经济(11)：109-119.

宋晶, 陈劲, 2019. 创业者社会网络、组织合法性与创业企业资源拼凑[J]. 科学学研究, 37(1)：86-94.

孙梦男, 姚海鑫, 赵利娟, 2017. 政治关联、并购战略选择与企业价值[J]. 经济理论与经济管理(6)：19-32.

王大洲, 2001. 企业创新网络的进化与治理：一个文献综述[J]. 科研管理, 22(5)：96-103.

王素莲, 赵弈超, 2018. R&D 投资、企业家冒险倾向与企业创新绩效：基于不同产权性质上市公司的实证研究[J]. 经济与管理, 32(06)：45-50.

王新华, 车珍, 于灏, 等, 2018. 知识网络嵌入和知识集聚方式对组织创新力的影响差异性：知识共享意愿的视角[J]. 技术经济, 37(9)：46-55+91.

魏江, 徐蕾, 2014. 知识网络双重嵌入、知识整合与集群企业创新能力[J]. 管理科学学报, 17(2)：34-47.

魏瑞斌, 2009. 社会网络分析在关键词网络分析中的实证研究[J]. 情报杂志, 28(9)：46-49.

吴贵生, 李纪珍, 孙议政, 2000. 技术创新网络和技术外包[J]. 科研管理, 21(4)：33-43.

吴俊杰, 王节祥, 耿新, 2015. 企业家社会网络总是有助于提升创新绩效吗?[J]. 科学学研究, 33(12)：1883-1893.

吴绍玉, 汪波, 李晓燕, 等, 2016. 双重社会网络嵌入对海归创业企业技术创新绩效的影响研究[J]. 科学学与科学技术管理, 37(10)：96-106.

向永胜, 魏江, 2013. 集群企业内外商业、技术网络关系嵌入对创新能力的作用研究[J]. 科学学与科学技术管理, 34(3)：51-57.

肖阳, 张晓飞, 2021. 技术并购对制造业企业创新持续性影响：基于吸收能力和利用能力的中介作用[J]. 技术经济, 40(11)：1-12.

解学梅, 左蕾蕾, 2013. 企业协同创新网络特征与创新绩效：基于知识吸收能力的中介效应研究[J]. 南开管理评论, 16(3)：47-56.

解学梅, 王宏伟, 2020. 网络嵌入对企业创新绩效的影响机理：一个基于非研发创新的有调节中介模型[J]. 管理工程学报, 34(6)：13-28.

熊彼特 J A, 1990. 经济发展理论[M]. 何畏, 易家详, 译. 北京：商务印书馆.

熊正德, 魏唯, 顾晓青, 2020. 网络位置、跨界搜索与制造企业服务创新绩效[J]. 科学学研究, 38(7)：1304-1316.

严若森, 华小丽, 2017. 环境不确定性、连锁董事网络位置与企业创新投入[J]. 管理学报, 14(3)：373-381, 432.

严焰, 池仁勇, 2020. 技术相似性与并购后创新绩效关系的再探讨：基于企业技术吸收能力的调节作用[J]. 科研管理, 41(9)：33-41.

杨博旭, 王玉荣, 李兴光, 2019. “厚此薄彼”还是“雨露均沾”：组织如何有效利用网络嵌入资源提高创新绩效[J]. 南开管理评论, 22(3)：201-213.

杨晶照, 崔亚梅, 甄美荣, 2016. 基于文献计量的创新绩效影响因素及研究趋势的可视化分析[J]. 现代情报, 6(2)：171-177.

杨武, 杨大飞, 雷家骕, 2019. R&D 投入对技术创新绩效的影响研究[J]. 科学学研究, 37(9)：1712-1720.

杨震宁, 吴剑峰, 乔璐, 2016. 企业研发伙伴的多样性、政治嵌入与技术创新绩效的关系研究[J]. 经济管理, 38(1)：51-61.

叶春霞, 余翔, 李卫, 2015. 中国企业间专利合作网络的演化及小世界性分析: 基于开放式创新视角[J]. 情报科学, 33(2): 85-90, 104.

尹筑嘉, 曾浩, 毛晨旭, 2018. 董事网络缓解融资约束的机制: 信息效应与治理效应[J]. 财贸经济, 39(11): 112-127.

曾德明, 文金艳, 2015. 协作研发网络中心度、知识距离对企业二元式创新的影响[J]. 管理学报, 12(10): 1479-1486.

张红娟, 申宇, 赵晓, 等, 2022. 企业外部研发合作、内部知识网络与创新绩效[J]. 科学学研究, 40(4): 704-712.

张红娟, 谭劲松, 2014. 联盟网络与企业创新绩效: 跨层次分析[J]. 管理世界(3): 163-169.

张秀娥, 张坤, 2021. 学习导向与新创企业绩效: 吸收能力的链式中介效应[J]. 管理科学, 34(01): 16-27.

张秀萍, 王振, 2017. 社会网络在创新领域应用研究的知识图谱: 基于 CiteSpace 的可视化分析[J]. 经济管理, 39(10): 192-208.

赵凤, 王铁男, 王宇, 2017. 开放式创新中的外部技术获取与产品多元化: 动态能力的调节作用研究[J]. 科技与管理, 19(6): 57-66.

赵炎, 王琦, 2013. 联盟网络的小世界性对企业创新绩效影响的实证研究: 基于中国通信设备产业的分析[J]. 中国软科学(4): 108-116.

郑慕强, 徐宗玲, 2009. 中小企业外部网络、吸收能力与技术创新[J]. 经济管理, 31(11): 71-78.

郑烨, 杨若愚, 姬晴晴, 2017. 企业创新绩效国内外研究文献的十五年述评与展望[J]. 中国科技论坛, 251(3): 73-80.

周锋, 顾晓敏, 韩慧媛, 等, 2021. 质量管理实践、吸收能力与创新绩效: 基于船舶企业智能制造视角[J]. 科技进步与对策, 38(7): 67-75.

周玮, 徐玉德, 李慧云, 2011. 政企关系网络、在职消费与市场化制度建设[J]. 统计研究, 28(2): 53-58.

朱丽, 柳卸林, 刘超, 等, 2017. 高管社会资本、企业网络位置和创新能力: "声望"和"权力"的中介[J]. 科学学与科学技术管理, 38(6): 94-109.

Agranoff R, Clift S, Burt R S, 1992. Structural holes: The social structure of competition[M]. Cambridge: Harvard University Press.

Ahuja G, Lampert C M, 2001. Entrepreneurship in the large corporation: A longitudinal study of how established firms create breakthrough inventions[J]. Strategic Management Journal, 22(6/7): 521-543.

Badar K, Hite J M, Badir Y F, 2013. Examining the relationship of co-authorship network centrality and gender on academic research performance: The case of chemistry researchers in Pakistan[J]. Scientometrics, 94(2): 755-775.

Barnea A, Guedj I, 2009. Director networks[R]. Working Paper, University of Texas at Austin.

Barney J B, 1991. Firm resources and sustained competitive advantage[J]. Journal of Management, 17(1): 99-120.

Barney J B, Clark D N, 2007. Resource-based theory: Creating and sustaining competitive advantage[M]. London: Oxford Academic.

Barucci E, 2006. Mercato dei capitali e corporate governance in Italia[M]. Rome: Carocci Editore.

Bell G G, 2005. Research notes and commentaries: Clusters, networks, and firm innovativenness[J]. Strategic Management Journal, 26(3): 287-295.

Bellamy M A, Ghosh S, Hora M, 2014. The influence of supply network structure on firm innovation[J]. Journal of Operations Management, 32(6): 357-373.

Bettis R A, Prahalad C K, 1995. The dominant logic: Retrospective and extension[J]. Strategic Management Journal, 16(1): 5-14.

Burt R S, 1980. Cooptive corporate actor networks: A reconsideration of interlocking directorates involving American manufacturing[J]. Administrative Science Quarterly, 25(4): 557-582.

Caldarelli G, Catanzaro M, 2004. The corporate boards networks[J]. Physica A: Statistical Mechanics and Its Applications, 338(1/2): 98-106.

Campello M, Giambona E, Graham J R, et al., 2012. Access to liquidity and corporate investment in Europe during the financial crisis[J]. Review of Finance, 16(2): 323-346.

Carlo J L, Lyytinen K, Rose G M, 2012. A knowledge-based model of radical innovation in small software firms[J]. MIS Quarterly, 36(3): 865-895.

Carnabuci G, Operti E, 2013. Where do firms' recombinant capabilities come from? Intra organizational networks, knowledge, and firms' ability to innovate through technological recombination[J]. Strategic Management Journal, 34(13): 1591-1613.

Carpenter M A, Westphal J D, 2001. The strategic context of external network ties: Examining the impact of director appointments on board involvement in strategic decision making[J]. The Academy of Management Journal, 44(4): 639-660.

Chang C H, Wu Q, 2021. Board networks and corporate innovation[J]. Management Science, 67(6): 3618-3654.

Chen J, Chen Y, Vanhaverbeke W, 2011. The influence of scope, depth, and orientation of external technology sources on the innovative performance of Chinese firms[J]. Technovation, 31(8): 362-373.

Christensen C, 1997. The innovator's dilemma: When new technologies cause great firms to fail[M]. Cambridge: Harvard Business School Press.

Cohen W M, Levinthal D A, 1990. Absorptive capacity: A new perspective on learning and innovation[J]. Administrative Science Quarterly, 35: 128-152.

Cohen W, Levinthal D, 1989. Innovation and learning: The two faces of R&D[J]. The Economic Journal, 99(9): 569-596.

Costa J C N D, Camargo S M, Toaldo A M M, et al., 2018. The role of marketing capabilities, absorptive capacity, and innovation performance[J]. Marketing Intelligence & Planning, 36(4): 410-424.

Darroch J, McNaughton R, 2003. Beyond market orientation: Knowledge management and the innovativeness of New Zealand firms[J]. European Journal of Marketing, 37(3/4): 572-593.

Davis G F, Yoo M, Baker W E, 2003. The small world of the American corporate elite, 1982-2001[J]. Strategic Organization, 1(3): 301-326.

Deutsch Y, Keil T, Laamanen T, 2011. A dual agency view of board compensation: The joint effects of outside director and CEO stock options on firm risk[J]. Strategic Management Journal, 32(2): 212-227.

Dicken P, 2004. Geographers and 'globalization': (yet) another missed boat?[J]. Transactions of the Institute of British Geographers, 29(1): 5-26.

Dirk F, Tom B, Ron B, 2011. What drives patent performance of German biotech firms? The impact of R&D subsidies, knowledge networks and their location[J]. Regional Science, 90(2): 395-418.

Du J, Leten B, Vanhaverbeke W. 2014a. Managing open innovation projects with science-based and market-based partners[J]. Research Policy, 43(5): 828-840.

Du J, Lu J, Guo Y, 2015. Relationship between technological diversification of social network and technological innovation performance: Empirical evidence from China[J]. Science Technology and Society, 20(1): 60-88.

Dyer J H, Singh H, 1998. The relational view: Cooperative strategy and sources of interorganizational competitive advantage[J]. Academy of Management Review, 23(4): 660-679.

Ebers M, 2001. Interorganizational relationships and networks[J]. International Encyclopedia of the Social & Behavioral Sciences, 12: 7855-7860.

Eggers J P, 2012. All experience is not created equal: Learning, adapting, and focusing in product portfolio management[J]. Strategic Management Journal, 33(3): 315-335.

Eriksson P E, Patel P C, Sjödin D R, et al., 2016. Managing interorganizational innovation projects: Mitigating the negative effects of equivocality through knowledge search strategies[J]. Long Range Planning, 49(6): 691-705.

Ernst H, 2001. Patent applications and subsequent changes of performance: Evidence from time-series cross-section analyses on the firm level[J]. Research Policy, 30(1): 143-157.

Fleming L, 2001. Recombinant uncertainty in technological search[J]. Management Science, 47(1): 117-132.

Freeman C, 1991. Networks of innovators: A synthesis of research issues[J]. Research Policy, 20(5): 499-514.

Freeman L C, 1977. A set of measures of centrality based on betweenness[J]. Sociometry, 40(1): 35-41.

Galaskiewicz J, Zaheer A, 1999. Networks of competitive advantage[M]. Greenwich: JAI Press.

Geum Y, Lee S, Yoon B, et al., 2013. Identifying and evaluating strategic partners for collaborative R&D: Index-based approach using patents and publications[J]. Technovation, 33(6/7): 211-224.

Gilsing V, Nooteboom B, Vanhaverbeke W, et al., 2008. Network embeddedness and the exploration of novel technologies: Technological distance, betweenness centrality and density[J]. Research Policy, 37(10): 1717-1731.

Granovetter M S, 1973. The strength of weak ties[J]. American Journal of Sociology, 78(6): 1360-1380.

Granovetter M, 1985. Economic action and social structure: The problem of embeddedness[J]. American Journal of Sociology, 91(3): 481-510.

Grant R M, 1996. Toward a knowledge-based theory of the firm[J]. Strategic Management Journal, 17(S2): 109-122.

Grigoriou K, Rothaermel F T, 2017. Organizing for knowledge generation: Internal knowledge networks and the contingent effect of external knowledge sourcing[J]. Strategic Management Journal, 38(2): 395-414.

Guler I, Nerkar A, 2012. The impact of global and local cohesion on innovation in the pharmaceutical industry[J]. Strategic Management Journal, 33(5): 535-549.

Gupta A K, Tesluk P E, Taylor M S, 2007. Innovation at and across multiple levels of analysis[J]. Organization Science, 18(6): 885-897.

Hagedoorn J, Cloodt M, 2003. Measuring innovative performance: Is there an advantage in using multiple indicators?[J]. Research Policy, 32(8): 1365-1379.

Harris L, Coles A M, Dickson K, 2000. Building innovation networks: Issues of strategy and expertise[J]. Technology Analysis & Strategic Management, 12(2): 229-241.

Haynes K T, Hillman A, 2010. The effect of board capital and CEO power on strategic change[J]. Strategic Management Journal, 31(11): 1145-1163.

He J, Tian X, 2013. The dark side of analyst coverage: The case of innovation[J]. Journal of Financial Economics, 109(3): 856-878.

Hoecht A, Trott P, 2006. Innovation risks of strategic outsourcing[J]. Technovation, 26(6): 672-681.

Hoopes D G, Walker M G, 2003. Guest editor' s introduction to the special issue: Why is there a resource-based view[J]. Strategic Management Journal, 24(10): 889-902.

Huang F, Rice J, 2009. The role of absorptive capacity in facilitating "open innovation" outcomes: A study of Australian SMEs in the manufacturing sector[J]. International Journal of Innovation Management, 13(2): 201-220.

Jantunen A, 2005. Knowledge-processing capabilities and innovative performance: An empirical study[J]. European Journal of Innovation Management, 8(3): 336-349.

Ketata I, Sofka W, Grimpe C, 2015. The role of internal capabilities and firms environment for sustainable innovation: Evidence for Germany[J]. R&D Management, 45(1): 60-75.

Kogut B, Zander U, 1992. Knowledge of the firm, combinative capabilities, and the replication of technology[J]. Organization Science, 3(3): 383-397.

Kraatz M S, 1998. Learning by association? Interorganizational networks and adaptation to environmental change[J]. Academy of Management Journal, 41(6): 621-643.

Kwon A, 2002. Social capital: Prospects for a new concept[J]. The Academy of Management Review, 27: 17-40.

Li L, Tian G, Yan W, 2013. The network of interlocking directorates and firm performance in transition economies: Evidence from China[J]. Journal of Applied Business Research, 29(2): 607-620.

Liao S H, Fei W C, Chen C C, 2007. Knowledge sharing, absorptive capacity and innovation capability: An empirical study of Taiwan's knowledge-intensive industries[J]. Journal of Information Science, 33(3): 340-359.

Lissoni F, 2001. Knowledge codification and the geography of innovation: The case of Brescia mechanical cluster[J]. Research Policy, 30(9): 1479-1500.

Liu X, Buck T, 2007. Innovation performance and channels for international technology spillovers: Evidence from Chinese high-tech industries[J]. Research Policy, 36(3): 355-366.

McEvily B, Marcus A, 2005. Embedded ties and the acquisition of competitive capabilities[J]. Strategic Management Journal, 26(11): 1033-1055.

McEvily B, Zaheer A, 1999. Bridging ties: A source of firm heterogeneity in competitive capabilities[J]. Strategic Management Journal, 20: 1133-1156.

McFadyen M A, Cannella Jr A A, 2004. Social capital and knowledge creation: Diminishing returns of the number and strength of exchange relationships[J]. Academy of Management Journal, 47(5): 735-746.

Mitchel J C, 1969. The concept and use of social networks in urban situations[M]. Manchester: Manchester University Press.

Mizruchi M S, Stearns L B, 1988. A longitudinal study of the formation of interlocking directorates[J]. Administrative Science Quarterly, 33: 194-210.

Moliterno T P, Mahony D M, 2011. Network theory of organization: A multilevel approach[J]. Journal of Management, 37(2): 443-467.

Nieto M, Quevedo P, 2005. Absorptive capacity, technological opportunity, knowledge spillovers, and innovative effort[J]. Technovation, 25(10): 1141-1157.

Oliver C, 1990. Determinants of interorganizational relationships: Integration and future directions[J]. Academy of Management Review, 15(2): 241-265.

Paruchuri S, 2010. Intraorganizational networks, interorganizational networks, and the impact of central inventors: A longitudinal study of pharmaceutical firms[J]. Organization Science, 21(1): 63-80.

Pfeffer J, Salancik G R, 1978. The external control of organizations: A resource dependence perspective[M]. New York: Harper and Row.

Phelps C C, 2010. A longitudinal study of the influence of alliance network structure and composition on firm exploratory innovation[J]. The Academy of Management Journal, 53(4): 890-913.

Rydehell H, Isaksson A, Löfsten H, 2019. Effects of internal and external resource dimensions on the business performance of new technology-based firms[J]. International Journal of Innovation Management, 23(1): 657-670.

Savino T, Petruzzelli A M, Albino V, 2017. Search and recombination process to innovate: A review of the empirical evidence and a research agenda[J]. International Journal of Management Reviews, 19(1): 54-75.

Schilling M A, Phelps C C, 2007. Interfirm collaboration networks: The impact of large-scale network structure on firm innovation[J]. Management Science, 53(7): 1113-1126.

Shipilov A V, 2009. Firm scope experience, historic multimarket contact with partners, centrality, and the relationship between structural holes and performance[J]. Organization Science, 20(1): 85-106.

Simoni M, Caiazza R, 2013. Interlocking directorates' effects on economic system's competitiveness[J]. Business Strategy Series, 14(1): 30-35.

Soete L, Freeman C, 2012. The economics of industrial innovation[M]. London: Routledge.

Srinivasan R, Wuyts S, Mallapragada G, 2018. Corporate board interlocks and new product introductions[J]. Journal of Marketing, 82(1): 132-148.

Stock G N, Greis N P, Fischer W A, 2001. Absorptive capacity and new product development[J]. Journal of High Technology Management Research, 12(1): 77-91.

Stuart E T, 2000. Interorganizational alliances and the performance of firms: A study of growth and innovation rates in a high-technology industry[J]. Strategic Management Journal, 21(8): 791-811.

Swaminathan V, Moorman C, 2009. Marketing alliances, firm networks, and firm value creation[J]. Journal of Marketing, 73(5): 52-69.

Teece D J, Pisano G, Shuen A, 1997. Dynamic capabilities and strategic management[J]. Strategic Management Journal, 18(7): 509-533.

Tichy N M, Tushman M L, Fombrun C, 1979. Social network analysis for organizations[J]. Academy of Management Review, 4(4): 507-519.

Todorova G, Durisin B, 2007. Absorptive capacity: Valuing a reconceptualization[J]. Academy of Management Review, 32(3): 774-786.

Tsai W, 2001. Knowledge transfer in intra organizational networks: Effects of network position and absorptive capacity on business unit innovation and performance[J]. Academy of Management Journal, 44(5): 996-1004.

Uzzi B, Spiro J, 2005. Collaboration and creativity: The small world problem[J]. American Journal of Sociology, 111(2): 447-504.

Vanhaverbeke W, Gilsing V, Beerkens B, et al., 2009. The role of alliance network redundancy in the creation of core and non-core technologies[J]. Journal of Management Studies, 46(2): 215-244.

Wallsten S J, 2000. The effects of government-industry R&D programs on private R&D: The case of the Small Business Innovation Research program[J]. The RAND Journal of Economics, 31: 82-100.

Wang C, Rodan S, Fruin M, et al., 2014. Knowledge networks, collaboration networks, and exploratory innovation[J]. Academy of Management Journal, 57(2): 484-514.

Watts D J, Strogatz S H, 1998. Collective dynamics of 'small-world' networks[J]. Nature, 393(6684): 440-442.

Wellman B, Berkowitz S D, 1988. Social structure: A network approach[M]. Cambridge: Cambridge University Press.

Zaheer A, Bell G G, 2005. Benefiting from network position: Firm capabilities, structural holes, and performance[J]. Strategic Management Journal, 26(9): 809-825.

Zaheer A, Gözübüyük R, Milanov H, 2010. It's the connections: The network perspective in interorganizational research[J]. Academy of Management Perspectives, 24(1): 62-77.

Zahra S A, George G, 2002. Absorptive capacity: A review, reconceptualization, and extension[J]. Academy of Management Review, 27(2): 185-203.

Zhang J, Jiang H, Wu R, et al., 2019. Reconciling the dilemma of knowledge sharing: A network pluralism framework of firms' R&D alliance network and innovation performance[J]. Journal of Management, 45(7): 2635-2665.

『平台生态化成长篇』

第4章　平台化与企业成长：平台企业经营互补业务的战略选择与解释逻辑

4.1　问题背景

移动互联网时代，平台企业以其创新性快速成长和对传统企业带来的颠覆性冲击，使得平台企业的价值逻辑受到了理论和实践的高度关注。平台企业缔造的商业传奇不断被刷新，平台商业模式也成为当今最受热捧的商业模式。在此情景下，许多传统企业也纷纷应时而动，积极推进平台化转型。在从传统垂直模式向平台模式转型的过程中往往需要企业退出市场供方角色，作为市场匹配者连接供需双方(陈威如和王诗一，2016)。这种角色转换要求平台企业必须审慎处理自身与互补者的关系，避免在互补业务市场直接竞争，形成价值摩擦。鉴于转型平台的合法性主要来自平台撮合交易的中立地位，平台企业如果直接经营互补业务将释放平台与互补商直接竞争的负面信号，从而挤出互补商的市场空间(Gawer and Cusumano，2002；Gans and Stern，2003；Iansiti and Levien，2004)。同时，转型时期的平台企业本身处在从产品服务直接提供者向市场匹配者的转变过程，平台企业与互补商之间的合作关系处于成型初期，互补关系更加脆弱。此时，平台企业经营互补业务更可能被看作单方面攫取价值的不合作行为，进而抑制互补商努力投入(Gawer and Henderson，2007)。

然而，实践中一直存在平台企业经营互补业务，同时扮演“运动员”和“裁判”双重角色。尽管这样的实践做法能为平台企业带来部分好处，但也损害了平台企业的治理权威和平台生态的多样性(宁萍和杨蕙馨，2021)。特别是，在传统企业向平台企业转型的过渡时期，退出供方业务和互补业务，回归平台业务应当成为平台企业吸引互补商和用户参与的重要举措。平台转型时期直接涉足互补业务的做法与平台化经营的理念背道而驰，那么为什么仍有许多平台企业选择经营互补业务呢？转型时期平台企业经营互补业务是基于什么样的战略考量，其解释逻辑是什么？

在该问题上，现有研究主要以发展相对成熟的平台企业为蓝本，分析平台企业经营互补业务的影响、动机、策略和依据。在影响结果层面，支持者的观点认为，平台企业进入互补者市场或者可以充分享受互补品供应商价值滑移带来的溢出收益，或者可以弥补供应产品的质量短板，提高平台市场上平均产品质量(Eisenmann et al.，2009)，或者还可以降低平台对互补品提供者的依赖，避免“挟持”和劣质互补品市场下用户遗弃平台(Adner and Kapoor，2010)；反对平台企业与互补者竞争的观点则强调，平台与参与企业竞争不仅模糊了平台的业务边界(Gans and Stern，2003)，还同时扮演着“运动员”和“裁判”的双重角色，降低了平台企业的公允性，难以树立监管治理的合法性(Parker et al.，2017)。在经营动机方面，Gawer 和 Henderson(2007)与 Zhu 和 Liu(2018)的研究分别以英特尔在微处理器互补市场方面的战略历史和亚马逊进入第三方卖家产品空间作为证据，对平台企业进入互补市场的动机和模式进行了探究。在经营策略和依据方面，宁萍和杨蕙馨(2021)基于淘宝天猫平台进入互补市场的案例分析揭示了进入壁垒对平台企业采取增强、削弱或混合策略的影响机制。尽管当前研究从不同角度揭示平台企业经营互补业务的动机、后果、策略和依据，但对平台化转型时期平台企业经营互补业务并不具备完全解释力。相对于成熟平台可以分别考虑价值创造和价值获取两个环节的竞合关系而言，转型平台需要优先考虑如何激励互补商和用户共创价值。为此，本章通过对转型平台的多案例分析，揭示平台转型情境下平台企业经营互补业务的战略选择过程与理论解释逻辑，以期为企业平台化转型提供直接参考。

4.2 文献回顾

4.2.1 平台转型与互补业务

平台企业是平台的主体(或创建者)，基于平台连接来自不同需求的用户群体形成双边或多边市场(Gans and Stern，2003)，其中一方的互补产品生产商(“互补商”)竞争性地向另一方的用户销售产品(Iansiti and Levien，2004)。在数智技术赋能的时代情境下，诸多传统企业由于价值链条过长、协同性不高和难以满足用户异质性需求而饱受诟病，纷纷实施平台转型。平台转型指非平台企业采用平台化战略，进而拥有平台并成为平台生态系统核心企业的过程(Evans and Schmalensee，2010)。在非平台企业向平台企业转型的过程中，获得平台核心要素、平台搭建、形成连接渠道和吸引用户群被视为必备的关键步骤(朴庆秀等，2020)，可见平台转型时期激发互补商和用户共创价值对平台成功转型的重要意义。在平台上，互补业务被视为“建立在一个平台上的商品和服务市场，该平台通过间接网络效应提高了核心商品对网络的价值，从而使核心商品对采用者的价值更大”(Zhu and Iansiti，2012)。广义的互补业务被延伸到应用软件开发和供给端产品服务的提供（宁萍和杨蕙馨，2021）。类似地，互补商被看作为共同客户提供互补产品的独立供应者或业务经营者（McIntyre and Srinivasan，2017）。良好的平台生态系统应包括平台企业及搭载在平台上并使平台对用户更有价值的互补品提供商（Iansiti and Levien，2004）。被视为平台生态系统的发起者和协调者的平台企业（陈威如和王诗一，2016），其战略行为的选择应与其在生态系统中的角色匹配，因而与互补者之间的共生依赖关系的设计和安排是影响其战略选择的重要因素。

4.2.2　平台企业经营互补业务

平台战略中关于平台网络效应、平台开放度和平台内竞争（平台企业与互补者的竞争）三个领域的研究都涉及平台企业对互补商依赖关系的协调及管理。平台网络效应侧重研究如何吸引互补者的加入，网络效应（尤其是间接网络效应）能放大平台系统的价值（Gawer and Cusumano，2002），平台因为承载互补品而增强了平台系统的基础功能，从而有利于提高网络效应（Gans and Stern，2003）。平台允许大量互补品供应商加入平台，为平台生态系统引入更多生态种群（Gans and Stern，2003），因而平台对互补商的选择是平台开放度的重要组成内容（宁萍和杨蕙馨，2021）。现有研究认为，开放度既能作为塑造竞争优势、带动平台成长的战略手段，也可能因为过度开放失去控制，或是因为开放不当造成平台内耗（Eisenmann et al.，2009）。从平台战略领域的相关研究可见，平台企业与互补商及其提供的互补业务之间的关系涉及平台战略的诸多方面，平台企业与互补业务的关系不仅影响平台生态系统的构建、发展和多样性，还影响平台治理和生态系统的健康。

平台企业经营互补业务的选择和逻辑问题也可被看作单个企业（平台企业）的边界确定问题。现有研究基于不同的边界定义提出了不同的企业边界确定观。基于交易成本经济学的效率逻辑隐含假设企业是作为弥补市场缺陷的一种替代手段而存在的（Williamson，1981），认为企业边界就是企业与市场之间的界限，因而企业的边界由不同的交易特征及其相应的成本决定，即把企业的边界决策作为离散的“自制还是外购”选择（Williamson，1991），把治理效率作为主要，甚至唯一的理论解释（Argyres，1996）。基于战略视角的企业边界研究秉持系统论的观点，将组织边界简单地定义为组织与其环境之间的分界线（Poppo and Zenger，1998）。这个分界线将企业与其外部环境区分和联系起来，具有缓冲和桥接功能。基于资源基础观的企业能力边界理论认为，企业边界是由企业的资源和核心能力组合所决定的，在企业资源和核心能力组合值最大的企业边界上，企业最有可能获得竞争优势。基于资源依赖理论的企业权力边界观认为，组织的边界应该位于组织对外部资源最具有控制力的位置（Santos and Eisenhardt，2005）。Araujo 等（2003）认为，从边界的桥接功能来看，企业边界的形成是调节各种内部和外部关系的一个互动与协商的过程，企业边界的设置不仅是在企业内部和外部之间建立异质性，也是一个关于如何将企业的能力与其外部环境中其他重要参与者的能力联系起来的决策，进而指出企业边界决策必须在企业如何与环境中的其他参与者联系的决策情景中理解。宁萍和杨蕙馨(2021)综合效率、权利、资源和身份四种边界理论，提出平台企业进入互补市场主要遵循优化互补市场和增强控制权的动机。

4.2.3 研究述评

总体来看，当前研究分析了平台角色关系对于平台企业战略选择的必要性，揭示了平台企业与互补者的互动过程(不仅是一种竞合关系，更是关乎平台企业战略选择和平台生态系统持续健康发展的重要方式)。同时，平台企业边界确定的研究表明，企业边界决定并非单纯的“自制还是外购”的选择问题，更是企业构筑和巩固可持续竞争优势的重要力量。目前研究主要从市场壁垒(宁萍和杨蕙馨，2021)、互补商规模(Gawer and Henderson，2007)、互补品受欢迎程度(Zhu and Liu，2018)分析互补业务经营问题。尽管当前研究意识到资源条件和互补依赖关系对平台绩效的重要意义(Zhu，2019)，但仍多侧重于从互补业务的市场特点分析平台企业进入互补市场的策略，且多以发展成熟的平台企业为分析对象，弱化了对转型平台的解释力度。

在平台转型情境下，平台企业经营互补业务不仅是边界选择的问题，也涉及平台企业如何定位自身与互补商的依赖关系。平台企业与互补商的互补依赖关系按照互补性质可分为通用互补和专用互补(Jacobides et al.，2018)。前者强调在平台内满足其他参与者的需要，主要通过提供多样化产品实现(Iansiti and Levien，2004)，旨在丰富平台外围组件，平台与互补商之间呈现组件依赖关系；后者则体现为对平台功能的互补(王节祥等，2021)，通过投入专用性资产弥补平台缺失的模块，从而提升网络整体价值，平台与互补商之间呈现架构依赖关系。在平台转型的情境下，平台企业与互补商的互补依赖关系不仅影响平台生态系统的参与者战略，也对引导新互补商进入和平台共创价值起着关键作用。同时，经典的边界选择理论认为，无论是从效率、资源、权利还是从身份角度入手，都离不开资源条件的限制，也是平台化转型获取核心要素的必要条件(朴庆秀等，2020)。按照企业资源应用特点，可以将资源分为独立性资源和系统性资源，独立性资源一般可以独立应用创造价值，而系统性资源则须借助不同资源捆绑联合创造价值(Miller and Shamsie，1996)。在平台转型过程中，企业独立性资源可以为进入互补市场创造直接条件，而系统性资源则为平台获取独立性资源创造间接条件。为此，在平台转型情境下讨论互补业务经营战略，须整合“资源基础—资源依赖”双重视角展开研究。鉴于此，本章立足“资源基础—资源依赖”整合视角，分析平台转型情境下平台企业经营互补业务过程相关的战略行为和内在逻辑。

4.3 研究设计

4.3.1 研究方法

本章的核心研究问题在于“平台转型时期平台企业如何经营互补业务”，属于研究“how”的问题，因此更适合采用探索性案例分析的方式展开研究。具体来看，一方面，由于既有研究对平台转型情境下经营互补业务的解释力欠佳，须结合更加贴合理论建构的研究方法进行分析。另一方面，由于平台企业经营互补业务的具体类型尚不清晰，而现实的平台经营实践可能超前于理论文献，所以适合采用深度访谈和编码分析的范式经由案例事实反向建构理论。综上考虑，本章选择乔亚方法(Gioia Methodology)(Gioia et al.，2013)作为数据处理方法，力图通过案例事实与理论文献的不断对话和持续比较构建稳健的理论模型。

4.3.2 案例选择

本章研究中，基于理论抽样的案例选择大致可分为两类：一是以第一轮数据搜集为核心的开放式抽样，旨在于问题信息不完全明朗的情形下尽量制定颗粒度标准，获取有关研究问题的数据信息；二是以第二轮至最后一轮数据为代表的进一步抽样，旨在基于开放式抽样数据的编码分析确定持续抽样的标准，从而尽可能补充和完善数据，最终达到编码分析的理论饱和(即新搜集的资料不再出现新的概念和范畴)。

在第一轮数据搜集过程中，研究团队基于研究相关性、典型性和严谨性的原则，主要参考以下标准选择案例。①案例企业属于平台化转型的平台企业，即该企业所有业务构成中至少有一项业务是从传统的垂直业务(直接提供产品与服务)转向平台业务(撮合产品与服务交易)，且该业务目前在企业中占据重要战略地位。②案例企业至少存在一项与平台业务具有显著互补关系的业务活动。该项业务既可以是传统供方业务，也可以是基于平台业务叠加其他业务。③案例企业的平台业务应具有一定的经营历史并获得稳定收入，从而确保研究者可以在较长的时间窗口全面考察平台企业经营互补业务的战略选择过程。④案例企业应具备一定规模和知名度，从而有利于在访谈和内部文档之外通过其他渠道获取关于案例企业的数据信息。为此，基于上述理论抽样依据，本章选择位于四川省成都市和四川省绵阳市的四家实施平台转型的公司作为样本。四家案例企业实施平台转型前后的业务情况如表 4-1 所示。

表 4-1 案例企业情况简介

代码	公司简介	转型前业务	平台业务	互补业务
HT	构建从内部管理到外部交易的工业供应链物流服务平台。2019年公司注册用户超过30万人，年货运量突破3000万吨，物流业务收入达到22.93亿元	第三方物流服务：组织车队为货主企业配送货物	拉货宝：为司机和货主提供运力交易撮合服务	内部管理：通过SLP系统协助货主企业进行从生产到运输的物流管理
ST	以智能快递柜为载体，构建24小时便民服务平台，2019年成为首批跨入“三十亿俱乐部”的智能快递柜企业之一	银行回单柜：为银行提供回单柜产品和金融安防产品	“速递易”：为快递员和用户提供快件寄存送的平台服务	便民服务：依托快递柜搭载洗衣、信报箱等社区交付的便民服务
DD	以3D引擎技术为载体，为设计师和用户提供3D/AR内容的专业化服务提供平台。目前业务范围已扩展到多个领域，为阿里巴巴等上百家企业提供解决方案	3D/AR内容提供：为品牌商和广告商用户直接提供3D/AR解决方案	3D素材交易：为3D素材设计师和用户提供素材交易的平台	3D外包：公司旗下设计师也承接3D设计的外包任务
WS	SaaS（软件即服务）服务平台，为SaaS供应厂商和需求商提供交易撮合服务平台，解决软件产品的数字化“选”“用”难题	SaaS产品代理商：作为SaaS产品的中间代理商	SaaS产品交易：为供应厂商和需求商提供交易撮合	代理培训：解决交易后需求商的软件落地培训需求

注：系统化设施布置（systematic layout planning，SLP）；三维（three dimension，3D）；增强现实（augmented reality，AR）。

4.3.3 数据搜集

遵循案例研究中对数据搜集的建议（Gioia et al.，2013），本章通过多种方式获取数据，以一手资料和二手资料相结合的方式采集数据资料。其中，一手资料主要通过以下途径获得。①对参与平台企业建设与经营的主要成员进行半结构化访谈。我们通过已有的资源渠道与每家平台企业董事长或创始人取得联系，并获悉参与5项平台企业互补业务创建与经营过程的关键高级管理人员和亲历平台业务运营的产品经理、运营经理、研发人员及营销人员。②追踪和验证访谈后还须深入关注数据信息，同时了解平台企业经营互补业务的最新进展。二手数据主要包括涉及本章研究话题的重要新闻稿件、企业对外披露的信息和研究文献。

在上述数据中，与本章研究关联最为紧密也是最具价值的资料来源于访谈过程。具体而言，本章研究者按照如下思路开展访谈和数据搜集工作。访谈前，研究团队根据不同研究进程的抽样要求设置尽可能开放的访谈提纲，并根据受访者现场回答追加提问，获取有价值的关键信息。访谈中，对公司高级管理人员、负责平台具体项目的管理者分别进行访谈，从而相互弥补和验证同一事件的真实信息。每次访谈控制在90～120分钟，现场根据受访者的回答积极性引导访谈话题和互动身份。访谈小组有至少三位研究者参与访谈，在取得受访者授权的情况下，一人主要负责提问，一人负责记录，另一人负责录音。访谈后，参与访谈的研究者将录音转录为文字材料，并交给其余两位参与访谈的研究者审核是否有因为口音和理解而产生的误读，从而整理形成最后的访谈资料。经过 2014～2020 年共 7 年跨度的多轮抽样与访谈，本章共获得 27 次深度访谈数据(表 4-2)。

表 4-2　访谈时间与人员

公司	受访者层级	受访者职位	日期(年-月-日)
ST	总公司	董事长	2014-06-21 2015-08-10 2016-08-16
		副董事长	2014-06-21 2015-08-10 2016-08-16
		总经理助理	2015-08-10
	子公司	副总经理	2015-08-10 2016-08-16
		拓展部总经理	2015-08-10
		产品部总经理	2016-08-16
HT	总公司	创始人 技术高级管理人员 市场高级管理人员 市场部经理	2015-04-20 2015-06-18 2016-08-10 2018-07-30
	子公司	总经理	2015-04-20 2016-08-10
		产品经理	2015-04-20 2016-08-10
	总公司	创始人	2018-07-30
		市场部经理	2018-07-30
DD	总公司	CEO 产品经理 市场经理	2018-09-02 2019-03-15 2019-03-15
WS	总公司	董事长 品牌经理 运营部助理	2018-08-21 2020-05-17 2020-05-17

4.4　数据分析

4.4.1　数据编码

围绕研究主题“平台转型情境下平台企业如何经营互补业务”，本章结合乔亚方法展开数据一阶概念、二阶主题和聚合维度的逐级抽象和编码工作。在根据原始资料编码一阶概念的过程中，本章主要按照以下考虑开展编码工作：①逐行阅读访谈等材料原文，梳理转录文字是否真实反映了访谈时的语境和情境；②反复阅读数遍材料，确保研究者对访谈材料较为熟悉，从而保证编码工作参与者对相似(反)观点或其他具有关联关系的观点的敏感性；③对有价值的信息和观点贴标签，随后再根据标签间的关联关系编码概念，并根据高频(关联)概念提取初始范畴。在具体编码操作上，根据材料原文层层解读，贴上编码标签，并通过对比类似或关联标签再编码成一阶概念。

随后，参照不同一阶概念之间的关联关系进一步归类命名，将一阶概念逐步归纳为二阶主题，并依据主题的相似性和可比性提炼成聚合维度。遵循类似的编码操作，本章共得出 20 个一阶概念、10 个二阶主题和 4 个聚合维度。具体编码的数据结构如图 4-1 所示。

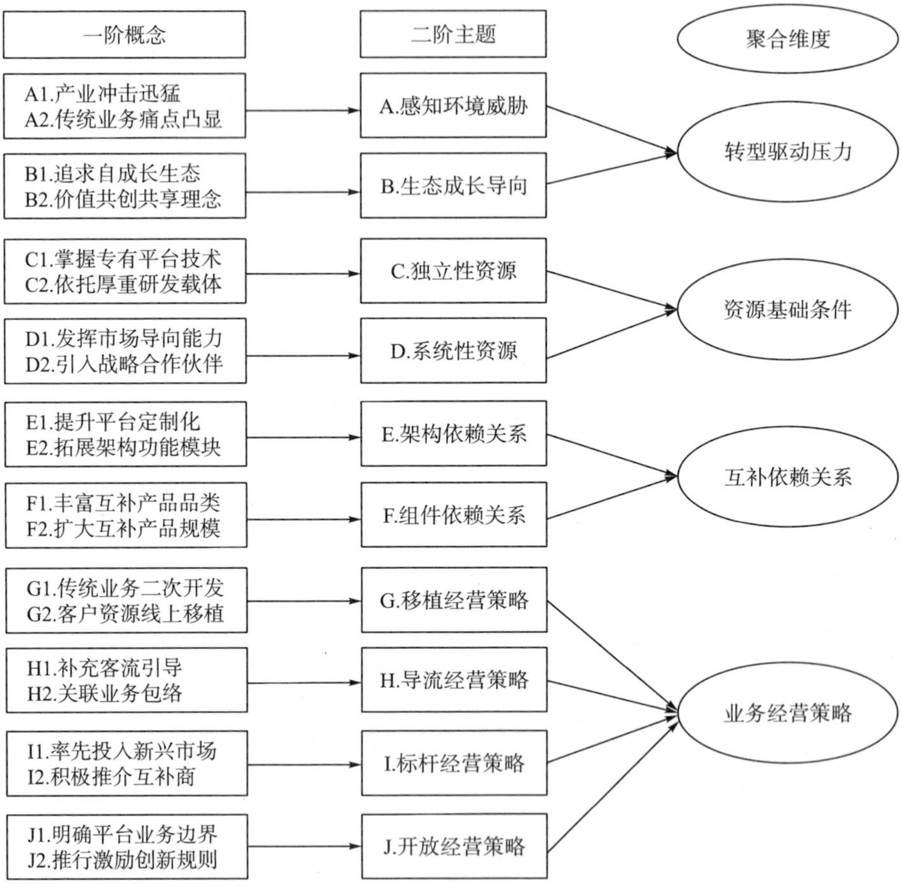

图 4-1 数据结构

4.4.2 饱和度检验

为检验理论饱和度，本章基于二手资料重新展开编码分析。分析结果表明，基于新案例资料的分析均为重复性概念，在本章研究主题下并未出现新的概念，研究主题涉及的概念关系相对饱和。因而，判定基于案例资料的编码分析已经达到理论饱和。

4.5 案例发现

4.5.1 平台转型情境下平台企业经营互补业务的策略类型

本章分析表明，平台转型情境下平台企业在经营互补业务时存在四种基本经营策略：导流经营策略、移植经营策略、标杆经营策略和开放经营策略，四种经营策略在经营方式和侧重点上各不相同。

导流经营策略通过直接嫁接原有成熟业务的方式引入互补业务，为平台输送资金和客流。例如，案例企业 HT 公司经营的互补业务(内部管理业务)就属于典型的导流经营策略，主要体现在补充客流引导和关联业务包络两方面。在 HT 公司从传统第三方物流运输的承包方变成平台方时，原本无车承运人之间的竞争关系使平台缺乏足够的吸引力，转型初期面临平台启动困境。为此，HT 公司通过将原型产品 SLP 拓展用于货主企业内部管理的服务软件，有效引导新货主企业加入平台。另外，HT 公司利用运力交易平台打通从货主企业内部管理到外部运力交易的物流价值链全流程，实现了效率的根本改善，也通过业务之间的关联协同扩大了平台用户基础。

移植经营策略通过将企业原有基础资源改造或二次开发等方式培育为平台的互补业务。相比导流经营策略，移植经营策略更强调转型前企业资源的可持续利用，主要体现为传统业务二次开发和客户资源线上移植。案例企业 WS 公司从传统的 SaaS 产品代理商转向中介平台的过程中，并没有完全退出代理市场。相反，WS 公司利用了 SaaS 产品行业产品选择难、落地应用难、服务碎片化的痛点，将原有的代理培训服务保留下来。正是由于有代理培训服务作为基本保障，SaaS 产品供应商和以中小企业为主的需求商之间才能实现交易与应用同步落地。

标杆经营策略通过平台企业率先进入供方市场参与产品或服务的供给，为后续参与用户指明经营方向。标杆经营策略多出现在转型平台刚刚起步的新生市场领域，体现在率先投入新兴市场和积极推介互补商两方面。由于新生市场需求情况并不明朗，市场发展潜力和经营模式也不明确，潜在的互补者在加入平台时往往持有疑虑。当平台企业缺乏类似扶持式经营的互补业务提供试验载体时，就需要平台企业率先进入该领域的直接经营活动，从而传递平台能力信号，为双边市场用户论证市场前景。在案例企业中，DD 公司在 2D(two dimension，二维)广告/陈设占主流的市场上推出 3D 素材交易平台，如果只做交易撮合很难吸引设计师加入。为此，DD 公司通过招聘设计师自行承接 3D 陈设的外包服务，且多选择淘宝、京东等具有影响力的客户，通过自营外包业务使互补业务的供需用户直观地感受 3D 陈设的市场前景和比较优势，从而吸引供需方用户加入平台。此外，DD 公司为了激励优秀设计师推出作品，设置了排名推荐机制，好评度高和销量高的 3D 设计作品会被优先推介，以此确保精品素材充分曝光。

开放经营策略通过充分开放互补业务市场的方式，鼓励用户参与互补品投资，从而间接参与互补业务经营活动。开放经营策略主要体现在明确平台业务边界和推行激励创新规则两方面。在平台认识不清晰或不擅长的业务领域直接参与经营需要平台开发和投入专用性资源，此时直接参与替代性较高的互补业务自主经营活动，不仅降低了资源配置效率，还可能由于直接与互补者竞争传递“负面信号”，威胁到平台企业的核心竞争优势。案例企业 ST 公司在实施平台转型之际并未清晰认识平台叠加哪种互补业务，考虑过药品存取、快递存取等多种方案。后来，随着“速递易”平台规模化运营形成系统网络，ST 公司意识到平台互补业务的业务边界在于“社区便民服务”，且必须以“速递易”的快递柜作为“入口”。因而，ST 公司充分开放基于快件箱的便民服务业务，成功叠加了洗衣、维修、食材配送等线下互补业务，并与加载的互补商签订战略合作协议。

4.5.2 平台转型情境下平台企业经营互补业务的诱发因素

本章分析表明，转型驱动压力是平台转型情境下平台企业经营互补业务的主要诱因。平台转型面临从传统垂直业务向平台业务的过渡，往往需要在资源、组织结构乃至商业模式上进行重构。从平台转型过程来看，平台构建和生态形成是推进平台化转型成功的关键步骤(Gawer and Cusumano，2014)。特别是，转型的制度压力和目标约束都要求企业摒弃传统的价值提供者角色，立足平台发起方和生态协调者的角色定位(Iansiti and Levien，2004)，建立平台企业、互补商和用户共生共荣的生态系统。为此，企业内外部面临的转型压力则成为倒逼企业平台化转型的诱发因素。具体而言，从制度压力的角度看，传统垂直模式价值链条过长、产业协同程度不高、行业过于强调标准化，导致丰富性和多样性不足，行业整体效率不高(陈威如和王诗一，2016)。处于冗长信息链条和同质化服务供应的业务领域不仅加剧了竞争激烈程度，也造成了产业重复投资和浪费。为此，感知环境变动所带来的威胁，要求企业实施平台化转型，而转入平台市场缺乏丰富互补品供给的威胁则直接推动转型平台同步经营互补业务。从目标约束来看，从产品和服务的竞争性提供者转向供需双边市场的撮合平台，这种追求生态成长的导向不仅给转型企业带来更大的市场空间（Adner and Kapoor，2010），也为进一步开发互补市场提供了机会。例如，案例企业 ST 公司从以回单柜提供业务转向基于快件寄、存、送的"速递易"业务，不仅把业务领域扩大到快递物流行业，更为洗衣、购物等线下便民服务搭建了连接平台，从而构建"24 小时便民服务体系"。因而，制度威胁（感知环境威胁）和发展机遇（生态成长导向）的双重感知所形成的转型驱动压力是推动平台企业经营互补业务的诱发因素。

4.5.3　平台转型情境下平台企业经营互补业务的解释逻辑

本章研究发现，转型企业在资源基础条件和互补依赖关系两个关键因素上的差异直接决定平台企业采取何种互补业务经营策略。资源基础条件反映平台企业经营互补业务时是否具备相应的资源条件，主要由独立性资源和系统性资源组成（Miller and Shamsie，1996）。独立性资源往往可以直接应用于互补业务产生价值，如业务技术、资金和研发团队等。系统性资源不能被直接用于互补业务领域，往往用于转化和搜寻必要新资源，从而借助系统网络被间接应用于互补业务。互补依赖关系反映了平台业务与互补业务之间的相互依赖关系（王节祥等，2021），主要体现为架构依赖关系和组件依赖关系。在架构依赖关系下，平台业务和互补业务高度互嵌，互补业务成为平台架构核心层不可或缺的功能模块（Jacobides et al.，2018），对平台生态价值的整体提升均有显著作用。在组件依赖关系下，平台业务与互补业务松散连接，互补业务丰富了平台架构的外围组件（Tiwana，2013），有助于提升平台局部价值。

在平台转型的情境下，平台互补依赖关系与资源基础条件共同影响着平台互补业务的经营策略。当平台企业资源基础条件以独立性资源为主且互补依赖关系为架构依赖关系时，平台企业会倾向于选择移植经营策略，通过改造原有优势资源开发互补业务，扩大平台基础架构的整体价值（如 WS 公司利用原有服务代理技术向线上平台移植代理培训业务）。反之，如果平台企业并不具备很强的独立性资源，为了进入必要互补市场，平台企业就需要运用系统性资源（特别是以系统知识性资源为代表的高阶能力）获取独立性资源，从而为引导用户进入互补市场树立标杆，论证市场前景。例如，DD 公司进入平台业务（3D 素材交易）后，国内广告业务仍然以 2D 为主流，自身也没有 3D 陈设外包业务的经验和资源。因此，为了向 3D 设计师和 3D 素材需求商证明

3D 陈设行业的市场前景和业务优势，DD 公司在调研了解市场需求(发挥市场导向)后自行招聘设计师承接外包业务，从而打消供需方用户的疑虑，吸引新用户加入平台。

相比之下，当互补依赖关系体现为组件依赖关系时，互补业务成为增加平台价值的可选模块(而非必要模块)，提高了平台企业经营的自由裁量权。换言之，互补业务成为平台企业遵循生态成长导向的备选方案，平台对互补业务的依赖性不及架构依赖关系。此时，组件依赖关系与基础资源条件的匹配关系决定平台企业选择导流经营策略还是开放经营策略。如果平台企业具备较强的独立性资源，就会采取嫁接原有业务或基础资源的方式，利用原有成熟业务为平台业务早期建设提供资金、流量和其他支持(HT 公司的第三方物流业务)。反之，如果此时平台企业缺乏提供资源支持的既有成熟业务，就可能利用市场导向、战略合作等系统性资源，收缩经营核心，通过充分开放的方式鼓励互补者经营互补业务。例如，ST 公司推出“速递易”平台业务后，由于缺乏社区线下经营的实际经验和资源(如线下日用品销售、洗衣、维护)，对平台叠加的互补业务类型也不清晰。基于此，ST 公司通过充分开放的方式尝试连接互补者(线下商店、洗衣店、药房等)拓展快递柜的应用场景，最终在洗衣、食材配送等便民生活领域取得成功。

综合上述分析，在平台转型的情境下，平台企业的资源基础水平和依赖关系共同决定互补业务经营决策，具体体现在资源基础条件和互补依赖关系两个维度。据此，本章绘制平台转型情境下平台企业经营互补业务的策略与逻辑，如图 4-2 所示。

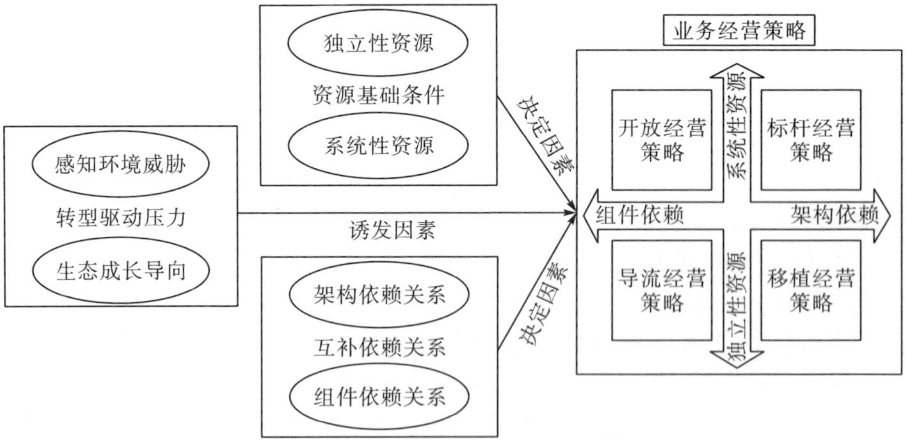

图 4-2 转型情境下平台企业经营互补业务的策略与逻辑

4.6 本章小结

本章基于扎根理论的研究方法展开探索性案例研究，试图厘清平台转型情境下平台企业经营互补业务的策略类型与解释逻辑。结合扎根分析，本章主要得出以下结论。

第一，平台转型情境下平台企业经营互补业务的战略选择类型主要体现为移植经营策略、导流经营策略、标杆经营策略和开放经营策略，四种策略的经营思路和侧重点各不相同。移植经营策略通过移植或改造优势资源，开发形成增强平台基础功能的互补业务，从而为平台核心用户赋能。导流经营通过嫁接原有成熟业务，为平台业务发展提供资金、流量、试验载体等资源支持。标杆经营策略通过平台率先进入互补业务，为互补者论证新生市场的潜在价值，从而引导新用户加入平台。开放经营策略则通过充分开放互补业务市场，激励互补者加入平台提供互补性资源，推动平台与用户共创价值。

第二，感知环境威胁和生态成长导向是平台转型情境下平台企业经营互补业务的诱发驱动因素。迅猛的产业冲击、快速的技术更替和激烈的竞争格局推动着平台企业在平台业务之上不断创建与经营互补业务，从而应对平台化转型时期的环境威胁。同时，生态系统成长要求平台企业关注用户吸引与平台适度开放、侧重整体最优、保持核心控制的同时，倡导价值共创共享。因而，基于生态发展理念，平台企业也需要通过互补业务经营活动的战略选择，实现平台生态良性成长。

第三，平台互补依赖关系和资源基础条件是转型平台企业以何种策略经营互补业务的直接决定因素。具体而言，当转型时期的平台企业拥有较强独立性资源且互补业务呈现架构依赖关系时，平台企业会选择成本最低的移植经营策略，通过移植和改造原有优势资源形成互补业务。当互补业务呈现架构依赖关系且平台企业不具备很强的独立性资源时，平台企业会选择成本较高的标杆经营策略，利用系统性资源网络获取核心资源，直接参与互补业务经营，为供需方用户论证市场前景。当互补业务呈现组件依赖关系且平台企业具备较强的独立性资源时，平台企业会选择导流经营策略，利用原有的成熟业务为平台业务发展提供资金、流量、试验载体等资源支持。当互补业务呈现组件依赖关系且平台企业不具备很强的独立性资源时，平台企业将选择利用系统资源网络开放互补市场，通过激励互补商加入平台，规避价值摩擦，提高生态多样性。

在以往研究中，对于平台企业涉足互补业务的观点褒贬不一，其中平台动机的多元性和研究情景的异质性是形成争议的重要原因。为此，本章通过特定情境(平台转型)探讨互补业务经营，对深入理解平台战略选择过程具有积极意义。结合本章分析结论看来，在平台转型的情境下，平台企业经营互补业务的过程并非过往研究认定的“价值攫取”行为(Evans and Schmalensee，2010)，而是在转型驱动压力下根据资源基础条件和互补依赖关系做出的客观战略选择。对于平台创建和生态形成而言，平台企业经营互补业务更是一种推进平台化转型的必要手段，更加注重平台企业在转型过程中发挥的“生态引领者角色”或“平台领导角色”。因而，在符合平台转型的设定情境时，采取适配的互补业务经营策略不仅不会挤出互补商利益，还有利于推动平台和互补商共创价值。从这个意义上看，本章研究立足于平台转型情境的“资源基础—资源依赖”整合视角，剖析平台企业经营互补业务的“过程黑箱”，突破以往研究单纯关注互补者视角或平台企业与互补者竞争关系的限制，为企业平台化转型和平台生态系统建设提供了新的见解。

结合本章研究结论来看，在依托平台生态化成长路径推进企业成长的过程中，平台企业首要战略选择在于如何审慎选择互补业务经营策略。相比工业经济时代的资源独占型成长路径，平台生态化成长的关键在于推进平台企业与参与者(互补者)之间的资源共享和价值共创，平台企业为了减少价值摩擦须尽量规避与互补者形成直接竞争关系。而在传统企业向平台企业转型的过程中，作为平台领导的平台企业着眼于平台生态的可持续成长，不得不通过适当的互补业务经营活动来保障平台互补品平均质量和经营活力。为此，把握互补业务经营的时机和策略尤为关键。借助平台领导敏锐洞察互补市场和编排平台生态的动态能力，可以帮助平台企业厘清当下具备的资源基础条件和相互依赖关系，从而选择最为合理的互补业务经营策略，推动平台参与成员共生共荣和平台企业持续成长。

参考文献

陈威如, 王诗一, 2016. 平台转型：企业再创巅峰的自我革命[M]. 北京：中信出版社.

宁萍, 杨蕙馨, 2021. 平台企业进入互补市场的动机与策略选择：基于淘宝天猫平台的多案例分析[J]. 经济管理, 43(2): 106-122.

朴庆秀, 孙新波, 苏钟海, 等, 2020. 制造企业智能制造平台化转型过程机理研究[J]. 管理学报, 17(6): 814-823.

王节祥, 陈威如, 江诗松, 等, 2021. 平台生态系统中的参与者战略：互补与依赖关系的解耦[J]. 管理世界, 37(2): 10, 126-147.

Adner R, Kapoor R, 2010. Value creation in innovation ecosystems: How the structure of technological interdependence affects firm performance in new technology generations[J]. Strategic Management Journal, 31(3): 306-333.

Araujo L, Dubois A, Lars E G, 2003. The multiple boundaries of the firm[J]. Journal of Management Studies, 40(5): 1255-1277.

Argyres N, 1996. Evidence on the role of firm capabilities in vertical integration decisions[J]. Strategic Management Journal, 17(2): 129-150.

Eisenmann T R, Parker G, Van Alstyne M, 2009. Opening platforms: How, when and why[J]. Platforms, Markets and Innovation, 6: 131-162.

Evans D S, Schmalensee R, 2010. Failure to launch: Critical mass in platform businesses[J]. Review of Network Economics, 9(4): 1-28.

Gans J S, Stern S, 2003. The product market and the market for "ideas": Commercialization strategies for technology entrepreneurs[J]. Research Policy, 32(2): 333-350.

Gawer A, Cusumano M A, 2002. Platform leadership: How intel, microsoft, and cisco drive industry innovation[M]. Boston: Harvard Business School Press.

Gawer A, Cusumano M A, 2014. Industry platforms and ecosystem innovation[J]. Journal of Product Innovation Management, 31(3): 417-433.

Gawer A, Henderson R M, 2007. Platform owner entry and innovation in complementary markets: Evidence from Intel[J]. Journal of Economics & Management Strategy, 16(1): 1-34.

Gioia D A, Corley K G, Hamilton A L, 2013. Seeking qualitative rigor in inductive research: Notes on the Gioia Methodology[J]. Organizational Research Methods, 16(1): 15-31.

Iansiti M, Levien R, 2004. The keystone advantage: What the new dynamics of business ecosystems mean for strategy, innovation, and sustainability[M]. Boston: Harvard Business School Press.

Jacobides M G, Cennamo C, Gawer A, 2018. Towards a theory of ecosystems[J]. Strategic Management Journal, 39(8): 2255-2276.

McIntyre D P, Srinivasan A, 2017. Networks, platform, and strategy: Emerging views and next steps[J]. Strategic Management Journal, 38(1): 141-160.

Miller D, Shamsie J, 1996. The resource-based view of the firm in two environments: The Hollywood film studios from 1936 to 1965[J]. The Academy of Management Journal, 39(3): 519-543.

Parker G, Van Alstyne M, Jiang X, 2017. Platform ecosystems: How developers invert the firm[J]. Management Information Systems Quarterly, 41(1): 255-266.

Poppo L, Zenger T, 1998. Testing alternative theories of the firm: Transaction cost, knowledge-based, and measurement explanations for make-or-buy decisions in information services[J]. Strategic Management Journal, 19(9): 853-877.

Santos F M, Eisenhardt K M, 2005. Organizational boundaries and theories of organization[J]. Organization Science, 16(5): 491-508.

Tiwana A, 2013. Platform ecosystems: Aligning architecture, governance and strategy[M]. Waltham: Elsevier.

Williamson O E, 1981. The economics of organizations: The transaction cost approach[J]. American Journal of Sociology, 87(3): 548-577.

Williamson O E, 1991. Comparative economic organization: The analysis of discrete structural alternatives[J]. Administrative Science Quarterly, 36(2): 269-296.

Zhu F, 2019. Examining platform owners' entry into complementors' spaces[J]. Journal of Economics & Management Strategy, 28(1): 23-28.

Zhu F, Iansiti M, 2012. Entry into platform-based markets[J]. Strategic Management Journal, 33(1): 88-106.

Zhu F, Liu Q, 2018. Competing with complementors: An empirical look at Amazon. com[J]. Strategic Management Journal, 39(10): 2618-2642.

第 5 章　平台领导与生态化成长：电商平台企业平台竞争力前因组态

5.1　问 题 背 景

电商是通过互联网等信息网络销售商品或者提供服务的经营活动，是数字经济和实体经济的重要组成部分，是催生数字产业化、拉动产业数字化、推进治理数字化的重要引擎。中华人民共和国商务部等多部门联合出台的《“十四五”电子商务发展规划》指出，2020 年我国电商交易额达到 37.2 万亿元，比 2015 年增长 70.8%。电商交易额的快速增长离不开电商平台的推动，依赖于电商平台竞争力的不断提升。理论研究指出，电商平台企业成长及电商平台竞争力的塑造都与平台领导角色作用的发挥息息相关(张镒等，2020)。作为电商平台生态的核心角色，电商平台领导在推动电商平台交易效率提升和创新驱动方面发挥着关键引领作用，是推动电商平台竞争力提升的重要力量(Gawer and Cusumano，2014)。鉴于此，探究平台领导因素对电商平台竞争力构建的影响过程成为亟待考察的热点话题。

围绕这一话题，当前研究主要以线性因果关系为基础展开实证分析和案例讨论，通过对平台领导角色作用的研究(罗珉和杜华勇，2018；Cusumano and Gawer，2002；Evans，2003；肖红军，2020；Fontana and Greenstein，2021)，系统考察特定情境下平台竞争力构建的影响关系。当前研究围绕平台领导视角在推进电商平台竞争力分析进展的同时，仍然忽略了两个关键问题。第一，现有研究大多笼统地将电商平台视为“同质化”个体，基于传统的“赢家通吃”(winner take all)逻辑分析竞争力构建过程。然而，平台领导对电商平台竞争力的推动作用还可能因电商平台类别的不同而产生差异。在产业互联的时代背景下，除了传统的综合电商平台，大量细分行业的垂直电商平台也不断涌现(McIntyre et al.，2021)。不同于综合电商“大而全”的平台领导经营思路，垂直电商更加专注特定行业或用户群体，以“小而美”的平台领导经营思路塑造差异化竞争力构建路径(王节祥等，2021a)。可见，现有研究忽略了平台领导视角下由于电商平台类别差异(综合电商平台和垂直电商平台[①])可能产生的竞争力构建思路的差异。第二，在研究范式上，现有研究大多依赖于相关分析思路，解析单因素对竞争力构建的“净效应”，而平台竞争力往往受到多重因素的交互影响(陈武和李燕萍，2018)。因此，单因素的“净效应”分析可能难以独立解释平台竞争力。

对身处移动互联网时代的电商企业而言，在依托平台生态化成长助力平台企业可持续发展的过程中，电商平台竞争力的塑造直接关乎电商平台企业的成长速度和成长质量，而作为平台领导者的电商平台企业如何构建平台竞争力成为关乎平台生态化成长效果的关键战略抉择。为此，本章回归平台竞争力构建的关键主体(电商平台企业)，从平台领导视角分析电商平台竞争力的前因组态。具体而言，结合必要条件分析(necessary condition analysis，NCA)方法与模糊集定性分析(fuzzy-set qualitative comparative analysis，fsQCA)方法，本章围绕研究问题“什么样的因素组合有利于推动电商平台竞争力构建”，分析平台领导视角下前因条件对电商平台竞争力构建的必要性程度，深入考察电商平台产生高竞争力和低竞争力的前因组态。研究发现，单一前置因素均不构成电商平台竞争力的必要条件，电商平台竞争力的前因组态存在“殊途同归”和“非对称因果”特性，且垂直电商平台与综合电商平台存在截然不同的平台竞争力构建逻辑。

5.2 文献回顾与研究框架

5.2.1 平台竞争力与平台领导

平台竞争指不同平台之间、不同参与主体之间(不同平台企业和平台用户)为相同目标或资源所采取的对抗行动，平台竞争的结果往往体现为强势平台(部分或全面)占据竞争优势(孙震等，2021)。因而，电商平台所获取的竞争优势地位也被直观地理解为平台竞争力(陈武和李燕萍，2018)。按照竞争层次的差异，可将平台竞争划分为平台间竞争与平台内竞争两个层面。平台间竞争主要讨论独立的平台之间如何采取行动策略以抢占市场。例如，通过歧视性定价(毕菁佩和舒华英，2016)、补贴策略(雷丽彩和高尚，2020)、转嫁成本(Cennamo and Santalo，2013)等定价策略，以及背负策略(宣晓等，2018)、平台包络(Eisenmann et al.，2011)、排他性协议(Cennamo and Santalo，2013)、独特定位策略(Cennamo，2021)等非价格策略争夺共有用户基础，或是塑造先占优势。平台内竞争主要讨论相同平台内不同主体之

① 事实上，由于平台具有极强的包络特征(Eisenmann et al.，2011)，严格区分垂直电商平台与综合电商平台较为困难。本章以平台产品/服务市场(行业)多样性来区分，垂直电商平台服务于单一市场(行业)，综合电商平台则服务于多品类(多行业)或全品类市场。

间为了获取价值或维护秩序所采取的竞争行动。例如，平台自营策略（平台与供方用户竞争）（杜华勇等，2021a）、平台过滤策略（平台与劣质用户竞争）（Parker et al.，2016）、参与者策略（用户与用户争夺平台资源）（王节祥等，2021b）等。总体来看，无论哪个层面的平台竞争，都离不开作为平台领导[①]的电商平台企业，其领导角色作用的发挥，对构建电商平台竞争力至关重要。一是因为平台企业处于平台网络的核心地位，承担着引领生态、创新驱动、维护秩序等多重职能（罗珉和杜华勇，2018）；二是因为平台企业与平台生态的利益捆绑关系，决定了平台企业与平台生态共生共融的发展格局（Gawer and Henderson，2007）。从这个意义上看，推动平台领导力提升的因素，也是推动电商平台竞争力构建的关键影响因素。

5.2.2　平台领导视角下电商平台竞争力的影响因素

围绕电商平台竞争力影响因素的问题，在平台领导力提升的影响因素方面，当前研究主要基于电商平台企业如何有效发挥平台领导的角色作用展开讨论。在早期的研究中，Cusumano 和 Gawer（2002）提出，塑造平台竞争力必备的有效平台领导取决于四个方面：界定产品市场范围、明确产品技术架构、管理与外部互补者（用户）的关系、协调内部组织利益。随后，Evans（2003）也在研究中提出，平台领导塑造平台竞争力依赖于平台企业发挥三种重要角色：交易促成者、受众汇聚者、需求协调者。Fontana 和 Greenstein（2021）的研究强调借助产业重组者角色，电商平台有利于谋求长期竞争优势。肖红军（2020）则强调平台领导的责任担当角色，通过尽责自治、督责互治和拓责共治解决平台结构性功能失灵，避免竞争力丧失。罗珉和杜华勇（2018）提出，平台领导可以利用自身的多重互补角色的发挥，创造出线性企业难以企及的战略弹性，进而成为塑造电商平台竞争力的先决条件。张镒等（2020）的研究进一步将平台领导力影响因素提炼为与平台领导力有关的四种角色：资源编排者、架构缔造者、关系协调者和创新引领者。在分析范式上，现有研究大多基于理论分析或案例分析，探究平台领导角色作用对竞争力构建的作用过程，少量实证分析则主要侧重于通过相关分析探究单个因素对平台竞争创新结果的“净效应”（张镒和刘人怀，2020）。应当看到，尽管在平台领导角色划定上有所不同，但现有研究都强调通过交易促成、用户汇集、关系协调、创新引领等方面提升平台领导力，以塑造电商平台竞争力。据此，可结合平台领导发挥不同角色作用所对应的关键因素的思路，梳理电商平台竞争力的影响因素。

在推动平台领导力的交易促成方面，解决信息不对称问题成为电商平台企业

① 名词意义的平台领导是指平台企业围绕生态群落的服务引导和创新驱动的领导角色（Gawer and Cusumano，2002）。随着国内外学者对其领导实质、领导作用和领导过程的不断探究，逐步形成了相对成熟的平台领导理论（Gawer and Cusumano，2014；张镒等，2020；Fontana and Greenstein，2021）。

竞争的基本立足点。相比生态内的其他成员，电商平台由于连接多边用户，具有天然的网络中介优势，往往可以通过虚拟或物理的平台界面和规则使电商交易透明化、可视化(汪旭晖和王东明，2020)。特别是，电商平台通过线上或线下的服务体系(订单、支付、物流、交付、售后等系统)保证交易从前端到后端的可视化监管和追踪，降低了用户选择、磋商、支付的成本，大幅降低用户交易成本。因而，借助电商平台，电商平台企业可以凭借更低的交易费用率获得多边用户青睐。

在推动平台领导力的用户汇集方面，充分开放的平台架构对发展新用户和增加生态多样性具有积极作用。相对于封闭的平台而言，开放的平台不仅可以让用户更顺利地参与平台，也推动了生态种群多样化发展(Eisenmann et al.，2009)、互补者创新(Gawer and Cusumano，2014)和价值创造潜力的提升(Ondrus et al.，2015)。当然，毫无限制地开放，也可能造成平台质量下降和互动体验不佳等问题(Boudreau，2010；Jeon and Rochet，2010)，进而导致用户遗弃平台或转向竞争对手的平台(Tiwana，2015)。为此，电商平台开放度对平台竞争力塑造可能会产生“双刃剑”效应，完全无节制地开放可能导致平台质量下降，完全控制或设置太多过滤机制又可能会产生价值摩擦，用户可能因为烦琐的要求和流程而拒绝使用平台。为此，电商平台开放度对平台竞争力有直接影响，但并不能独立解释平台竞争力。

在推动平台领导力的关系协调方面，由于用户(特别是互补者)在平台内投资专用性资产时会产生互补性和依赖性同升同降的问题(王节祥等，2021)，电商平台与多边用户保持松散耦合的网络关系可以有效降低平台对少数核心用户的依赖，提升电商平台对生态的控制力。反之，如果电商平台企业依赖于少数核心用户，则对平台竞争力的影响效果可能适得其反。在此情形下，电商平台企业不仅不能有效控制平台生态，反而因为被少数核心用户锁定而失去战略弹性，生态对环境的适应柔性降低(罗珉和杜华勇，2018)。

在推动平台领导力的创新引领方面，平台塑造的独特身份定位对推动平台市场创新和繁荣至关重要。平台独特性是指平台在利基市场创造的与竞争对手不相似的市场定位，可以反映为平台架构和平台内容两方面的独特性(Cennamo and Santalo，2013)。前者强调平台的界面、功能或服务模块呈现出不同于对手的独特性，后者则强调平台上的产品、服务、体验、配套互补品等平台内容的独特性，是电商平台企业驱动用户共同创新的结果(Cennamo，2021)。在激烈的市场竞争中，电商平台可以凭借独特的平台架构和平台内容为用户提供附加值更高的服务，从而打破电商平台“赢家通吃”的规律(Cennamo and Santalo，2013)，创造利基市场的有利地位。

除了上述因素，平台领导对电商平台竞争力的影响关系也可能因电商平台类别差异而形成不同的竞争力塑造思路。尽管就理论而言，综合电商平台的用户规模增长突破“临界规模”带来网络效应的正向反馈，从而推动平台市场走向“赢家通吃”格局(Van Alstyne et al.，2016)。为此，综合电商平台采取“大而全”的平台领导经营思路，有助于通过多样化的产品体系和有效服务塑造竞争力。然而，对于垂直电商平台而言，其用户偏好并不等同，而是存在差异化、独具异质性的用户需求(Eisenmann et al.，2006；Armstrong and Wright，2007)。平台用户之间呈现为非对称的、局部网络效应(Suarez，2005)。垂直电商平台中高度异质性的用户需求使“赢家通吃”逻辑受到严重挑战(Cennamo and Santalo，2013)。为此，服务单一市场的垂直电商平台可能更需要利用差异化的平台身份定位(王节祥等，2021a)，通过“小而美”的平台领导经营思路满足用户的异质性需求。例如，通过进入垂直领域打造产业互联网平台，或是聚焦本地化服务市场提供区域内高度定制化的服务(杜华勇等，2021b)。同时，电商平台具备交易和创新双重属性(Gawer and Cusumano，2014)，交易属性遵循“效率”逻辑，旨在全面提升平台服务效率以构建竞争优势；创新属性遵循“创新”逻辑，旨在通过全新独特体验构建竞争优势。不同类别电商平台也可能由于平台属性的偏重产生不同的竞争力构建思路。鉴于此，考虑到平台领导力因素对电商平台竞争力的影响可能因电商平台类别的不同产生差异，需要将电商平台类别纳入分析框架。

5.2.3　研究框架

综合上述分析，当前研究结合不同竞争策略和分析方法对不同的平台竞争层面展开分析，综合交易促成、用户汇集、关系协调、创新引领等方面，解析了平台领导视角下平台领导角色作用发挥对电商平台竞争力构建的影响关系，极大推进了关于平台竞争力的研究。然而，囿于理论视角和分析范式的限制，当前研究侧重考察单一因素对电商平台竞争力的“净效应”，忽略了多因素间的内在依存关系和“组态效应”。同时，基于电商平台“同质化”的假设也没有考虑到可能由于电商平台类别差异造成平台领导力因素推动竞争力构建思路上的差异，弱化了学界对电商平台竞争力内在构建过程的微观理解。为此，本章立足平台领导视角，以平台领导视角为切入点，综合运用 NCA 方法和 fsQCA 方法分析电商平台竞争力的必要条件和前因组态。其中，交易费用率、用户依赖性、平台开放度、平台独特性等平台领导力相关因素与电商平台类别，综合构成平台竞争力的组态因素，共同影响平台竞争力。本章提出研究框架如图 5-1 所示。

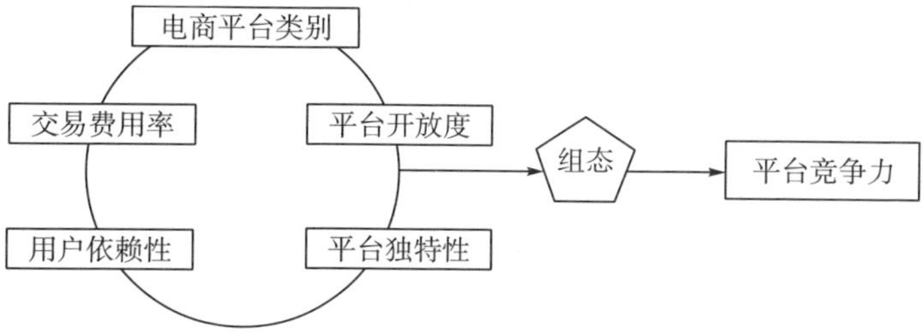

图 5-1　研究框架

5.3 研究设计

5.3.1 研究方法

本章关注平台领导视角下前置因素如何塑造电商平台竞争力，在塑造电商平台竞争力的过程中是否存在“殊途同归”的多种竞争力塑造路径。具体而言，综合交易费用率、电商平台类别、平台开放度、用户依赖性和平台独特性五个因素，综合考察前因条件如何共同影响电商平台竞争力，适合采用 NCA 和 fsQCA 相结合的方法展开分析。首先，定性比较分析(qualitative comparative analysis，QCA)方法侧重多重复杂因果关系，以集合为核心的“组态”思想替代“净效应”(杜运周等，2021)，输出结果是条件组合而不是讨论单个变量对结果的“净影响”，更加符合经验事实。其次，鉴于 QCA 方法只能定性地描述某个条件是否为必要条件，而结合 NCA 方法可以依据单一要素 NCA 和瓶颈水平分析判别前因条件的“必要程度”(Dul，2016a)，同时，NCA 方法可对每个前因条件单独执行分析，使必要条件的效应量不受模型中其他条件的影响(Dul，2016b)。再次，在因果构型上，QCA 强调因果等效性，即多条不同的原因组合可能导致相同的结果，同时，同样的条件在不同的案例中发挥的作用也不完全相同(Fiss，2011)。最后，QCA 方法通过集合关系推断条件与结果的因果联系，并可基于结果状态的高低隶属情况考察前因组态是否具有“不对称因果关系”，从而为竞争力塑造提供更为细致的实证支持。在 QCA 具体的方法类型选择上，鉴于 fsQCA 可以兼顾类别和程度问题(张明等，2020)，能够通过更加细致的隶属度划分揭示潜在组态，故选择 fsQCA 方法分析电商平台产生高竞争力和低竞争力的前因组态。因而，结合 NCA 和 fsQCA 方法能够准确判别前因条件的必要性程度和组态类型，从而有助于在平台领导视角下回答研究问题“什么样的因素组合有利于推动电商平台竞争力构建”。

5.3.2 样本选择与数据来源

鉴于本章同时关注垂直电商平台和综合电商平台，涉及领域较广且对电商平台知名度要求较高，本章以中国知名电商智库网经社电子商务研究中心的《2019年度中国电商百强数据报告》(网经社电子商务研究中心，2020)(以下简称《百强报告》)中的电商平台企业为数据研究样本，结合 CSMAR 数据库和 Wind 经济数据库两大数据库综合搜集数据，同时结合巨潮资讯网和各电商平台在线商城或应用程序补足部分变量涉及的数据。具体而言，首先，本章根据《百强报告》公布的 185 家电商平台企业筛选出截至 2020 年 9 月 1 日在中国境内外上市的企业样本 83 家(沪深上市 22 家，赴港上市 24 家，赴美上市 37 家)。其次，结合变量数据搜集情况剔除部分变量数据缺失的样本，最终保留 79 家上市电商平台样本。最终数据样本除了综合电商平台，也包括大量专注服务于餐饮、住宿、医疗、家电、服装等细分领域的垂直电商平台。79 家数据样本的基本情况如表 5-1 所示。由此，门类多样的电商平台样本亦有利于本章划分电商平台竞争力组态类型。

表 5-1　数据样本基本概况

涉及项目	基本情况	
电商平台类别	垂直电商平台 51 家	综合电商平台 28 家
公司上市地点	境内上市 22 家	境外上市 57 家
公司成立年限	成立 10 年以下 34 家	成立 10 年及以上 45 家
百强榜排名	排名 100 位以内 51 家	排名 100 位及以上 28 家
公司市场价值	市值低于 10 亿美元 35 家	市值 10 亿美元及以上 44 家
公司员工人数	员工数 1000 人以下 41 家	员工数 1000 人及以上 38 家

5.3.3　条件选择与测量

结合前文分析框架，本章选择交易费用率、电商平台类别、平台开放度、用户依赖性和平台独特性作为前因条件，将平台竞争力作为结果条件。对于结果条件，电商平台竞争力旨在衡量电商平台创造的竞争优势。《百强报告》正是依据平台的竞争力综合拟定排名，能够较好地反映电商平台在全国范围内的优势地位。为此，本章以《百强报告》的竞争力排名为基准，通过将排名位次数据去量纲化处理，转化为反映平台竞争力的正向指标。具体公式如下。

$$\mathrm{PC}_i = \frac{\mathrm{Max}(x_i) - x_i}{\mathrm{Max}(x_i) - \mathrm{Min}(x_i)}$$

其中，PC 为电商平台竞争力；x_i 为电商平台 i 的竞争力排名位次；$\mathrm{Max}(x_i)$、$\mathrm{Min}(x_i)$ 为所有位次的极大值和极小值。

对于前因条件的测量具体如下。①电商平台类别旨在衡量电商平台属于经营多行业(市场)的综合电商平台还是专注于单一行业(市场)的垂直电商平台，结合《百强报告》给出的电商行业分类信息，采用二分类别加以区分，0 表示综合电商平台，1 表示垂直电商平台。②交易费用率旨在衡量电商平台的交易费用的高低。考虑不同行业间交易费用差异较大，结合郑军等(2013)的研究，采用交易费用率作为测算指标，公式为交易费用率=销售费用/主营业务收入，指标数据来自 CSMAR 数据库和 Wind 经济数据库。③平台开放度衡量电商平台在多大程度上对平台用户开放，参考 Jacobides 等(2006)、Parker 和 Van Alstyne(2009)与 Benlian 等(2015)的研究，综合用户注册难度、审核要求和是否易于多归属三个维度，分别从供方用户和需方用户角度综合测量。具体思路如下。首先，根据电商平台官网查找其主要在线商城网站或应用程序。其次，邀请被试(硕士研究生、博士研究生)模拟供方和需方用户注册，记录注册难度、审核要求和易于多归属三方面的具体要求与感受(每个平台至少分配两人独立注册以减少主观偏见)。最后，邀请专家根据被试记录和描述的信息判断平台开放度并在 0.05、0.33、0.67、0.95 四值中选择一个赋值①，再参考相似研究(池毛毛等，2017)对供方用户开放度和需方用户开放度赋值取均值。④用户依赖性衡量电商平台是否依赖少数核心用户。借鉴何小杨(2011)和 Kong(2011)的企业关系网络测量方法，通过前五大供应商采购占比和前五大客户销售占比的平均值反映电商平台的用户依赖性。数据来自 CSMAR 数据库和 Wind 经济数据库，缺失数据通过下载年报和官方信息补齐。⑤平台独特性衡量平台是否具备独特的身份定位，借鉴 Cennamo 和 Santalo(2013)与 Cennamo(2021)的研究，通过平台架构独特性和平台内容独特性两方面加以衡量。具体而言，以电商平台官方商城或应用程序信息为基础，邀请被试详细记录平台界面体验、基本功能、平台上主要产品特色及配套服务信息，并详尽记录与同类平台可能存在的差异。随后，邀请专家依据上述信息对平台架构独特性(界面和功能)、平台内容独特性(主要产品及配套服务)在 0.05、0.33、0.67、0.95 中选择一个进行赋值，并根据两者的均值确定平台独特性的数值。

5.3.4 结果与条件的校准

参照 fsQCA 的数据要求，对搜集到的原始数据进行校准。未经校准的数据由于测量尺度和绝对值差异的问题，并不能准确反映在某个条件上的隶属情况。为此，将案例和条件赋予集合隶属度分数(Schneider and Wagemann，2012)的校准工作，可以有效刻画条件的隶属属性。然而，相对于自然科学的直观测量标准，社会科学研究相对缺少直观标准作为校准参考依据(Ragin，2008)。本章中所构建的研究框架依据平台领导理论及平台竞争战略的文献整理得出，在研究问题上缺少可参考的理论经验和实践指南。在三个定性锚点的确定上为避免主观偏见，采用主流的分位

① 判别维度主要根据平台双边(供方用户和需方用户)角度理解注册或使用某一电商平台来判断。判别维度包括：①注册难度低；②审核与资质要求少；③易于多归属(便于使用其他同类平台)。满足①②③赋值 0.95，满足①②或①③赋值 0.67，满足②③赋值 0.33，只满足一条赋值 0.05。结合 Jacobides 等(2006)、Parker 和 Van Alstyne(2009)与 Benlian 等(2015)的研究，具体判别准则如下。①注册难度。主要根据该平台是否易于查找(是否只能通过应用程序下载，而不能通过网页或小程序等其他端口进入，即单一端口还是多端口进入)、界面是否友好、注册程序是否简单易懂。②审核与资质。注册及使用是否要求提供信息，是否涉及一条以上隐私信息，是否要求提供相应资质或证明(即是否每个人注册都涉及个人资质或隐私信息，如执照、驾照、职业资格、健康状况证明等)。③易于多归属。市场上有无同类平台，与同类平台的相似度。

数值法确定锚点的校准参考值。具体而言，结合主流的四分位数刻度法，本章将前因条件与结果条件的数据校准参考值完全不隶属、交叉点、完全隶属分别设置为25%、50%和 75%分位数。具体的数据校准参考值如表 5-2 所示。

表 5-2　数据校准参考值

集合	完全不隶属	交叉点	完全隶属
平台竞争力	0.35	0.58	0.80
电商平台类别	0.00	0.50	1.00
平台开放度	0.50	0.80	0.95
交易费用率	6.32	17.54	36.93
用户依赖性	10.00	19.85	36.21
平台独特性	0.19	0.50	0.81

5.4　实 证 分 析

5.4.1　fsQCA 的必要性分析

必要性分析可被用于检验前因条件是否构成结果条件的必要条件，即前因条件是否可以独立解释结果条件(Ragin，2008)。本章首先使用 fsQCA 3.0 软件进行NCA，当前因条件的一致性系数(consistency)大于 0.9，可判断为近似必要条件，即前因条件的出现必然引致结果条件的产生。本章针对五个前因条件交易费用率、电商平台类别、平台开放度、用户依赖性和平台独特性对结果条件高竞争力与低竞争力的必要性分析结果如表 5-3 所示。从结果来看，前因条件均对结果条件有一定解释力，但都不构成近似必要条件。

表 5-3　fsQCA 方法的必要性分析结果

条件	高竞争力		低竞争力	
	consistency	coverage	consistency	coverage
电商平台类别	0.65	0.55	0.63	0.50
～电商平台类别	0.41	0.53	0.44	0.55
平台开放度	0.43	0.56	0.45	0.57
～平台开放度	0.67	0.56	0.65	0.53
交易费用率	0.52	0.56	0.51	0.53
～交易费用率	0.56	0.54	0.57	0.53
用户依赖性	0.46	0.48	0.60	0.61
～用户依赖性	0.63	0.62	0.49	0.47

续表

条件	高竞争力		低竞争力	
	consistency	coverage	consistency	coverage
平台独特性	0.65	0.67	0.46	0.45
～平台独特性	0.47	0.47	0.67	0.65

注：“～”表示“低”或“非高”。

5.4.2　必要条件分析

为了进一步考察单一条件对于结果条件的必要性程度，本章借助 R 软件开展 NCA 方法的单一必要条件分析和瓶颈水平分析，结果如表 5-4 和表 5-5 所示。其中，为了比较测试结果，形成更为稳健的结论，采用回归上限技术（ceiling regression，CR）和包络上限技术（ceiling envelopment，CE）两种不同方法分别计算效应量等数值，瓶颈水平分析遵循连续变量的准则采用上限回归—自由处置式（ceiling regression-free disposal hull，CR-FDH）技术方法加以分析。按照该方法提出者 Dul 等（2020）的建议，判别前因条件为必要非充分条件需要满足两个前提：①单一条件的效应量大于等于 0.1；②根据置换检验（置换次数为 10 000 次）的显著性 P 值达到显著水平。从表 5-4 的分析结果来看，所有前因条件的效应量均为 0，均不构成结果的必要非充分条件。同时，进一步结合表 5-5 瓶颈水平分析结果来看，要实现 100%的高电商平台竞争力，平台开放度须达到 1.1%的水平，交易费用率达到 1.0%的水平，其余条件均不存在瓶颈水平。因此，虽然平台开放度和交易费用率在一定水平上对结果条件具备必要性，但其效应量微乎其微。所有前因条件均不是结果的必要条件，符合 fsQCA 的基本原则，适合进一步采用充分性分析考察前因条件的组态效应。

表 5-4　NCA 方法单一必要条件分析结果

条件	估计方法	精确度/%	上限区域	范围	效应量（d）	P 值
电商平台类别	CR	100	0.00	0.90	0.00	1.00
	CE	100	0.00	0.90	0.00	1.00
平台开放度	CR	100	0.00	0.95	0.00	0.28
	CE	100	0.00	0.95	0.00	0.28
交易费用率	CR	100	0.00	0.99	0.00	0.15
	CE	100	0.00	0.99	0.00	0.14
用户依赖性	CR	100	0.00	0.99	0.00	1.00
	CE	100	0.00	0.99	0.00	1.00
平台独特性	CR	100	0.00	0.98	0.00	1.00
	CE	100	0.00	0.98	0.00	1.00

注：分析效应量（d）时，$0<d<0.1$，属于低水平影响。

表 5-5　NCA 方法瓶颈水平分析结果(CR-FDH，NN=不必要)

平台竞争力	电商平台类别	平台开放度	交易费用率	用户依赖性	平台独特性
0	NN	NN	NN	NN	NN
10	NN	NN	NN	NN	NN
20	NN	NN	NN	NN	NN
30	NN	NN	NN	NN	NN
40	NN	NN	NN	NN	NN
50	NN	NN	NN	NN	NN
60	NN	NN	NN	NN	NN
70	NN	NN	NN	NN	NN
80	NN	NN	NN	NN	NN
90	NN	NN	NN	NN	NN
100	NN	1.1	1.0	NN	NN

5.4.3　充分性分析

充分性分析可以考察导致结果出现的前因条件的组态，从而指明多重路径引致相同结果的“殊途同归”特性。同时，还可以通过同时考察高隶属结果和低隶属结果在前因条件组态上的差别，揭示组态分析的“非对称因果”特性。本章旨在分别揭示促进和抑制电商平台竞争力的前因组态，故而在分析思路上同时考察产生高竞争力和低竞争力的前因组态。同时，依照组态理论化过程的基本要求，依据各组态构成特征和理论经验对组态进行命名(Furnari et al.，2020)。在具体操作上，结合已有研究经验(杜运周等，2020)，本章采用 fsQCA 软件将校准后的数据模糊集转换成真值表，设定相关阈值(原始一致性阈值为 0.8，PRI[①]阈值为 0.7，案例频数阈值为 1)。随后，进行反事实分析，鉴于缺少理论经验参考且必要性分析并未出现必要条件，将所有前因条件设置为出现与否都可能影响结果。其后，开展充分性分析，并根据结果汇报的三种解选择中间解和简约解作为比较的对象。按照 QCA 经验，将同时出现在中间解和简约解的条件设定为核心条件，将只在中间解出现的条件设定为边缘条件(Ragin，2008)。最后，根据条件组态和系数整理绘制充分性分析的图形表达，大号实心圆●表示核心条件存在，大号带叉圆⊗表示核心条件缺席，小号实心圆•表示边缘条件存在，小号带叉圆⊗表示边缘条件缺席(Ragin and Fiss，2008)。参照上述思路，本章针对电商平台高竞争力和低竞争力的充分性分析结果如表 5-6 所示。

① 比例减少不一致性(proportional reduction of inconsistency，PRI)。

表 5-6 充分性分析

条件	高竞争力					低竞争力		
	H5-1a	H5-1b	H5-2	H5-3	H5-4	L5-1	L5-2	L5-3
电商平台类别	⊗	⊗	•	●	•	⊗	●	●
平台开放度	•			⊗	●	⊗		●
交易费用率	⊗	⊗	●	⊗		●	⊗	●
用户依赖性	⊗	⊗	⊗	●	⊗	•	●	⊗
平台独特性		•	●	●	●	●	⊗	⊗
原始覆盖度	0.13	0.11	0.25	0.12	0.21	0.12	0.18	0.15
唯一覆盖度	0.06	0.02	0.07	0.06	0.04	0.07	0.13	0.10
一致性	0.80	0.86	0.85	0.88	0.88	0.81	0.86	0.87
总体覆盖度			0.48				0.36	
总体一致性			0.84				0.85	

注："●"表示核心条件"存在"；"•"表示边缘条件"存在"；"⊗"表示核心条件"缺失"；"⊗"表示边缘条件"缺失"，空白单元格表示该条件存在或缺失都不影响结果；H5-1a、H5-1b、H5-2、H5-3、H5-4 分别表示高竞争力的各组态，L5-1、L5-2、L5-3 分别表示低竞争力的各组态。

1. 产生高竞争力的组态

从表 5-6 中得知，产生高竞争力的组态共有 5 个，涉及 4 类组态。充分性分析结果表明，总体解的一致性系数达到 0.84，各组态解的一致性系数也超过 0.8 的阈值，表明模型一致性程度较高。组态总体解的覆盖度为 0.48，远远高于单个组态的覆盖度，表明联合组态具有较强的解释力。具体而言，5 个高竞争力组态的构成情况如下。

1) 综合电商主导的开放驱动型

组态 H5-1a 表明综合电商平台的低交易费用率和低用户依赖性作为核心条件，高平台开放度作为边缘条件，平台独特性出现与否对结果无影响。组态 H5-1a 表明对综合电商平台而言，在交易成本较低的情形下可以不依赖于少数核心用户群体，而是通过充分开放的平台架构引导用户加入平台，打造用户基础。对该类平台而言，无论是供方还是需方用户市场都充分开放，以便更多的用户采用平台服务，同时平台自身为了确保整体服务质量也会加强服务体系的完善，通过高效均等化服务提升平台增长潜力。在组态案例中，阿里巴巴旗下的大部分平台无论是面向商家还是面向消费者都完全开放，用户可以轻易地加入和使用平台。一方面，阿里巴巴整合的配套闭环服务体系带来了显著的交易成本优势，为电商交易提供良好的基础条件。另一方面，大量用户使用平台也会增加平台专用性资产的投资(如评价、信誉、装饰、推广等方面的投入)，推动平台与用户形成更紧密的利益联接关系，促进平台服务的不断完善和创新。长此以往，该类综合电商平台通过大量活跃用户互动，将沉淀出不可替代的数据资产，又进一步成为平台实施精准营销和业务推送的必要条件，打造平台的边界资源“高地”。

2)综合电商主导的独特定位型

组态 H5-1b 表明综合电商平台的低交易费用率和低用户依赖性作为核心条件，高平台独特性作为边缘条件，平台开放度的高低对结果没有显著影响。组态 H5-1b 揭示了综合类电商平台在具备交易费用优势的条件下通过均值化服务和打造独特定位而赢得优势。此时平台创造的独特性是基于其共有用户基础，而非依赖少数核心用户群体。对于全品类综合电商平台而言，平台覆盖的产品领域广，平台间围绕相同用户基础的争夺十分激烈，容易造成“赢家通吃”格局。为此，要想在竞争激烈的综合电商服务市场拔得头筹，就必须在交易服务环节提供更优质精细的服务，从而以独特定位赢得用户市场。在组态案例中，苏宁易购围绕全品类商品提供完善的交易、对话、支付、物流和售后服务，同时在线下搭建覆盖全国的全场景购物网络，打造独特的“全场景智慧零售”身份标签，实现电商平台线上线下的全渠道、多场景融合。

3)垂直电商主导的独特定位型

组态 H5-2 表明垂直电商平台的高交易费用率、低用户依赖性和高平台独特性作为核心条件，平台开放度的高低对结果没有显著影响。组态 H5-2 揭示了垂直电商平台在不具备交易费用优势的情况下，可以利用服务共同用户基础的独特平台定位打造新颖的身份标签，从而塑造竞争优势。与组态 H5-1b 不同的是，组态 H5-2 平台内容独特性更强，旨在利用独特的平台产品和配套体系打造差异化定位。在组态案例中，从线下起家的良品铺子对零食零售有着深刻的理解，在产品销售上针对休闲零食的区域性口味差异开设产品品类不同的门店，采取“旗舰店塑品牌、标准店增毛利、加盟店促扩张”的思路推进生活化品牌塑造和市场占领。

4)垂直电商主导的核心用户依赖型

组态 H5-3 表明垂直电商平台的低交易费用率、高用户依赖性和高平台独特性构成该组态的核心条件，低平台开放度作为边缘条件。组态 H5-3 揭示了垂直电商平台构建竞争力的另一种思路：通过限制开放策略，服务细分市场的核心用户群体，以打造独特身份，推动平台优势塑造。对于垂直电商平台而言，平台上的产品(服务)品类较综合电商平台更少，服务的目标客户群体要求更高，服务的定制化需求更高，导致其在平台发展思路上不能单纯依靠快速做大(get big first)的方式谋求单方面用户体量的增加(Cennamo and Santalo，2013)。相反，这类电商平台须从一般用户中精准识别存在长期需求的核心用户群体，通过提供交易成本更低的定制服务方案赢得核心用户青睐或是与用户达成联系更紧密的战略合作。在组态案例中，南极电商与其前五大供应商和客户的项目合作金额平均占比达到54%，且交易费用率不到3%。正是南极电商通过限制开放策略过滤用户群体，精准服务核心用户以提升用户体验，形成了垂直电商平台与核心用户的紧密嵌套关系，使其品牌授权商数量在6年内增长了460%。

5)垂直电商主导的开放驱动型

组态H5-4表明垂直电商平台的高平台开放度、低核心用户依赖性和高平台独特性作为该组态的核心条件，交易费用率的高低对结果没有显著影响。组态H5-4表明了垂直电商平台在不依赖核心用户的情况下，也可以通过充分开放平台架构和服务专业细分市场打造独特身份标签，提升竞争力。在组态案例中，滴滴出行作为国内较早的出行交易平台，基于简单易懂的服务体系，通过差异化设置快车、顺风车、拼车、专车等业务模块，满足出行者在出行成本、等待时间、司乘服务、送达效率等方面的异质性需求，从而先于其他平台培养用户的出行习惯，使其产生较强的平台认同度。截至2021年3月底，滴滴出行全球年活跃用户达到4.93亿人次，全球年活跃司机达到1500万人。

2. 产生低竞争力的组态

表5-6显示，产生低竞争力的组态有3个，涉及3类组态。充分性分析结果表明，总体解的一致性系数达到0.85，各组态解的一致性系数也超过0.8的阈值，表明模型一致性程度较高。组态总体解的覆盖度为0.36，远远高于单个组态的覆盖度，表明联合组态具有较强的解释力。具体而言，3个低竞争力组态的构成情况如下。

1)综合电商主导的低效依赖型

组态L5-1表明综合电商平台的高交易费用率、高平台独特性作为核心条件，低平台开放度和高用户依赖性作为边缘条件。组态L5-1揭示了综合类电商平台产生低竞争力的内在逻辑：在不具备交易费用优势的情况下，试图通过限制开放策略服务核心用户群体形成独特定位，导致平台既不能创造高效的用户体验，也不能形成优质的用户基础。结合理论文献来看，综合类电商平台具有很强的网络效应和转换成本，使得用户基础成为塑造“赢家通吃”格局和平台竞争力的重要砝码(Van Alstyne et al.，2016)。为此，过度依赖少数用户不仅不利于积累用户基础，还可能因为路径依赖产生“核心刚性”，陷入“劣势循环”。在组态案例中，天泽信息作为综合类电商平台，严重依赖于前五大客户(金额占比达到 74.92%)，致使其难以发挥综合类电商平台吸引用户体量的优势，平台网络效应难以积累到最佳状态。2021 年上半年，天泽信息净亏损 9.37 亿元，电商业务营业收入同比下降 51.12%。

2) 垂直电商主导的特色匮乏型

组态 L5-2 表明垂直电商平台的低交易费用率、高用户依赖性和低平台独特性作为该组态的核心条件，平台开放度的高低对结果没有显著影响。组态 L5-2 揭示了垂直电商平台产生低竞争力的第一种思路：服务的细分市场领域缺乏独特性，导致在依赖于核心用户的情况下，垂直电商平台难以将用户流量转化为实际交易。在垂直电商服务领域，用户需求的高异质特性使其并未形成全域网络效应，而是分散地形成局部网络效应(Suarez，2005)。在此基础上，平台如果丧失独特性，按照通用的“流量思维”抢占高用户流量，并不能带来积极的用户互动和交易，反而可能丧失平台自身在服务专业市场的经验优势。在组态案例中，宝宝树作为母婴电商平台，既面临来自在线医疗平台(如阿里健康、京东健康等)的间接竞争，也面临来自母婴护理信息平台(如网易亲子、腾讯育儿、母子健康等)的直接竞争。相比之下，宝宝树选择将供方用户只作为“售货员”的角色参与固定商家产品的售卖并给付佣金，既可能挫伤用户积极性，又不利于平台塑造明确定位特色。

3) 垂直电商主导的核心用户脱耦型

组态 L5-3 表明垂直电商平台的高平台开放度、高交易费用率、低用户依赖性和低平台独特性共同作为该组态核心条件。组态 L5-3 揭示了垂直电商平台产生低竞争力的第二种思路：平台在核心用户脱耦(低依赖关系)的情形下未能塑造平台独特性，而高交易费用也进一步降低了垂直电商平台的服务优势。对垂直电商平台而言，这种选择既不能发挥专业服务优势，也不利于激发基于用户体量的网络效应优势，从而降低了平台竞争力。在组态案例中，无忧英语没有一家供应商和客户销售占比超过 10%。无忧英语试图通过开放的商城和应用程序连接足够多的用户，并尝试把平台特色定位于“外教教英语”。然而，业内已有 vipkid 英语、哒哒英语、gogotalk 英语等与其相似度极高的教育平台，且无忧英语缺乏对用户的过滤和筛选(如外教质量、用户深度需求)，导致其特色并不突出。而在发展思路上，无忧英语缺少与关键核心用户(优质师资)的紧密合作关系，也加剧了低竞争力的形成。

3. 组态比较

比较不同类别电商平台竞争力的组态构成和核心条件可知，综合电商平台和垂直电商平台在平台竞争力塑造上遵循截然不同的思路(表 5-7)。从组态共有核心条件可以看出，综合电商平台的竞争力塑造主要遵循“效率”逻辑。基于低交易费用率和低用户依赖性，综合电商平台可以打造针对总体用户群体的高效交易服务体系。在此基础之上，无论采取开放驱动(H5-1a)还是独特定位(H5-1b)的辅助策略都有助于形成高竞争力。反之，在不具备交易费用优势的前提下，还试图打造独特性(L5-1)，可能会使综合电商平台效率缺失问题进一步恶化，从而产生低竞争力。同样，对于垂直电商平台，从组态共有核心条件上可以看出，该类平台竞争力塑造主要遵循“创新”逻辑。基于高平台独特性，垂直电商平台无论采取开放驱动(H5-2)、低交易费用率(H5-3)还是核心用户依赖(H5-4)的辅助策略都有助于产生高竞争力，而在低平台独特性的基础上结合上述辅助策略都只会产生低竞争力。

表 5-7　不同类别电商平台的组态机制

组态机制	综合电商平台	垂直电商平台
高竞争力组态机制	效率驱动 共有核心条件：低交易费用率、低用户依赖性 开放驱动型(H5-1a) 独特定位型(H5-1b)	创新驱动 共有核心条件：高平台独特性 开放驱动型(H5-2) 独特定位型(H5-3) 核心用户依赖型(H5-4)
低竞争力组态机制	效率缺失 共有核心条件：高交易费用率、高平台独特性 低效依赖型(L5-1)	创新缺失： 共有核心条件：低平台独特性 特色匮乏型(L5-2) 核心用户脱耦型(L5-3)

由此看来，尽管电商平台存在“交易”和“创新”双重属性(Gawer and Cusumano，2014)，但不同类别电商平台在平台属性上有所偏重，造成竞争力构建思路的差异。对于服务全品类产品市场的综合电商平台而言，平台往往更偏重“交易”属性，基于“大而全”的平台领导经营思路，打造普惠、高效、全面的多样化市场是平台占据先机、形成“赢家通吃”格局的必备条件。对于服务单一品类产品市场的垂直电商平台而言，平台则更偏重“创新”属性，基于“小而美”的平台领导经营思路，打造差异化的新颖独特的用户体验和平台身份定位成为平台精耕细分市场、产生用户高黏性的必要前提。

5.4.4 稳健性检验

为检验分析过程和研究结论的稳健性，本章参照如下标准开展稳健性检验。首先，通过改变校准方式检验稳健性，将平台开放度(PO)三个定性锚点的校准刻度从25%、50%、75%改为20%、50%、80%，并将其命名为PO2。其次，改变阈值检验稳健性(蒋敏等，2021)，将真值表中原始一致性从0.8提高到0.85。限于篇幅只报告了改变校准方式的分析结果(表 5-8)。分析结果表明，组态构成完全相同，且只有系数的微小变化，组态分析结果能够呈现清晰的子集关系。据此表明，本章研究结论稳健。

表 5-8　稳健性检验

条件	高竞争力					低竞争力		
	H5-1a	H5-1b	H5-2	H5-3	H5-4	L5-1	L5-2	L5-3
电商平台类别	⊗	⊗	•	●	•	⊗	●	●
平台开放度(PO2)	•			⊗	●	⊗		●
交易费用率	⊗	⊗	●	⊗		●	⊗	●
用户依赖性	⊗	⊗	⊗	●	⊗	•	●	⊗
平台独特性		•	●	●	●	●	⊗	⊗
原始覆盖度	0.14	0.11	0.25	0.13	0.22	0.12	0.18	0.14
唯一覆盖度	0.06	0.02	0.07	0.06	0.04	0.07	0.13	0.10
一致性	0.80	0.86	0.85	0.88	0.88	0.81	0.86	0.87
总体覆盖度			0.48				0.36	
总体一致性			0.84				0.85	

注：“●”表示核心条件“存在”；“⊗”表示核心条件“缺失”；“•”表示辅助条件“存在”；“⊗”表示辅助条件“缺失”；空白单元格表示该条件存在或缺失都不影响结果。

5.5　本章小结

本章采用 NCA 与 fsQCA 结合的方法，基于平台领导视角分析了电商平台竞争力的必要条件和前因组态，主要得出如下研究结论。①平台领导视角下的单一前置因素都不能单独解释电商平台竞争力结果。结合 fsQCA 的必要性分析和 NCA 方法，本章发现，平台领导视角下的单一前置因素(电商平台类别、平台开放度、交易费用率、用户依赖性、平台独特性)都不是形成平台竞争力的必要非充分条件。这表明平台领导视角下单一前置因素均不构成平台竞争力的必要条件。②平台领导视角下电商平台竞争力前因组态存在“殊途同归”和“非对称因果”特性。本章研究揭示了 5 种推动电商平台高竞争力的前因组态，分别为“综合电商主导的开放驱动型”“综合电商主导的独特定位型”“垂直电商主导的独特定位型”“垂直电商主导的核心用户依赖型”“垂直电商主导的开放驱动型”。同时，本章研究亦揭示了 3 种造成电商平台低竞争力的前因组态，分别为“综合电商主导的低效依赖型”“垂直电商主导的特色匮乏型”“垂直电商主导的核心用户脱耦型”。从而，在实证研究层面验证了电商平台竞争力前因组态的“殊途同归”(多种不同因素组合引发相同结果)和“非对称因果”特性(造成“高竞争力”和“低竞争力”的因素组合不等同)。③综合电商平台和垂直电商平台在竞争力构建上遵循不同的逻辑。结合 fsQCA 和组态比较，本章发现，综合电商平台在构建竞争力时主要遵循“效率”逻辑，侧重通过低交易费用率和低核心用户依赖匹配“交易”属性。而垂直电商平台在构建竞争力时则主要遵循“创新”逻辑，强调打造平台独特性匹配“创新”属性。

1)管理实践意义

综合本章研究结论来看，对身处移动互联网时代的电商企业而言，在依托平台生态化成长助力平台企业可持续发展的过程中，电商平台竞争力的塑造直接关乎电商平台企业的成长速度和成长质量。具体来说，电商平台企业基于竞争力塑造的平台生态化成长路径不仅跟平台领导的角色作用相关，也取决于电商平台的类别性质。对于多元化经营的综合电商平台而言，较为适合采用拓宽用户基础的“快速做大”策略，通过更加开放的平台体系和更加高效的平台服务抢占主流市场先占优势，推进平台企业成长；对于专业化经营的垂直电商平台，则更加适合采用围绕用户需求塑造平台独特性(平台架构独特性与平台内容独特性)的策略满足长尾市场用户极致的体验感诉求，通过“精细化服务”推动平台业务精耕细作，实现电商平台企业可持续成长。

结合本章分析结论，可提出如下管理启示。

第一，电商平台应着重立足平台领导的角色定位，通过实施有效的平台领导策略推动竞争构建。电商平台应明确自身作为平台领导者的角色定位，依据自身特点在开放平台架构(开放还是限制开放)、定位平台属性(垂直平台还是综合平台)、明确用户依赖关系(是否依赖核心用户)、完善电商交易服务(是否显著节约交易成本)和构建平台独特性(在平台架构和平台内容上是否独具特色)等方面选择适配的行动策略，才可推动平台持续成长。

第二，电商平台应根据不同平台类别分类发展。对于服务于专业细分市场领域的垂直电商平台而言，应在适度开放平台的基础上识别核心用户，通过与核心用户建立更加紧密的依赖关系或是打造细分市场的差异化平台特色，促进平台市场增长。这就要求垂直电商平台重点搜寻需求体量大、影响力大和核心业务范围关联度高的头部用户，通过紧密互嵌和战略互动为平台架构的优化带来关键创新元素，促进平台独特身份的塑造和认同。对于涉及全品类商品的综合电商平台而言，应在充分开放平台的基础上提供均等化平台服务，侧重提供完善的平台服务，打造平台用户基础，从而激发活跃用户创新互补品的积极性。换言之，对总体存在“同质性”需求的综合电商平台而言，围绕用户基础“快速做大”的平台领导策略有利于构建竞争力；而对于存在“异质性”需求的垂直电商平台而言，围绕核心用户的“精细化服务”和“独特平台定位”则更适合其构建竞争力。

2) 主要理论贡献

本章研究的理论贡献主要表现在如下两个方面。

第一，为电商平台竞争力研究提供分类研究的思路。以往研究多基于“同质化”假设对电商平台不加区分，综合考察电商平台竞争力构建的过程和影响因素(毕菁佩和舒华英，2016；陈武和李燕萍，2018；孙震等，2021)，忽略了平台领导视角下不同类别平台的平台属性差异及由此产生的竞争力构建路径的差异。本章研究结论表明了综合电商平台和垂直电商平台在竞争力构建方面的组态类型差异和逻辑差异，为电商平台竞争力分析框架下的平台分类研究提供新的思路。

第二，为电商平台竞争力研究提供平台领导视角下复杂因果关系的微观理解。在既有研究中，尽管学界认同通过平台领导角色作用的发挥推动平台竞争优势塑造，但对于分析过程仍然主要停留在单一因素对结果的“净效应”分析(张镒和刘人怀，2020)，忽略了多个因素的内在交互关系。平台竞争力作为复杂因素的交互结果，很大程度上取决于多因素间的组合效应(陈武和李燕萍，2018)。为此，本章基于 NCA 和 fsQCA 方法相结合的分析，不仅在实证层面印证了单一因素不能独立解释平台竞争力，也通过组态分析揭示了平台领导因素组合对电商平台竞争力的复杂因果关系，为推进电商平台竞争力分析提供了更为细致的微观理解。

3) 研究局限与展望

尽管本章遵循科学的研究范式和研究程序，并通过稳健性检验夯实研究结论，但就研究本身而言，也还存在两点局限。首先，影响电商平台竞争力的因素较多，本章基于平台领导线索选择其中的代表性因素，但受研究分析模型的局限并未选择更多因素。本章在平台领导视角下通过电商平台竞争的分析推演提炼出主要因素，但现实中电商平台竞争力可能还受到平台领导之外的其他因素的影响(如平台生态环境、政策与制度环境)。因此，未来研究可以切换到平台经营管理环境等视角探讨竞争力的前因要素和构成组态。其次，本章通过 NCA 和 fsQCA 阐述了不同类别电商平台在平台领导力有关因素对竞争力构建的影响关系，并未深度探讨不同平台领导策略的作用机理。为此，未来的工作可以结合案例研究进一步考察不同类别电商平台领导策略的成因和作用机理。

参 考 文 献

毕菁佩, 舒华英, 2016. 基于竞争平台的新老用户定价策略分析[J]. 管理学报, 13(8): 1257-1262.

陈武，李燕萍，2018. 嵌入性视角下的平台组织竞争力培育：基于众创空间的多案例研究[J]. 经济管理，40(3)：74-92.

池毛毛，赵晶，李延晖，等，2017. 企业平台双元性的实现构型研究：一项模糊集的定性比较分析[J]. 南开管理评论，20(3)：65-76.

杜华勇，滕颖，张冬冬. 2021a. 平台企业经营互补业务的战略选择与解释逻辑：以平台转型为视角[J]. 社会科学家(9)：86-91.

杜华勇，王节祥，李其原. 2021b. 产业互联网平台价值共创机理：基于宏图智能物流的案例研究[J]. 商业经济与管理(3)：5-18.

杜运周，李佳馨，刘秋辰，等，2021. 复杂动态视角下的组态理论与 QCA 方法：研究进展与未来方向[J]. 管理世界，37(3)：12-13, 180-197.

杜运周，刘秋辰，程建青，2020. 什么样的营商环境生态产生城市高创业活跃度？：基于制度组态的分析[J]. 管理世界，36(9)：141-155.

何小杨，2011. 我国家族企业中的"人际关系网"：现状及制度诱因[J]. 证券市场导报(11)：54-66.

蒋敏，周炜，史济川，等，2021. 基于 fsQCA 的上市企业债券违约影响因素研究[J]. 管理学报，18(7)：1076-1085.

雷丽彩，高尚，2020. 基于司机过度自信的网约车平台最优补贴契约设计与选择[J]. 预测，39(3)：74-81.

罗珉，杜华勇，2018. 平台领导的实质选择权[J]. 中国工业经济(2)：82-99.

孙震，刘健平，刘涛雄，2021. 跨平台竞争与平台市场分割：基于中国线上市场价格离散的证据[J]. 中国工业经济(6)：118-136.

汪旭晖，王东明，2020. 市场服务还是企业规制：电商平台治理策略对消费者信任影响的跨文化研究[J]. 南开管理评论，23(4)：60-72.

王节祥，杨洋，邱毅，等. 2021a. 身份差异化：垂直互联网平台企业成长战略研究[J]. 中国工业经济(9)：174-192.

王节祥，陈威如，江诗松，等. 2021b. 平台生态系统中的参与者战略：互补与依赖关系的解耦[J]. 管理世界，37(2)：10, 126-147.

网经社电子商务研究中心，2020. 2019 年度中国电商百强数据报告[R]. http://www.100ec.cn/zt/2019bqb/.

肖红军，2020. 责任型平台领导：平台价值共毁的结构性治理[J]. 中国工业经济(7)：174-192.

宣晓，段文奇，余俊平，2018. 基于复杂网络的交易型平台竞争影响因素研究[J]. 企业经济，37(6)：68-76.

张明，蓝海林，陈伟宏，等，2020. 殊途同归不同效：战略变革前因组态及其绩效研究[J]. 管理世界，36(9)：168-186.

张镒，刘人怀，2020. 平台领导力对探索式创新的影响及平台开放度的调节作用[J]. 管理学报，17(10)：1506-1513.

张镒，刘人怀，陈海权，2020. 商业生态系统中的平台领导力影响因素：基于扎根理论的探索性研究[J]. 南开管理评论，23(3)：28-38, 131.

郑军，林钟高，彭琳，2013. 法制环境、关系网络与交易成本：来自中国上市公司的经验证据[J]. 财经研究，39(6)：51-62.

Armstrong M, Wright J, 2007. Two-sided markets, competitive bottlenecks and exclusive contracts[J]. Economic Theory, 32(2)：353-380.

Benlian A, Hilkert D, Hess T, 2015. How open is this platform? The meaning and measurement of platform openness from the complementors' perspective[J]. Journal of Information Technology, 30(3): 209-228.

Boudreau K, 2010. Open platform strategies and innovation: Granting access vs. devolving control[J]. Management Science, 56(10): 1849-1872.

Cennamo C, 2021. Competing in digital markets: A platform-based perspective[J]. Academy of Management Perspectives, 35(2): 265-291.

Cennamo C, Santalo J, 2013. Platform competition: Strategic trade-offs in platform markets[J]. Strategic Management Journal, 34(11): 1331-1350.

Cusumano M A, Gawer A, 2002. The elements of platform leadership[J]. MIT Sloan Management Review, 43(3): 51-58.

Dul J, 2016a. Identifying single necessary conditions with NCA and fsQCA[J]. Journal of Business Research, 69(4): 1516-1523.

Dul J, 2016b. Necessary condition analysis (NCA): Logic and methodology of "necessary but not sufficient" causality[J]. Organizational Research Methods, 19(1): 10-52.

Dul J, Van der Laan E, Kuik R, 2020. A statistical significance test for necessary condition analysis[J]. Organizational Research Methods, 23(2): 385-395.

Eisenmann T R, Parker G, Van Alstyne M W, 2006. Strategies for two-sided markets[J]. Harvard Business Review, 85(10): 92-101.

Eisenmann T, Parker G, Van Alstyne M, 2009. Opening platforms: How, when and why[R]. Boston: Harvard Business School Division of Research.

Eisenmann T, Parker G, Van Alstyne M, 2011. Platform envelopment[J]. Strategic Management Journal, 32(12): 1270-1285.

Evans D S, 2003. Antitrust economics of multi-sided platforms[J]. Yale Journal of Regulation, 20(4): 325-381.

Fiss P C, 2011. Building better causal theories: A fuzzy set approach to typologies in organization research[J]. Academy of Management Journal, 54(2): 393-420.

Fontana R, Greenstein S, 2021. Platform leadership and supply chains: Intel, Centrino, and the restructuring of Wi-Fi supply[J]. Journal of Economics & Management Strategy, 30(2): 259-286.

Furnari S, Crilly D, Misangyi V F, et al., 2020. Capturing causal complexity: Heuristics for configurational theorizing[J]. Academy of Management Review, 46(4): 1-50.

Gawer A, Cusumano M A, 2014. Industry platforms and ecosystem innovation[J]. Journal of Product Innovation Management, 31(3): 417-433.

Gawer A, Henderson R M, 2007. Platform owner entry and innovation in complementary markets: Evidence from Intel[J]. Journal of Economics & Management Strategy (1): 1-34.

Jacobides M G, Knudsen T, Augier M, 2006. Benefiting from innovation: Value creation, value appropriation and the role of industry architectures[J]. Research Policy, 35(8): 1200-1221.

Jeon D S, Rochet J C, 2010. The pricing of academic journals: A two-sided market perspective[J]. American Economic Journal Microeconomics, 2(2): 222-255.

Kong X, 2011. Why are social network transactions important? Evidence based on the concentration of key suppliers and customers in China[J]. China Journal of Accounting Research, 4 (3) : 444-463.

McIntyre D P, Srinivasan A, Chintakananda A, 2021. The persistence of platforms: The role of network, platform, and complementor attributes[J]. Long Range Planning, 54 (5) : 1-12.

Ondrus J, Gannamaneni A, Lyytinen K, 2015. The impact of openness on the market potential of multi-sided platforms: A case study of mobile payment platforms[J]. Journal of Information Technology, 30 (3) : 260-275.

Parker G G, Van Alstyne M, 2009. Six challenges in platform innovation and open licensing[J]. Communications and Strategies, 74 (1) : 17-36.

Parker G G, Van Alstyne M, Choudary S, 2016. Platform revolution[M]. New York: W. W. Norton & Company.

Ragin C C, 2008. Redesigning social inquiry: Fuzzy sets and beyond[M]. Chicago and London: The University of Chicago Press.

Ragin C C, Fiss P C, 2008. Net effects analysis versus configurational analysis: An empirical demonstration[A]. Ragin C C. Radesigning social inquiry: Fuzzy sets and beyond[C]. Chicago: University of Chicago Press.

Schneider C Q, Wagemann C, 2012. Set-theoretic methods for the social sciences: A guide to qualitative comparative analysis[M]. Cambridge: Cambridge University Press.

Suarez F, 2005. Network effects revisited: The role of strong ties in technology selection[J]. Academy of Management Journal, 48 (4) : 710-722.

Tiwana A, 2015. Platform desertion by app developers[J]. Journal of Management Information Systems, 32 (4) : 40-77.

Van Alstyne M W, Parker G G, Choudary S P, 2016. Pipelines, platforms, and the new rules of strategy[J]. Harvard Business Review, 94 (4) : 54-62.

第 6 章　价值共创与企业平台生态化成长：电商交易平台价值共创组态

6.1　问 题 背 景

在世界经济向数字经济转型的时代背景下，互联网平台打破传统商业模式，逐渐成为新经济的引领者(陈威如和余卓轩，2013)。在此机遇下，依托数字化技术兴起的电商交易平台迎来蓬勃发展。电商交易平台为众多参与者提供了便捷的交互空间，让大家可以借助网络来完成交易，并由此获得参与价值共创的机会。以电商交易平台为代表的用户导向的价值共创理念，正在逐步取代以企业为中心的价值独创思路。

电商交易平台作为互联网信息技术产物，向顾客提供了比传统商业环境更多的交互机会。已有一些学者将电商交易平台作为价值共创的典型场景展开研究，并从共创内涵、共创机制和共创路径等角度解读价值共创过程(Prahalad and Ramaswamy，2004a，2004b；Vargo and Lusch，2004；周文辉等，2015)。然而，现有研究大部分采用定性分析方法阐述价值共创的作用机理和实现路径，关注价值共创理论模型的探索性开发与构建，相对忽略对价值共创模式的考察。此外，少量实证研究分析电商交易平台价值共创过程时，也多采用“回归分析”思路考察单一要素对结果的“净效应”，既忽略了价值共创过程的因果复杂性，也缺少对价值共创“关键组态”的考察。

在移动互联网时代，作为企业平台生态化成长路径的重要载体，平台企业与参与用户的价值共创行动一直是学界关注的热点话题，而其中最受关注的是如何科学选择和合理决策才能有效推进平台生态多样化价值共创。为此，本章通过价值共创的理论回顾和框架整合，结合 fsQCA 方法，揭示电商平台价值共创的关键因素和组态。本章研究在微观层面揭示电商平台价值共创的因果关系和组态效应，为深入理解电商平台价值共创的因果复杂性，推动价值共创模式识别和类型划分提供新的参考。

6.2 理论回顾与研究框架

6.2.1 价值共创理论

价值共创是顾客、企业及其他利益相关者，通过参与产品、服务和体验的开发与设计，在生产和消费领域共同创造价值的过程(Prahalad and Ramaswamy，2004a)。当前价值共创理论主要包括两大流派。一是以 Vargo 和 Lusch(2004)为代表的服务主导逻辑研究，认为顾客(或用户)和企业是价值的共同创造者，他们通过交流互动，在生产、设计、交付和消费等环节一起创造价值。换言之，顾客(用户)参与是服务主导逻辑下价值共创的核心内容，也是实现顾客价值的必要环节。二是以 Prahalad 和 Ramaswamy(2004b)为代表的顾客体验研究，强调价值共创是企业和顾客通过有效互动而生成顾客个性化体验的过程。他们认为，共同创造意味着顾客参与共同创造服务体验的过程，共同创造的并非多样化的产品，而是个性化的体验。为此，他们提出价值共创的 DART 模型，认为对话(dialogue)、获取(access)、风险评估(risk assessment)和透明(transparency)共同构成价值共创的基础，DART 即这四个组成部分的英文首字母(普拉哈拉德和文卡特，2018)。现有研究认为，DART 模型是较为经典的价值共创框架和管理模型。具体内容如下。

1)对话

Prahalad 和 Ramaswamy(2004b)提出，对话发生在平等的参与主体间，是企业与顾客围绕彼此都感兴趣的问题进行信息共享和交流沟通。对话包含三点特征：其一，顾客和企业共同解决的问题是双方都感兴趣的；其二，须有一个可进行对话的平台；其三，为保障互动的秩序和有效，须制定参与原则。对话可以创造和维持社群的忠诚，鼓励和促进知识共享，并且加深企业和顾客之间的理解程度，让顾客价值观念更好地融入价值创造过程。

2)获取

获取指顾客获得与产品有关的信息、工具和技术等资源的访问权限。传统的价值链重心是创造产品，并将产品的所有权转移给顾客。但其实顾客最终追求的是消费体验，而非产品本身。这意味着，顾客并不一定要得到产品的所有权才能获得理想的体验。获取不仅有利于顾客增加体验机会，使顾客按需获取资源，也有助于企业拓展商业机会。因此，企业有必要重新审视顾客的获取(或接入)权，而非只关注产品所有权的转移，并从顾客角度思考如何提供产品和服务。

3）风险评估

风险评估指对价值共创过程中可能发生的风险进行评估和控制，其中风险尤其指可能对顾客造成的伤害。长期以来，管理者认为企业可以比顾客更好地应对风险。因此当企业与顾客沟通时，多是向顾客阐述收益，而非风险。但在价值共创的环境中，价值创造的参与者不仅是企业，还包括顾客。且当顾客参与积极性提高，顾客对风险的知情意愿会更强烈。这意味着企业对风险的管控能力会受顾客影响。在此情况下，企业和顾客应当对价值共创过程可能遇到的风险和收益进行积极对话，增进彼此信任，共担处理风险的责任。

4）透明

透明指参与方将可公开的相关信息进行共享和公示，以解决信息不对称问题。一直以来，顾客和企业之间都存在信息不对称，而企业也受益于此。但随着信息技术进步，这种信息不对称正快速消失，企业很难再模糊价格和成本等信息。如今，价值共创使生产过程更加开放，商品、技术和信息越来越可获知，形成新的透明度已成为企业当务之急。

DART 模型的提出为企业实现价值共创管理提供了基础框架。DART 模型四要素并非相互孤立，而是存在紧密联系的。企业可以按照不同方式对这些要素进行组合，更好地将顾客变成合作伙伴，以促进价值共创有效实施（武文珍和陈启杰，2012；张洁等，2015；普拉哈拉德和文卡特，2018）。例如，知识和信息的透明有助于企业和顾客进行合作性对话，而持续的对话有利于降低风险和扩大获取渠道，这为形成新商业模式和业务功能提供了更多机会。

6.2.2　电商交易平台价值共创

电商交易平台是指以达成交易为目的，通过提高市场效率来创造价值的平台，由平台企业提供技术服务，构建起虚拟的交易空间以引导和促进买卖双方达成交易。现有文献对电商交易平台情境下的价值共创研究多以案例分析为主，重在揭示价值共创的过程机制。周文辉等（2015）强调了电商交易平台价值共创过程中平台企业提供的技术支持和制度支持作用。张洁等（2015）基于无印良品的案例分析，探讨了网络虚拟环境下顾客参与价值共创的形式。赵哲等（2017）从价值主体角度研究价值共创机制，提出价值共创系统主要包含平台企业、顾客和供应方三大主体，主体之间通过两两互动传递价值，并形成价值网络。罗珉和杜华勇（2018）强调平台企业通过搭建模块化架构、激发网络效应、实施系统锁定等手段有效发挥价值共创的战略弹性，从而构筑竞争优势。刘晓宇（2020）通过跨境电商企业的回归分析，发现价值共创与跨境电商企业绩效存在显著正相关关系。应当看到，尽管研究视角和研究结论并不一致，但现有研究的落脚点都相对集中于平台设计和用户参与两个方面，关注平台企业与平台用户在价值共创中扮演的角色和发挥的作用。

6.2.3 研究框架

综合前人研究来看，经典价值共创的 DART 模型在电商交易平台情境下仍然适用。首先，平台企业创建高效的电商交易平台，提供了平台用户平等、友好、顺畅对话的物理或虚拟空间（Van Alstyne et al.，2016），契合 DART 模型中对话的内涵。其次，平台企业开放电商平台系统给用户，并为其提供应用程序编程接口（application programming interface，API）、软件开发工具包（software development kit，SDK）和增值服务，并允许用户获得产品、工具和信息访问权限。这与 DART 模型中获取的意义指向不谋而合。再次，通过平台质量鉴定、卖家品质保证和交易评价等环节，平台企业和平台用户共同参与规则制定、争议调处、风险管控等平台治理实践，从而有效避免平台交易可能存在的风险（罗珉和杜华勇，2018）。这与 DART 模型中风险评估的内在要求也是完全吻合的。最后，电商平台企业往往不直接生产产品，而是为供需方提供交易信息和支持服务。借助强大的数据中台和算法体系，用户可以快速搜索、比较、筛选交易对象和产品信息，大幅降低了供需方用户交易的信息不对称程度（陈威如和余卓轩，2013）。这与 DART 模型中透明的意义恰好吻合。因而，DART 模型也是电商交易平台价值共创的重要因素。在电商交易平台情境下，DART 模型本质上体现为平台企业对电商交易平台的设计，是电商交易平台价值共创的基本前提。

此外，在电商交易平台的情境下，平台价值共创不仅关乎平台设计，也依赖于用户积极参与。平台用户参与是传统企业顾客参与的变种，不仅体现在需方用户对供方产品研发、生产、物流、营销、售后的价值链全过程，还体现在供需方用户深度参与平台互动的全过程（Jacobides et al.，2018）。一方面，用户积极参与有利于提高卖家质量、优化平台服务、加强用户体验、完善功能模块；另一方面，更优质高效的电商交易平台反过来推动平台用户对平台有用性和易用性的感知，这与顾客体验逻辑和服务主导逻辑通过顾客参与提升顾客体验价值的理念相吻合。

为此，本章提出基于 DART 模型修正的电商平台价值共创研究框架，将用户参与加入平台对话、开放获取、风险评估和信息透明，形成电商平台价值共创五要素，探究电商交易平台价值共创的组态效应。本章研究突破了传统方法分析单一要素“边际效应”的局限，为电商交易平台价值共创的模式识别和类型划分提供新参考。

6.3　研 究 设 计

6.3.1　研究方法

基于研究框架，本章主要考察电商交易平台价值共创的关键要素和组态。传统回归分析无法揭示前因要素的组态效应，因而更适合采用定性比较分析方法。具体而言，模糊集相对清晰集对隶属刻画更加精确，有利于捕捉微观组态差异（Schneider and Wagemann，2012），因而选择 fsQCA 方法。

6.3.2　条件选取与测量

1）结果条件

基于研究框架，本章选择感知有用性（perceived usefulness）和感知易用性（perceived ease of use）为代表的用户感知价值作为结果条件[①]的两个方面，测量方法参考 Segars 和 Grover（1993）的做法，通过 7 个题项衡量。

2）前因条件

参照研究框架，选择平台对话、开放获取、风险评估、信息透明和用户参与 5 个要素作为前因条件。其中，平台对话、开放获取、风险评估和信息透明的测量借鉴 Prahalad 和 Ramaswamy（2004a，2004b）提出的 DART 模型，共计 14 个题项。用户参与的测量综合参考 Kellogg 等（1997）和 Chan 等（2010）的研究，从投入时间、精神、体力等方面修订顾客参与的量表，最终测量包括 4 个题项："我愿意为参与该平台业务流程投入许多时间""我愿意为参与该平台业务流程投入许多精神和体力""为了让平台了解我的需求、偏好和感受，我付出了很多努力""我会积极地为平台提供建议以提高服务质量"。所有条件测量均选用李克特 5 点量表。

① fsQCA 使用"条件"术语而不使用"变量"术语。同时，分析重点是考察前因条件对结果条件的"组态效应"（组合影响），并非单一前因条件是否显著影响结果条件，因而在研究中往往不提假设。

6.3.3 数据搜集与信效度分析

为确保测量量表真实有效，数据搜集分两轮进行。

第一轮开展预调研，主要用于量表可靠性分析和问卷修正。首先邀请相关专业教授和博士研究生参与访谈，讨论纠正问卷表达。其次利用预调研问卷进行小样本测试。主要借助问卷星等平台发送 112 份问卷，剔除 8 份无效问卷，收回 104 份。预调研信效度分析表明，所有题 Cronbach's α 值大于 0.7，总体 Cronbach's α 值大于 0.9，项目总体相关系数（corrected item-total correlation，CITC）均大于 0.5，项已删除的 Cronbach's α 值均低于总体 Cronbach's α 值，表明问卷信度较高且全部题项保留。探索性因子分析表明，KMO（Kaiser-Meyer-Olkin，抽样适合性检验）均大于 0.7，Bartlett 检验显著低于 0.05，因子载荷均大于 0.5，累计解释方差均超过 70%，表明问卷效度较高且维度划分合理，由此形成正式测量问卷。

第二轮为正式问卷调查，借助团队成员关系网络，面向不同平台用户随机发放问卷。同时，为了确保样本分布均匀，保证每个平台都至少有 10 份问卷，网络调查在问卷入口设置单选题，让用户从 10 个知名平台中选择自己最熟悉的平台①，并对每个平台问卷数设置 50 份上限配额。最终正式调研发放问卷 312 份，剔除 12 份无效问卷，获得 300 份有效问卷，有效率约 96%，各平台问卷数 18～46 份不等。正式问卷数据整体 Cronbach's α 大于 0.9，各条件的信度值均大于 0.8，各题项 CITC 值大于 0.5。验证性因子分析各题项载荷系数大于 0.7，KMO 值大于 0.7，累计解释方法超过 70%，各因子 AVE②值大于 0.5，CR③值均高于 0.7，表明正式问卷数据的信效度良好。所有条件相关系数与 AVE 平方根如表 6-1 所示，各因子 AVE 平方根值大于与其他因子相关系数，表明问卷区分效度良好。模型的长方自由度 x^2/df=2.085、拟合优度指数 GFI=0.901、近似误差均方根 RMSEA=0.06、均方根残差 RMR=0.039、比较拟合指数 CFI=0.938 和非规范化拟合指数 NNFI=0.926，表明模型拟合良好。通过原始数据的均值化处理，并依据样本统计特征将前因条件取值进行校准，将条件完全不隶属、交叉模糊点和完全隶属的校准参考值设置为 25%、50%和 75%分位数，从而将原始数据转化为用于组态分析的模糊集数据。

---

① 为确保用户尽可能熟悉其中一个平台，研究团队选择大众相对熟悉的平台，包括淘宝、京东、网易考拉、拼多多、苏宁易购、闲鱼、小红书、聚美优品、美团、唯品会。用户对以上平台均不熟悉则无须选择，不再继续填写问卷。

② AVE（average variance extracted，平均方差抽取量）。

③ CR（composite reiability，组合信度）。

表 6-1　Pearson 相关与 AVE 平方根

	平台对话	开放获取	风险评估	信息透明	用户参与	感知有用性	感知易用性
平台对话	0.747						
开放获取	0.604**	0.712					
风险评估	0.565**	0.592**	0.802				
信息透明	0.511**	0.578**	0.730**	0.835			
用户参与	0.507**	0.469**	0.587**	0.584**	0.821		
感知有用性	0.529**	0.542**	0.465**	0.440**	0.514**	0.791	
感知易用性	0.465**	0.465**	0.362**	0.334**	0.330**	0.699**	0.828

注：斜对角线数字为该因子 AVE 的平方根值。*表示 $P<0.05$；**表示 $P<0.01$。

6.4　实证分析

6.4.1　必要性检验

必要性检验既可以分析前因条件对结果的解释力，也有助于考察前因条件是否构成结果条件的近似或绝对必要条件。必要性检验的一致性系数大于 0.9 且小于 1，则前因变量构成结果的近似必要条件(Rihoux and Ragin，2009)。当一致性和覆盖率大于 0.6 且小于 0.9，则说明前因条件对结果具有较强的解释力(Schneider and Wagemann，2012)，但并不能完全解释结果。基于模糊集数据，采用 fsQCA 3.0 软件开展针对高用户感知价值(校准后隶属度高于 0.5)和低用户感知价值(校准后隶属度低于 0.5)的前因条件必要性检验，结果如表 6-2 所示。从表中结果来看，前因条件对结果有一定解释力，但都不能单独解释结果。因而，适合采用组态分析，考察前因条件对结果的“组态效应”。

表 6-2　必要性检验

前因条件	高用户感知价值		低用户感知价值	
	一致性	覆盖度	一致性	覆盖度
高平台对话	0.829 615	0.966 903	0.238 659	0.286 052
低平台对话	0.387 424	0.331 023	**0.972 387**	0.854 419
高开放获取	0.559 838	0.961 673	0.201 183	0.355 401
低开放获取	0.624 747	0.431 978	**0.978 304**	0.695 652
高风险评估	0.780 933	0.899 533	0.368 836	0.436 916
低风险评估	0.511 156	0.440 559	**0.915 187**	0.811 189
高信息透明	0.754 564	0.956 298	0.258 383	0.336 761
低信息透明	0.476 673	0.384 615	**0.966 469**	0.801 964

续表

前因条件	高用户感知价值		低用户感知价值	
	一致性	覆盖度	一致性	覆盖度
高平台对话	0.829 615	0.966 903	0.238 659	0.286 052
高用户参与	**0.906 694**	0.806 859	0.443 787	0.406 137
低用户参与	0.332 657	0.367 713	0.788 955	0.896 861

注：加粗数字表示该数值对应的前因变量构成结果的近似必要条件。

6.4.2 组态分析

为了更深入细致地考察组态构成，本章同时分析高用户感知价值和低用户感知价值的构成组态。这样不仅可以验证前因条件是否与结果具备不对称因果关系，还有利于深入挖掘组态内涵，揭示价值共创模式的差异。为减少矛盾组态，本章将原始覆盖率阈值设置为 0.8，PRI 一致性阈值设置为 0.75，案例频数阈值设置为 1。根据简约解和中间解整理绘制价值共创组态，如表 6-3 所示。从结果来看，高用户感知价值组态和低用户感知价值组态的总体一致性系数均达到 0.974 79，大于 0.8 的阈值，总体覆盖率均为 0.705 882，表明组态对结果的解释力较高。同时，高用户感知价值存在两种组态类型，两种组态存在相同的核心条件(平台对话和用户参与)，说明积极的平台对话和积极的用户参与是电商交易平台获得高用户感知价值的关键要素。低用户感知价值呈现出一种组态，消极的平台对话、消极的开放获取、消极的风险评估和低透明度是推动低用户感知价值的关键要素。

表 6-3 价值共创组态

前因条件	高用户感知价值		低用户感知价值
	H6-1a	H6-1b	L6-1
平台对话	●	●	⊗
开放获取		⊗	⊗
风险评估	•	⊗	⊗
信息透明	•	⊗	⊗
用户参与	●	●	
原始覆盖度	0.679 513	0.292 089	0.679 513
唯一覆盖度	0.413 793	0.026 369	0.413 793
一致性	0.973 837	1	0.973 837
总体覆盖度	0.705 882		0.705 882
总体一致性	0.974 79		0.974 79

注：“●”表示核心条件“存在”，“⊗”表示核心条件“缺失”，“•”表示辅助条件“存在”，“⊗”表示辅助条件“缺失”，空白单元格表示该条件存在或缺失都不影响结果；H6-1a、H6-1b 分别表示高用户感知价值的组态，L6-1 表示低用户感知价值的组态。

1) 高用户感知价值组态

H6-1a：平台联动型组态。组态 H6-1a 中风险评估和信息透明以辅助条件存在作为路径构成部分，表明在平台积极对话和用户积极参与的前提下，电商交易平台通过加强风险评估和提高平台信息透明度来实现高用户感知价值。换言之，该组态强调电商交易平台价值共创的平台联动思路，在确保对话平等通畅和用户积极参与的前提下，通过主动评估风险和降低信息不对称，实现平台与用户共创价值。

结合组态案例来看，组态 H6-1a 覆盖了 4 个案例样本，包括淘宝、京东、苏宁易购和网易考拉，这 4 家电商交易平台通过打造完善的服务体系，形成了平台与用户联动发展的良好态势。以淘宝为例，淘宝连接多样化产品或服务的买卖双方，不仅撮合电商交易，也为用户互动提供对话平台、信息共享平台和交易保障。例如，开发阿里旺旺沟通软件以确保买卖双方在沟通顺畅的前提下保护双方隐私信息；通过产品评价系统帮助消费者判断产品描述与实物符合程度，从而提高信息透明度；引入闭环支付体系、设立权益保障制度和大众评审机制，降低用户交易的风险。平台用户受益于优质高效的平台服务系统，愿意为产品改进、服务优化和平台完善提供建议与想法，使淘宝网成为用户青睐的电商交易平台。2020 年 5 月，淘宝月度活跃用户数达到 7.57 亿，几乎等于京东和拼多多月度活跃用户数的总和。应当看到，以淘宝等 4 家案例企业为代表的电商交易平台，侧重通过平台对话、风险评估、提升信息透明度等组合措施，推动平台用户互动和交易，从而实现高用户感知价值。由此，本章将组态 H6-1a 命名为“平台联动型组态”。

H6-1b：社群引导型组态。组态 H6-1b 中除了平台对话和用户参与作为核心条件存在，开放获取、风险评估和信息透明三个条件均以辅助条件缺失作为组态构成部分。这表明，在开放获取、风险评估和信息透明三个要素缺失的情况下，电商交易平台也可能通过积极平台对话和用户参与实现高用户感知价值。结合组态案例小红书来看，对于社交平台的延伸出口而言，平台对话和用户参与对提高用户体验发挥着关键作用。小红书前期属于社交平台，重互动不重交易，关注社群知识分享，如美妆、个人护理、海外购物经验等。尽管小红书本身没有丰富的电商经验，但通过生活式社群为小红书海外购物电商提供优质用户资源。不同于淘宝的流量思维，小红书电商更注重社群建设和超级用户培养，每一位小红书上的知名用户都可被看作不拿报酬的产品经理。正是借助小红书平台的积极对话和用户社群培养，小红书电商的“社交属性”优势不断凸显，造就了小红书社群电商平台的独特价值共创模式。由此，本章将组态 H6-1b 命名为“社群引导型组态”。

2) 低用户感知价值组态

L6-1：设计贫乏型组态。组态 L6-1 中前四个条件均呈现为核心条件缺失，条件用户参与不影响最终结果。这表明，造成低用户感知价值的关键原因并不是用户参与，而是平台本身在平台对话、开放获取、风险评估和信息透明四个方面的设计不够完善。结合组态案例来看，低用户感知价值组态覆盖了闲鱼等 5 个案例样本，这些电商交易平台在平台设计上落后于淘宝网等平台。例如，在争议调处制度设计上，尽管闲鱼也会使用“闲鱼小法庭”，邀请 17 名不同身份优质用户作为评审员共同评议，但评审员评选标准不够明确具体。相对而言，淘宝网的大众评审员不仅对注册年限、实名认证、保密承诺有要求，还必须通过各种资格考试，因而纠纷调处公信力更高。正是由于平台企业在平台对话、开放获取、风险评估和信息透明等方面设计相对贫乏，所以交易摩擦频繁出现、用户接纳程度不高、用户体验较差。由此，本章将组态 L6-1 命名为“设计贫乏型组态”。

6.4.3 稳健性检验

为验证研究结论稳健性，本章开展如下检验方案。①改变校准方式。将结果用户感知价值完全隶属、交叉模糊点和完全不隶属的参考值由 75%、50%、25%分位数调整为 80%、45%、10%分位数。②改变阈值。将真值表原始覆盖率阈值从 0.8 提高至 0.9。结果表明，除了条件系数有变动，组态分析结论并未发生改变。由此，判定研究结论可靠。

6.5 本章小结

结合 fsQCA，本章系统考察电商交易平台价值共创的影响因素和前因组态，研究发现的主要结论包括以下三点。①电商交易平台价值共创受平台设计和用户参与的影响。本章发现，在电商交易平台的情境下，DART 模型演化为关于平台对话、开放获取、风险评估和信息透明的平台设计机制。②电商交易平台价值共创过程存在因果不对称特性。作为价值共创结果，高用户感知价值和低用户感知价值的核心条件并不相同。积极的平台对话和用户参与是高用户感知价值的核心条件，平台对话、开放获取、风险评估和信息透明四个要素缺失则成为低用户感知价值的核心条件。③电商交易平台存在平台联动型、社群引导型和设计贫乏型三种价值共创组态类型。平台联动型组态强调建设完善的平台服务体系，吸引用户积极参与价值共创；社群引导型组态突出平台社群建设，通过社群引导平台用户参与，从而提升平台用户感知价值；设计贫乏型组态则强调平台设计不完善可能带来用户体验感下降，增加了平台的交易摩擦，不利于实现高用户感知价值。

1) 管理实践意义

结合本章研究结论来看，移动互联网时代平台企业推进平台生态化成长的重要载体在于平台与用户的价值共创互动，且这种价值共创互动也可能因平台特点产生发展路径的差异。具体来说，对于偏重社交属性的企业而言，可以借助以超级用户为核心的社交(社群)互动引导用户积极参与，从而助推平台引流和价值变现，实现平台快速启动和加速成长；对于侧重商品交易属性的企业而言，可以通过积极平等的平台对话机制、公开透明的平台服务制度、高效有序的交易治理规则和易于连接的开放平台接口推进平台建设与用户参与的双向发力，推进平台内不同主体间的资源共享和能力互补，打造更加动态灵活的自我更新平台生态，实现平台价值共创和平台企业不断成长。

2) 主要理论贡献

本章通过 fsQCA 揭示了价值共创的组态效应，相较于前人研究关注单一要素视角下价值共创的原理而言，本章研究为识别价值共创模式和划分类型提供了新的参考。同时，经典的 DRAT 框架相对忽略平台用户参与行为，没有考虑用户参与价值共创的能动过程，不利于揭示价值共创的关键要素。为此，本章在 DART 模型基础上引入用户参与，为从平台设计和用户参与两方面构建电商交易平台价值共创研究创建了新的理论框架。最后，本章关于电商交易平台价值共创过程存在因果不对称特性的发现恰好印证了价值共创过程不对称因果关系的假设，为电商交易平台价值共创的过程机制提供了更加微观的解释。

参 考 文 献

陈威如，余卓轩, 2013. 平台战略：正在席卷全球的商业模式革命[M]. 北京：中信出版社.

刘晓宇, 2020. 平台赋能、价值共创与跨境电子商务企业绩效[J]. 价格理论与实践(1): 143-146.

罗珉，杜华勇, 2018. 平台领导的实质选择权[J]. 中国工业经济(2): 82-99.

普拉哈拉德　C K，文卡特　V, 2018. 自由竞争的未来[M]. 于梦瑄，译. 北京：机械工业出版社.

武文珍，陈启杰, 2012. 价值共创理论形成路径探析与未来研究展望[J]. 外国经济与管理, 34(6): 66-73, 81.

张洁，蔡虹，赵皎卉，2015. 网络虚拟环境下基于 DART 模型的顾客参与价值共创模式研究：以日本企业无印良品为例[J]. 科技进步与对策, 32(18): 88-92.

赵哲，贾薇，程鹏，等, 2017. 垂直电商的服务创新与价值共创实现机制研究：基于服务主导逻辑的视角[J]. 大连理工大学学报(社会科学版), 38(4): 64-73.

周文辉, 邱韵瑾, 金可可, 等, 2015. 电商平台与双边市场价值共创对网络效应的作用机制: 基于淘宝网案例分析[J]. 软科学, 29(4): 83-89.

Chan K W, Yim C K, Lam S S K, 2010. Is customer participation in value creation a double-edged sword? Evidence from professional financial services across cultures[J]. Journal of Marketing, 74 (3): 48-64.

Jacobides M G, Cennamo C, Gawer A, 2018. Towards a theory of ecosystems[J]. Strategic Management Journal, 39(8): 2255-2276.

Kellogg D L, Youngdahl W E, Bowen D E, 1997. On the relationship between customer participation and satisfaction: Two frameworks[J]. International Journal of Service Industry Management, 8(3): 206-219.

Prahalad C K, Ramaswamy V. 2004a. Co-creation experiences: The next practice in value creation[J]. Journal of Interactive Marketing, 18(3): 5-14.

Prahalad C K, Ramaswamy V. 2004b. Co-creating unique value with customers[J]. Strategy and Leadership, 32(3): 4-9.

Rihoux B, Ragin C C, 2009. Configurational comparative methods: qualitative comparative analysis (QCA) and related techniques[M]. Thousand Oaks California 91320 United states: SAGE Publications.

Schneider C Q, Wagemann C, 2012. Set-theoretic methods for the social sciences: A guide to qualitative comparative analysis[M]. Cambridge: Cambridge University Press.

Segars A H, Grover V, 1993. Re-examining perceived ease of use and usefulness[J]. MIS Quarterly, 17(4): 517-525.

Van Alstyne A, Parker G G, Choudary S P, 2016. Platforms, and the new rules of strategy[J]. Harvard Business Review, 94(4): 54-60, 62.

Vargo S L, Lusch R F, 2004. Evolving to a new dominant logic for marketing[J]. Journal of Marketing, 68(1): 1-17.

第 7 章　价值共创与企业平台生态化成长：顾客参与和平台声誉的效应

7.1　问 题 背 景

在移动互联网时代，互联网平台打破传统商业模式，逐渐成为新经济的领军者。在这样的机遇下，依托互联网技术的新兴交易平台迅速发展。交易平台基于数字和网络技术而构建，通过连接多方群体激发网络效益而获利，因此互联网技术进步和互联网用户规模扩张，为交易平台的发展提供了坚实基础(陈威如和余卓轩，2013)。同时，交易平台为众多参与者提供了便捷的交互空间，让大家可以借助网络来分享信息、传递意见、交流情感、改善体验、完成交易，并由此获得参与价值共创的机会。

随着价值共创现象在平台经济中的不断涌现，平台顾客有机会参与生产和消费领域与企业共创价值，改变传统价值链构造，并且为平台竞争力的构建提供新机遇。在此背景下，传统的以企业为中心的价值创造理论的解释力逐渐受到质疑，学界和业界开始将目光转向有关价值共创理论的研究。

现有的价值共创理论有两类代表性研究：由 Prahalad 和 Ramaswamy 提出的基于顾客体验的价值共创，及由 Vargo 和 Lusch 提出的基于服务主导逻辑的价值共创(武文珍和陈启杰，2012)。这两类研究的核心观点颠覆了过去人们对顾客角色的认识，将顾客视为价值的共同创造者和决定者。自此，国内外众多学者围绕此观点进行有关价值共创的研究。回顾现有研究，价值共创理论描述了顾客和企业及其他利益相关者如何通过参与产品、服务和体验的开发与设计，在生产和消费领域合作为顾客、企业双方共创价值(Prahalad and Ramaswamy，2004a；Payne et al.，2008；Michael，2008)。在价值创造过程中，顾客角色从被动转向主动，这种转变体现出价值共创的趋势和可能性，顾客可以通过与企业的交互合作创造价值(Kambil et al.，1999)。科技发展使信息传递和知识积累更为便捷高效，顾客参与价值共创的能力和主动性将有更大提升。交易平台作为移动互联网时代数字信息技术的产物，向顾客提供了比传统商业环境更多的交互机会，已有一些学者将其视为价值共创的典型场景展开研究(周文辉等，2015；涂剑波，2015；赵哲等，2017)。

对价值共创理论的研究虽然起步较晚，但现阶段仍然积累了丰富成果。从研究方法上看，大部分研究采用定性分析方法，用案例阐述价值共创的作用机理和实现路径，关注价值共创理论的探索性开发与构建。从研究情境来看，聚焦到交易平台情境下的价值共创研究较少，因此交易平台中价值共创形成过程、价值生成方式和表现尚不清晰。此外，企业对价值共创机制的设计与管理是价值共创得以顺利实施的关键，但现有研究主要集中在价值共创对企业绩效、顾客行为和顾客价值等的影响，较少关注企业对价值共创的促进与管理问题。

本章选择研究交易平台价值共创相关问题，一方面是得益于现有的价值共创的理论及方法相对成熟，可以尝试拓展到研究相对较少的平台领域；另一方面是因为相关研究亟待补足，为本章的研究提供了机会。综上所述，本章将对价值共创的研究聚焦到交易平台，围绕价值共创管理如何影响共创的价值，交易平台顾客在价值共创过程中如何发挥作用及平台声誉对顾客行为有什么影响等问题，构建交易平台价值共创机理模型，尝试对上述问题进行理论分析和数理验证。

与以往相比，21 世纪的商业变革为顾客提供了更多产品和服务选择，但分辨和评估产品与服务需要耗费时间及精力，因此顾客从中未必能获得满足感。对企业来说，多变的商业环境让其拥有丰富的策略选择，但激烈的竞争格局却使可获得利润越来越低。我们迫切地想要重新审视传统的以企业为中心的价值创造体系，关注产业系统中顾客角色的转变，并将这一问题聚焦到区别于传统企业模式的平台模式中进行解释。

从现实角度来看，随着网络交易规模和范围不断扩大，平台参与者之间互动不断增多，越来越多的平台企业会意识到价值共创活动的重要性。平台企业为众多的参与者提供创造价值的场景，参与者在追求自身价值的过程中也会为平台企业带来价值，这是一种互利共赢的模式。有别于传统企业是向顾客提供产品、满足其需求而创造企业价值，平台企业的目标是维护平台健康和保障平台质量，通过构建和管理价值共创系统，鼓励参与者积极利用平台上的产品或服务，主动满足自身需求，从而实现企业平台生态化成长。本章的研究不仅关注平台企业价值共创管理因素对共创价值的作用机制，而且关注平台企业声誉所发挥的调节作用。一方面，这是因为声誉在平台中的体现有其特殊性，声誉治理是平台治理的要务之一；另一方面，声誉能被顾客感知，对顾客的行为选择和价值感知产生影响。在现实中，平台企业期望把握顾客需求和了解其认知形成路径，为顾客提供更好的产品或服务，以创造更多属于顾客和企业的价值。本章将立足于此，挖掘引导顾客参与并发挥价值共创作用的关键因素，分析推动平台可持续发展的方法路径，增补该领域的实证研究成果，并为平台企业的战略管理和企业平台生态化成长路径选择提供参考依据。

7.2　相关概念与理论基础

7.2.1　价值共创理论及其相关研究

1. 价值创造

价值共创是指多方主体共同参与的价值创造过程，因此对价值共创的研究须以价值创造相关理论为起点。对价值创造理论的研究发端于对“价值”的认识。从经济学视角来看，马克思将价值的概念描述为：“价值的普遍概念产生于人们与满足其需求的外界物的关系”（中共中央马克思恩格斯列宁斯大林著作编译局，2006）。一方面，价值体现为商品能否或在多大程度上满足顾客需求；另一方面，价值体现为生产者耗费成本产出的商品能否或在多大程度上创造利润。在这个层次意义上，“价值”即将商品和人的需要连接在一起的“关系”，它和使用价值对立统一，彼此互为条件、相互影响和相互决定。

在工业时代，人们对价值认识逐渐深入，商品主导逻辑应运而生。商品主导逻辑认为，价值被嵌入商品中，由生产者创造出来，通过经济交换传递给顾客，最终被顾客“毁灭”。在此过程中，生产和消费被视作两个彼此独立的环节，企业占据着价值创造的主导地位，国民财富的增长源于企业创造的有形资源和商品，与顾客无关（Vargo and Lusch，2004）。商品主导逻辑在很长一段时间被视为所有与商业相关学科的主导理论，直到现代服务业快速兴起，商业活动从产品转向服务的趋势越发明显，商品主导逻辑受到严峻挑战。

Vargo 和 Lusch（2004）指出，经济全球化和信息技术飞速发展促使服务业的地位迅速提升，这使得商品主导逻辑逐渐跟不上互联网的时代步伐。Prahalad 和 Ramaswamy（2004a）则观察到一种新的价值创造方法，即价值由企业和顾客共同创造，且他们认为企业未来的竞争将与此密切相关。进一步地，Grönroos 和 Voima（2013）意识到在价值创造过程中顾客不但能参与创造，还能决定价值性质。逐渐地，学者们对价值产生的讨论从关注交换价值转到关注使用价值，研究重点也从与商品有关的价格、生产率转向服务和服务管理等方面，由此服务主导逻辑将商品主导逻辑替代。

从商品主导逻辑到服务主导逻辑的价值创造理论演变过程可见，传统的价值创造观点认为价值的创造者是企业，而顾客只是价值的使用者。企业参与经济活动的目的是生产商品，顾客参与经济活动的目的是获取交换价值，并使商品价值得以实现。当顾客角色由被动的价值“接受者”转为积极的价值“创造者”，价值创造的方式也随之发生巨大转变，从单一角色（即企业）参与转变为了多元角色

(企业和顾客)共同参与。同时，过去研究认为价值是通过单向、循序的价值链创造的，而现在顾客可以积极参与生产和消费领域，在产品或服务的生产设计环节为创造更好的消费体验而做出努力。一种新的价值创造方式由此诞生，即顾客和企业共同完成价值的创造(Prahalad and Ramaswamy，2004b)。

2. 价值共创的定义

“价值共创”一词的来源可追溯到 Ramírez(1999)提出的“共同生产价值”(value co-production)，即价值是由企业和顾客共同生产的，源于服务的生产和交付过程。共同生产(co-production)强调企业引导顾客参与生产环节以帮助企业共同生产多样化的产品，顾客角色成为“部分员工”。

后来，Prahalad 和 Ramaswamy(2004b)两位学者进一步明确提出“价值共创”的概念：价值共创是企业和顾客通过有效互动而生成顾客的个性化体验的过程。不同于共同生产，共同创造意味着顾客参与共同创造服务体验的过程，共同创造的并非多样化的产品，而是个性化的体验。他们将价值共创视为价值创造的新方法，即以个体(主要是顾客)为中心，顾客参与价值链的各环节，与企业一同创造体验、创造价值。他们对价值共创内涵的阐述有两个要点：第一，顾客和企业共同创造的价值与体验紧密相关；第二，参与者间的互动是价值创造的关键发生点。在基于体验的价值共创逻辑下，价值形成过程范围较广，既涉及生产阶段，也包括消费和售后阶段。

在服务主导逻辑下，Vargo 等(2008)提出价值共创过程由企业和顾客共同完成，即一方面企业作为生产者，通过向市场提供产品或服务而提出价值主张；另一方面，顾客通过购买并使用市场中的这些产品或服务继续创造价值。顾客和企业是价值的共同创造者，他们通过交流互动，在生产、设计、交付和消费等环节一起创造价值。其中共创的价值包括生产者提供商品或服务的价值，以及顾客通过使用商品或服务的贡献价值的总和。

服务主导逻辑的提出有力推动了对价值共创的研究，此后国内外许多学者从不同视角对价值共创作出定义。本章回顾其中一些有代表性的研究，整理结果见表 7-1。

表 7-1 价值共创的定义

学者	主要观点
Prahalad 和 Ramaswamy(2004b)	价值共创是企业和顾客通过有效互动而形成个性化体验的过程
Vargo 和 Lusch(2004)	顾客和企业是价值的共同创造者，他们通过交流互动，在生产、设计、交付和消费等环节一起创造价值
Xie 等(2008)	价值共创是顾客进行的创造价值的活动，其结果是顾客最终消费产品的生产，并生成消费体验

续表

学者	主要观点
Edvardsson 等（2011）	价值共创是由社会力量塑造，在社会结构中再生产，对于参与者可能是不对称的，这会影响价值的获取
刘文超等（2011）	价值共创是顾客与企业之间的互动过程，该过程包括一系列的对话和信息交流、意见反馈
Grönroos 和 Voima（2013）	价值共创是指顾客通过互动行为创造使用价值的过程
Roser 等（2013）	价值共创是利益相关者之间的互动、创新和社会过程，发生于公司在价值创造过程的多个阶段
Ind 和 Coates（2013）	价值共创是一种提供持续交流机会的过程，在此过程中公司愿意与外部利益相关者分享知识和信息，并从中获得回报

从现有研究可见，当前对价值共创的探讨仍然较为零散，对价值共创的定义也尚未达成统一。由于价值共创（value co-creation）的概念具有抽象性。按照对“co-creation”词性的理解，价值共创是个名词，既可以理解为创造价值的行动，即正在进行的创造，又可以理解成一种创造出的结果。因此，为避免研究的抽象性，对价值共创的定义可从价值共创的主体视角出发，将价值共创定义为：企业和顾客通过不同形式的共同行动，合作创造共同利益的集体性活动。

同时，基于上述对价值共创概念的分析可见：第一，价值共创是描述多个利益相关者合作共创价值的过程，行为主体主要涉及企业和顾客两方；第二，价值共创的客体不限于产品或服务，还包含顾客与企业共同的个性化服务体验；第三，价值共创的行为内容主要是交流互动；第四，价值共创的关键目标是实现顾客价值，企业和顾客皆从中获益。

3. 价值共创理论的演化

传统的以企业为核心的价值创造体系，向多主体共同合作的价值创造体系转变，这种变化源于顾客角色的转变。之前，顾客的角色是孤立、被动的，而现在他们是相互关联、积极主动的。这一变化过程从价值共创理论的演化中可以看出。

19 世纪 Storch（1823）在研究服务经济时指出“服务过程离不开生产者与顾客的相互配合”。20 世纪 60 年代，在顾客生产理论的基础上，对价值产生的认识突破顾客仅在服务经济领域创造价值的观点，认为顾客利用生产者提供的产品或服务及自己的时间、知识和能力等“消费资本”来创造能够满足自己需求的价值。在顾客生产过程中，企业所发挥作用的大小和特性将决定企业利润与竞争优势（Becker，1965）。早期的价值共创理论（无论是服务经济学研究还是消费者生产理论）强调在价值创造过程中，顾客具有一定的生产性，即顾客以自己的特定方式与生产者进行合作，并对服务绩效和价值创造产生影响。

21 世纪以来，价值共创广泛受到学术界和实务界关注。Prahalad 和 Ramaswamy(2000，2004b)提出基于顾客体验的价值共创理论，他们从企业竞争和战略管理视角，发现共创价值的本质是创造顾客体验价值。因为体验过程是连续的，价值共创可发生在消费体验的任意过程，所以体验价值的形成过程即顾客、企业双方共同创造价值的过程。进一步地，Prahalad 和 Ramaswamy(2004b)还提出了“互动是顾客和企业共创价值的主要途径，顾客与价值网中各结点企业的互动是共创价值形成的关键”，强调互动是价值共创实施的基础。

Vargo 和 Lusch(2004)提出的基于服务主导逻辑的价值共创理论，强调服务对于价值产生的重要性，且顾客是价值的共同创造者。服务主导逻辑强调顾客作为一种重要的操纵性资源(operand resource)在价值创造过程中发挥的决定性作用。基于操作性资源观，Vargo 和 Lusch(2004)对服务主导逻辑中的“服务”作出新定义：“某实体通过将知识、技能等专业能力应用于行动、流程及绩效，以实现自身或其他实体的利益”，并且将有形商品和无形服务统一于服务本身。他们认为，经济交换本质上是交换“服务”，一切经济都与服务相关。从服务主导逻辑来看，服务并非交换的特定形式，而是交换的普遍形式(Payne et al.，2008)，价值共创正是以这种普遍性为基础的。

总地看来，价值共创理论的演化大致经历了从顾客生产理论到基于顾客体验的价值共创理论和基于服务主导逻辑的价值共创理论的过程(图 7-1)。

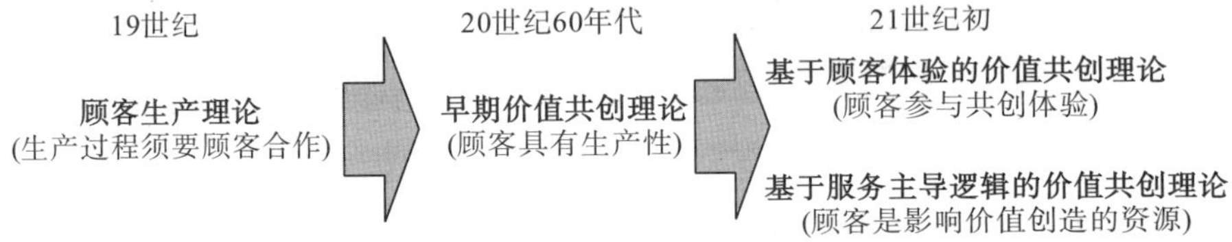

图 7-1 价值共创理论演化

目前对价值共创的研究文献大都以 Prahalad 和 Ramaswamy(2004b)的体验视角与 Vargo 和 Lusch(2004)的服务主导逻辑视角为基本共识，即将顾客视为企业的内部资源，顾客是价值创造者，顾客、企业双方的互动最终创造出价值。可以看出，对顾客角色的认知随着价值共创理论的演化发生了深刻变化：顾客从被动的价值接受者，变为积极主动的价值创造合作伙伴。顾客角色的转变是价值创造体系发生转变的基础，与价值共创相关的研究应当明确这点，并重视顾客在价值共创过程中发挥的重要作用。

4. 价值共创的研究现状

国内外关于价值共创理论的研究成果较多，按照强调价值共创活动产生的环节不同可分为三个方向，分别是生产过程的价值共创、消费过程的价值共创，及生产和消费全过程的价值共创。

1) 生产过程的价值共创

生产过程的价值共创研究关注顾客参与生产的过程，强调顾客作为合作生产者的身份参与价值创造，顾客角色对生产共同价值有关键作用。这一方向的研究成果体现在对顾客参与制造业新产品开发、参与服务业个性化体验和服务创新，及在网络环境中参与虚拟产品开发等方面的研究中。

关于顾客参与制造业生产，学者 Hoyer 等(2010)基于价值共创程度的概念框架，从顾客和生产者两方面分析了价值共创的影响因素、障碍和结果。Ramaswamy 和 Gouillart(2010)通过案例研究，探讨了企业实施价值共创的好处，及如何发起价值共创。他们指出，企业应当为价值共创的实现开发适宜的参与方式、沟通渠道和工具。Lambert 和 Enz(2012)对 B2B(business-to-business，企业对企业)关系中的价值共创进行研究，发现价值共创发生在三个有周期性且相互关联的阶段，即共同提出价值主张、实现价值和决定价值。国内学者张祥和陈荣秋(2009)从企业视角研究了生产环节的价值共创问题，论证了生产环节中关键的价值共创活动会影响企业定制及服务能力，并指出企业可以从顾客参与价值共创活动中获取竞争优势。卢俊义和王永贵(2011)对 B2B 环境下价值共创的过程机理进行研究，论证了供应方专用投资、顾客体验、互动和顾客价值之间的作用机制。孔鹏举和周水银(2013)从企业视角讨论了企业与顾客共同创造竞争优势的过程，指出该过程实际上是企业在顾客创造价值时将自身融入其中，由此实现共创价值并获得一定的竞争优势。任际范等(2014)将 B2B 环境下的价值共创称为“企业间价值共创”，并基于 DART 模型开发企业间价值共创量表，验证了企业间价值共创对创新绩效的影响。

服务业中顾客作为服务的共同提供者参与价值共创，对此的研究集中在个性化体验、服务创新和服务补救等方面。Grace 等(2008)研究了顾客参与服务而生成个性化体验的过程，认为顾客通过参与价值共创而获取个性化体验。Dong 等(2008)的研究显示，顾客参与服务补救对顾客满意度有积极影响，且进一步影响顾客未来参与价值共创的意愿。Kankanhalli 等(2015)研究指出，顾客参与和服务创新正向影响服务绩效，且服务创新和服务绩效的关系受顾客参与的调节。

关于顾客参与虚拟环境中的价值共创的研究主要集中在对参与动机的研究。Deci 和 Ryan(2002)将顾客参与动机分为内在动机和外在动机，前者包括满意、好奇、兴趣、挑战和涉入，后者包括控制外在动机与信息外在动机。Füller(2006)将顾客参与线上价值共创的动机分为 10 类，并据此将顾客分为报酬导向、内在兴趣、好奇驱动、需求驱动几个不同特征类别。此外，也有学者基于虚拟网络环境研究了顾客参与的结果。张洁等(2015)通过案例研究发现，企业通过 DART 模型的四项关键要素(即对话、获取、风险评估和透明)对价值共创实施管理，有助于提高虚拟网络环境中顾客的参与能力和绩效，由此帮助企业成功开发产品。

2)消费过程的价值共创

消费过程的价值共创研究是近年来学者们更偏爱的研究方向，研究多集中在顾客与企业、顾客与顾客之间在消费环节中的价值共创问题，强调顾客是价值共创过程中互动的主体。Prahalad 和 Ramaswamy(2004a)研究指出，顾客和企业员工的互动能创造有益的体验。Pongsakornrungsilp 和 Schroeder(2011)对顾客之间价值共创的研究发现，顾客在虚拟社区平台上进行价值共创，其角色既是价值提供者，又是价值受益者。王新新和万文海(2012)对消费过程价值共创的机理展开研究，论证了顾客在与企业共创价值的过程中起主导作用，企业仅需提供必要支持，且共创价值正向影响品牌忠诚。Chen 等(2012)构建了顾客间价值共创的概念模型，提出价值根植于体验，体验源于共创过程中的付出和努力，价值发起人通过实施为他人带来利益的价值分享而实现价值创造，生成的体验价值以服务为基础。刘宏和杨路芬(2017)将顾客视为价值共创互动主体，运用质性研究构建了基于 DART 模型的顾客参与价值共创路径模型，从体验视角阐述了不同路径下顾客参与价值共创的过程。

3)生产和消费全过程的价值共创

生产和消费全过程的价值共创研究大多强调价值共创的全过程。例如，Sheth 等(2000)对价值共创过程的研究说明，价值共创是企业和顾客在价值创造中的互动与合作，在产品或服务设计、开发、生产及消费等环节都可能发生。Boyle(2007)构建品牌价值共创过程模型，并分别对该过程中由企业驱动和顾客驱动的因素进行研究，强调需要重新考虑企业和顾客在品牌共同创造过程中的作用，品牌是由企业和顾客共同创造的，而非企业独控。杨学成和陶晓波(2015)通过小米公司的案例深入探讨了价值共创的演进，提出从价值链到价值矩阵，再到柔性价值网的价值共创逻辑，并依据价值网中的互动、链接与重构三种方式，阐明小米公司社会化价值共创的内在规律。

总地来看，现有研究认为价值共创活动无论是发生在生产过程，还是发生在消费过程，或者是生产和消费全过程，都共同强调了顾客作为价值共创参与主体的重要作用，认同顾客是价值共创不可或缺的参与主体。

此外，对现有研究的梳理除了从价值共创产生过程进行，还可以从价值共创管理视角来看。该视角下的研究主要关注企业对价值共创活动的管理和促进如何实现。例如，Prahalad 和 Ramaswamy(2004b)构建了 DART 模型，并建议企业通过对于对话、获取、风险评估和透明管理的有效实施，提高顾客与企业共同创造价值的热情，从而保障价值共创活动有效进行。基于服务主导逻辑，Payne 等(2008)

构建了一个价值共创概念模型，并据此模型为企业更好地构建价值共创系统、实施价值共创管理提出意见。Chan 等(2010)研究了顾客参与价值共创对企业员工绩效的影响机理，发现由于顾客参与对价值共创的影响取决于顾客和员工的价值观，所以企业对顾客参与的管理和促进有利也有弊，他们建议企业在管理价值共创活动时要注意员工与顾客间文化价值导向的“匹配”。

7.2.2　平台及平台价值共创

1. 平台与交易平台的定义

对于平台的定义，国内外学者们展开过大量研究，并给出了各自对平台的理解。经济学和管理学中说的“平台”起源于双边市场，用以指代发生交易的某种现实或网络空间，该空间为两方或多方客户达成交易提供支持，且从中收取一定费用，进而实现收益最大化(刘启和李明志，2008；李允尧等，2013)。

Ciborra(1996)将平台定义为一种元组织(meta organization)，认为其是一种形式化结构形成的环境，具有层次结构、矩阵甚至网络的存在形式，但由于环境的高度不确定性和不完善性，其基础非常不稳定。基于双边市场理论，经济学领域将平台描述为一种使双边或多边用户进行交易的虚拟空间，所有用户均从另一侧的用户数量不断增长中直接或间接受益(Eisenmann et al.，2006；徐晋和张祥建，2006)，并由此延伸出平台经济学(platform economics)的概念。

从价值创造的角度来看，现有研究认为，平台通过连接两方或多方群体，为他们提供互动机制以满足各方多样化的需求并从中获利(陈威如和余卓轩，2013)。平台不直接参与核心价值创造，而是为多方共同进行价值创造提供必要的系统和条件(Ordanini et al.，2011；Alstyne et al.，2016)。平台模式的价值创造逻辑是通过平台的“连接”及“聚合”功能来帮助各方参与者实现交易成本的降低，从而激发网络效应(李文莲和夏健明，2013)。汪旭晖和张其林(2015)基于案例研究，提出平台型网络市场的定义：虚拟网络交易平台上参与交易的买卖主体不断集聚形成的交易市场，其中一方收益大小受另一方参与者数量影响。金杨华和潘建林(2014)从平台主体视角出发，提出平台是平台领导与用户协同创新的网络组织，是一种开放式创新主体。Parker 和 Alstyne(2012)提出，构成平台的主体应该包含平台提供者、平台创建者、需求方及供给方。

现有对平台定义的讨论层出不穷，从本章研究视角来看，平台是通过连接多个利益相关者群体，为他们提供价值共创的互动机制和技术支持，从而满足所有群体的需求并巧妙地从中盈利的组织。

而交易平台是指以达成交易为目的，通过提高市场效率来创造价值的一种平台类型(Bhargava and Choudhary，2004)。交易平台不仅能实现交易成本的降低，还能帮助提高交易可能性。根据平台上交易品类不同，平台又可被细分为商品交易平台、服务交易平台、技术交易平台和金融资产交易平台。本章提到的交易平台具体指基于网络环境的电商交易平台。电商交易平台是由平台企业提供技术服务，构建起虚拟的交易空间以引导和促进买卖双方达成交易的一种平台。

2. 平台声誉

Fombrun 和 Shanley(1990)对企业声誉作出定义，即企业利益相关者对企业过去行为及未来愿景的感性评价，声誉可以表示企业对其利益相关者的吸引力。基于对企业声誉的认识，汪旭辉和郭一凡(2018)从顾客关系质量视角对交易平台的声誉展开讨论，提出平台企业声誉是顾客依据平台企业以往一些行动，对平台企业与卖家群体提供的产品或服务的整体评价和偏好。

此外，有学者从价值共创视角提出，交易平台的声誉由平台企业和卖家共同创造，也被平台企业和卖家共享，且平台声誉具有“平台企业驱动”和“卖家驱动”的双元结构(汪旭晖和张其林，2017)。其中，“平台企业驱动”的声誉源自顾客对平台架构、平台规则及对平台本身的评价和偏好程度，而“卖家驱动”的声誉源自顾客对卖家群体所提供的产品或服务及对卖家的总体评价和偏好程度。平台企业和卖家共同创造并管理声誉，此过程不仅形成他们对自我行为的约束，也形成对顾客群体的制度保障。与传统单边市场的声誉机制不同，双元结构下平台声誉的产生和管理变得更为复杂，且由于平台市场的特殊性，平台企业与卖家存在明显的“声誉捆绑”关系。也就是说，顾客在交易过程中因商品或服务而生的心理感知，会影响顾客对平台企业的看法，即使这些商品或服务是直接由卖家提供的。

从顾客视角来看，顾客对平台声誉作出评价时，并不能完全区分开平台企业和卖家的声誉，所以本章所研究的平台声誉即上述“双元结构的声誉”，是顾客将平台企业和卖家视为一个整体而作出的声誉评价。

3. 平台的价值创造参与者

从商业模式的视角来看，学者们提出平台模式主要包括以下价值创造参与者：一是用户，通常被称为终端用户；二是平台提供者，负责连接和匹配多方用户群体；三是平台支持者，负责设计市场机制、行使控制权，可以决定平台准入门槛、控制用户数量，及管理独家交易权(Eisenmann et al.，2006)；四是供应方(或互补者)，即产品和服务的主要提供者，他们和平台提供者互利共生，丰富了平台系统种群多样性(蔡宁等，2015)。因在实际应用中，平台提供者和平台支持者的角色大多数情况下由一家企业承担，故现有研究将其称为平台企业。平台企业既是主要的连接者、匹配者，也是市场的设计和管理者，不但负责连接多方群体，还负责协同供应方(互补者）为用户提供更多个性化和高质量的产品或服务（陈威如和余卓轩，2013）。

平台的价值创造参与者众多，为了更清晰地认识平台情境中的价值共创，我们将主要的一些价值创造者与具体的交易平台主要角色进行匹配，并区分出不同角色的价值诉求，详见表 7-2。

表 7-2　交易平台价值创造参与者及其诉求

价值参与者			角色定位	价值诉求
核心层	平台企业		主导者（平台提供者和支持者）	吸引和调动各利益相关者参与，以连接红利激发网络效应，从中获取收益
	交易平台用户	顾客（买家）	购买者（平台使用者）	为满足个人需要而参与产品或服务交易，追求产品或服务带来的体验
		供应方（卖家）	经营者（平台使用者）	通过交易商品或服务，追求高额的利润回报
紧密层	非交易平台使用者	支付平台、银行	互补者（协助交易）	为网上交易提供金融服务，收取佣金、手续费等
		物流公司	互补者（协助交易）	为商品交易提供物流支持，赚取运输费
外围层		政府	管理者（政策制定和监管）	从宏观层面制定政策，并提供法律监管，保障平台经济运行环境良好
		新闻媒体	舆论监督者	为利益相关者发声，履行舆论监督职责
		……	……	……

基于以上观点，交易平台作为一种以达成交易为目的的平台，其价值创造的核心参与者主要包括两个类别，一类是平台企业，另一类是平台用户（包括买家和卖家）。这两类主体的关系是：平台企业向平台用户提供技术支持和互动机制等价值创造的必要条件，以帮助平台用户达成交易并实现价值的共同创造。

4. 平台价值共创的内涵及特点

移动互联网时代情景下的平台商业模式价值创造逻辑与传统的“线性”商业模式不同。平台模式是通过连接两方或多方参与者，为其提供交互机制与空间，满足所有参与群体的需求，并在此过程中追求利润的一种商业模式（陈威如和余卓轩，2013）。一个成功的平台有其独特的吸引力，可以帮助多方参与者进行高效互动，从而满足多方愿景。从平台经济学视角看，平台的吸引力与网络效应相关，若平台吸引的主体越多、主体间关系密度越强、关系规模越大，就越有助于产生网络效应，并以此驱动价值创造（江积海和李琴，2016）。平台商业模式的价值创造涉及多个参与主体，可见平台的价值创造过程的本质就是价值共同创造的过程，平台是研究价值共创的最佳情境。

对交易平台提供企业来说，若其不参与交易产品的生产过程也不参与消费环节，那平台提供企业是如何参与价值共创的呢？按照 Ordanini 等(2011)、Van Alstyne 等(2016)学者的观点，平台企业不参与核心价值创造，而是为参与者们的创造价值提供必不可少的系统和条件，即赋予包括生产者和顾客在内的多个利益相关者参与价值共创的权利，实现互利共赢。换句话说，平台一方面为众多参与者创造交互机会，提供了价值交换、价值创造的场所(罗珉和李亮宇，2015)；另一方面，通过引导顾客角色由被动参与者向主动参与者转变，有助于更好地提升消费体验、满足消费需求。

如今，很多平台企业已经意识到顾客角色对价值创造的重要性，并致力于通过引导顾客参与以获取企业竞争优势。有研究指出，平台企业通过引导顾客积极地参与价值共创，以促成交易、提升满意度、增强用户黏性等，由此可能带来的网络效应是平台参与企业赢利的关键(刘洋和廖貅武，2013；周文辉等，2015)。Gawer 和 Cusumano(2014)、Lee 等(2017)、Evans 和 Schmalensee(2017)、杨学成和涂科(2017)研究了平台网络效应特征与价值共创联系，指出平台具有直接网络效应和间接网络效应，通过激发网络效应和发挥资源互补优势，实现平台与顾客的价值共创共享。

综上所述，平台情境下的价值共创有其特殊性：第一，网络效应是平台模式价值共创的核心特征，平台企业不直接参与核心价值创造，而是致力于激发网络效益以实现价值共创共享；第二，平台价值共创涉及的利益相关者众多，多主体参与的价值共创也更为复杂。

5. 交易平台价值共创机制

关于交易平台价值共创机制，现已有一些研究成果。

从价值主体角度来看，赵哲等(2017)对电商交易平台的价值共创机制进行了研究，提出价值共创系统主要包含平台企业、顾客和供应方三大主体，主体之间通过两两互动传递价值，并形成价值网络。

从价值实现方式角度来看，周文辉等(2015)的研究指出，电商交易平台的价值实现方式主要是互动，平台企业会为了促进平台企业、顾客和供应方之间的有效互动而采取一系列行动，如平台企业负责为此提供技术和制度支持。其中，技术支持是指平台企业不仅提供虚拟空间供顾客和商家互动交流，还通过大数据对顾客的需求和行为数据进行收集分析，以满足顾客品质需求和帮助商家精准营销，进而优化网络质量。制度支持是指平台企业通过制定规则，构建信任、平等、角色清晰的互动环境。

从价值实现路径角度来看，涂剑波(2015)分析了国内电商交易平台的价值共创过程，即平台为追求利润而向卖家及顾客提供线上交易场所，卖家在线展示商品，顾客则通过查看商品相关信息、与卖家交流互动等方式购买产品或服务的过程。陈嘉男(2019)以阿里巴巴平台为例分析了电商平台价值共创路径，并根据主导者的不同将交易平台情境下的价值共创分为由平台企业主导的价值共创、由平台顾客主导的价值共创、由平台供应方主导的价值共创，及由平台企业、顾客和供应方共同推进的价值共创。其中，平台企业主导的价值共创实现方式是平台企业借助大数据维护平台秩序、细分顾客、提供数据服务，并将“体验价值”传递给顾客，将“需求信息价值”传递给供应方。由顾客主导的价值共创实现方式是指顾客通过与顾客、供应方、平台企业的互动，向顾客传递“体验价值”，向供应商和平台企业传递“需求信息价值”；同时，顾客群体对其他顾客和商家的吸引，也可以传递“平台黏性价值”。供应商主导的价值共创主要指供应商通过与其他角色的互动传递“商品效用价值”“需求信息价值”“体验价值”“平台黏性价值”。

综合以上观点，交易平台中的价值共创主要通过多方参与者间的互动实现。平台企业作为平台的支持者和提供者，为保障价值共创活动的有效实施，平台企业可以在价值共创活动的机制设计和管理方面做出努力，为互动的有序进行提供支持。再结合本章研究视角，我们基于 DART 模型提出交易平台利益相关者的价值共创机制，如图 7-2 所示。平台企业围绕对话、获取、风险评估和透明四项因素，主导价值共创的机制设计和管理，从而保障以平台核心参与者——平台企业、顾客和供应方为主的价值共创活动顺利进行并取得预期效果。

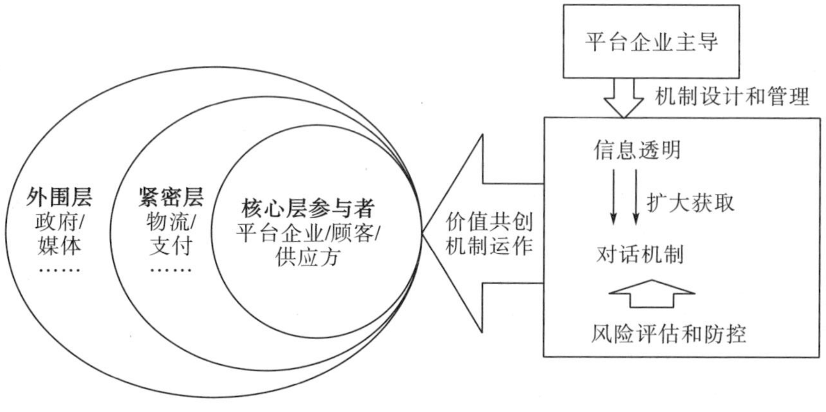

图 7-2　交易平台利益相关者价值共创机制

7.2.3　顾客参与相关研究

1. 顾客的定义

顾客(customer)，此概念的定义因研究视角不同而存在差异。从交换角度看，顾客是希望通过交换以满足自身特定需求的人(科特勒，1999)。从消费能力角度来看，顾客是拥有实际购买力，且会做出实际购买行为的群体(牛海鹏和屈云波，1998)。从使用角度来看，顾客指的是对相应产品或服务进行支付和最终使用的群体(琼斯，2000)。从广义定义角度来看，只要接受了企业提供的产品或服务的对象都可被称为顾客(李蔚，1998)。

本章所指的顾客侧重于交换视角下定义的顾客，具体来讲是指为满足个人需求而通过交易活动购买商品或要求服务的对象。此外也应当注意，在交易平台背景下，顾客因为使用交易平台完成交易，所以顾客角色既是交易者，也是技术使用者。

2. 顾客参与的定义

提升顾客的参与积极性是价值共创的核心思想，也可以说价值共创的前提即顾客参与(Prahalad and Ramaswamy，2000；Van Doorn et al.，2010)。顾客参与价值共创活动不仅要付出时间和精力，还要在过程中整合信息、知识和技术等资源，以获得最佳消费体验。

关于顾客参与(customer participation)的研究已有相当长的历史，20 世纪 70 年代末，Chase(1978)提出顾客接触(customer contact)的概念，此概念被视为顾客参与的一种情形。Lovelock 和 Young(1979)研究了顾客参与对服务生产的影响，将顾客看作生产要素，提出顾客参与能提高企业生产效率。

后来，随着服务业的兴起和服务主导逻辑的发展，顾客参与在服务中的重要性得到更多关注，由此一些关于顾客参与定义的代表性观点相继出现。Silpakit 和 Fisk(1985)将顾客参与定义为顾客在精神、体力和情感方面的付出。Dabholkar(1990)提出，顾客参与是顾客对生产或服务的深入程度。Lloyd(2003)在对旅游和银行服务业的研究中，提出顾客在服务中的贡献行为即顾客参与，顾客的这些行为会影响服务质量。顾客参与有行为和信息两个维度。参与收益及参与能力与顾客参与意愿相关。Namasivayam(2002)认为，顾客角色在生产过程中的介入即顾客参与，该生产过程既可能生产有形产品也可能生产无形产品(如服务)。Payne 等(2008)认为，顾客参与是指顾客与企业一起进行合作生产的行为。刘文波和陈荣秋(2009)将顾客参与定义为顾客在购买产品或服务时所付出的情感、行为、精力和认知等方面的努力。

贾薇(2010)通过深入梳理相关文献，提出了顾客参与的特征：第一，顾客参与行为的产生源于服务的特性，即生产和消费的不可分割性和同时性；第二，顾客参与不但强调行为概念，还应涉及顾客承担的相应责任和角色；第三，在顾客参与过程中，顾客付出的可能是时间和金钱，也可能是精力、情绪等。

综上所述，可以看出顾客参与是一个多元视角、呈动态发展的概念。根据对顾客参与一词的词性理解，顾客参与作为名词可以指顾客在参与活动过程中做出的行为，也可以指顾客参与的行动结果，即顾客所付出物质的或非物质的努力等。结合本章研究视角，顾客参与是指交易平台的顾客在参与交易的过程中，为获取更好的消费体验而付出的时间、精力和行动等努力。

3. 顾客参与的动机

一直以来，顾客参与的动机都是有关顾客参与研究的焦点议题。已有研究大致将顾客参与动机分为两类，分别是内部动机和外部动机。

其一，内部动机是指顾客参与的发生源于顾客对参与活动本身有兴趣，行为受心理层面的内部因素驱动。Dabholkar(1990)认为，顾客从参与体验中获得的愉悦感，会使顾客更愿意选择自助服务。Rodie 和 Kleine(2000)认为，源于心理层面的动机是影响顾客参与的关键，顾客通过参与行为能获得享乐、愉悦感及新鲜感——这些心理感受实际上是顾客自我人格的展现及自我实现的需要。

感知控制也被认为是一种内部动机。Bateson(2000)认为，消费过程中的控制感是与生俱来的，如果说人本身就有控制环境的需求和欲望，那么参与价值创造正是给顾客实现控制感提供了途径，其中控制可体现在对参与过程和参与结果的控制。范秀成和张彤宇(2004)研究了顾客参与对服务企业绩效的影响，提出顾客会因为寻求感知控制而参与到服务过程。贾薇(2010)在研究顾客参与对价值创造的影响时，认为顾客参与价值创造活动的内在动因不仅是参与能使之获得满足感和成就感，还是参与能展现个人自主意识和释放创造力。

此外，寻求社交利益也被视为一种出于心理层面的内部动因。顾客参与有助于建立人际关系、获得尊重和认同感、获得关系价值，因此顾客参与受到社交利益的驱动(Rémy and Kopel，2002；Chan et al.，2010)。

其二，外部动机是指顾客参与的动机是自身以外的外界因素，这些因素包括企业的产品或服务质量、消费环境、时间成本、促销价格等。由于顾客参与是一种价值创造行为，而创造行为必须在社会环境中展开，那么通过环境因素获得的刺激和驱动则是一种不可忽视的顾客参与动机。Silpakit 和 Fisk(1985)认为，顾客参与的外部动机有情境因素和服务特征，其中情境因素包括物理环境、社会环境和财务情况等，服务特征包括定制水平、服务传递方式、便利性和成本等。Limayem 等(2003)认为，在网络购物环境中，体验和行为因素影响顾客参与。Lin 和 Richard(2004)在 BZC(business-to-customer，企业对顾客)情境下将顾客参与动机分为环境因素、行业因素和组织因素。耿先锋(2008)以医疗服务业为背景探讨了顾客参与动因，提出由环境的不确定性带来的感知风险是顾客参与的驱动因素，实证结果表明与时间、心理、绩效和财务相关的风险均显著影响顾客参与。

4. 顾客参与的结果

对顾客参与的结果研究大致有两个方向，一是顾客参与对企业的影响，二是顾客参与对顾客的影响。

关于顾客参与对企业的影响，早期研究将顾客视为企业“内部员工”，提出顾客参与能提高服务生产率(Lovelock and Young，1979)。Fang 等(2008)的研究认为，顾客参与会影响新产品价值创造，具体方式有顾客帮助提高新产品开发效率、加强与供应商的信息共享和参与对产品开发的特定投资等。范秀成和张彤宇(2004)基于对服务业顾客参与的研究认为，顾客在参与服务的过程中，既是顾客也是合作者，顾客参与有助于降低服务成本、提升服务质量和服务满意度，及改善服务绩效。此外，也有学者提出，顾客参与可以为企业贡献经济价值(汪涛和望海军，2008)、关系价值(Kellogg et al.，1997；王永贵，2006)。张文敏(2012)通过文献回顾，将顾客参与对企业的影响归纳为三方面，分别是提高服务绩效、促进企业创新和贡献价值。范秀成和杜琰琰(2012)在回顾顾客参与文献时提到，顾客参与有利也有弊，顾客参与可以改善服务生产绩效，但由于企业不能完全规范顾客行为，所以顾客参与会带来不确定性风险。

关于顾客参与对顾客的影响，主要有顾客满意度、顾客价值和感知质量这几方面。对顾客满意度的影响有两种不同观点，一是认为顾客参与能帮助提升满意度(望海军和汪涛，2007)；二是认为顾客参与会对满意度有负影响。例如，顾客参与会使顾客成本上升，且给员工带来压力和负担，因此服务过程应减少顾客参与，从而降低生产的不确定性(Chase，1978；Chan et al.，2010)。对顾客价值的研究通常将顾客作为价值感知主体，从顾客感知视角研究企业所提供的产品或服务价值。有研究显示，顾客的参与可以提升顾客的经济价值、心理价值、象征价值、关系价值和体验价值(张文敏，2012)。对顾客感知质量的研究多是基于服务业背景，一般认为顾客参与和感知服务质量正相关(Cermak et al.，1994；Claycomb et al.，2001)。

7.2.4 感知价值相关研究

1)感知价值的定义

本章的感知价值概念来源于技术接受模型(technology acceptance model，TAM)中的“感知有用性”和“感知易用性”两个概念。TAM 最早由 Davis(1989)提出，其核心思想是使用者是否接受信息系统，受到感知易用性和感知有用性这两个因素影响。其中，感知易用性指使用者感知使用系统的容易度，如“学习使用系统对我来说会很容易”“我认为该系统的使用很容易”等；感知有用性指使用者感知使用系统对工作绩效的影响程度，如“使用系统让我的工作过程更高效”“在我工作中，我会发现这个系统有用”等。

21 世纪以来互联网信息技术高速发展，TAM 已成为信息系统、信息技术管理及经济管理等领域研究的前沿和热点，其中感知价值的概念被广泛应用到电商交易平台相关研究中(Davis et al.，1989)。这是因为网络消费通常发生在基于技术驱动的交易场景，所以在预测顾客网络购物的感知价值时，TAM 被认为是评价网络购物顾客感知和行为接受的有效模型(Childers et al.，2001；Chen et al.，2002；Liu et al.，2005)。这些研究将电商交易平台中的顾客视为平台技术的接受者和使用者，再次说明了网络情境下交易平台顾客的角色具有多样性，顾客既是交易者也是技术使用者。

董大海和杨毅(2008)基于 TAM 中的感知价值概念，进一步分析了网络环境下顾客感知价值构成。他们将感知价值分为三类，分别是结果性感知价值、程序性感知价值及情感性感知价值。其中，结果性感知价值是顾客对线上的产品或服务能满足其需求程度的评价及偏好；程序性感知价值是顾客对线上产品或服务的提供过程的评价及偏好；情感性感知价值是顾客关于网络交易行为对其情感需求的满足程度的评价及偏好。

需要说明的是，结果性价值和程序性价值与感知有用性、易用性两个概念接近，但存在本质差异。这种差异产生的主要原因是对顾客角色的定位不同。结果性、程序性和情感性感知价值，更多地强调顾客作为交易者，对网络购买过程的偏好和评价。而基于感知有用性和感知易用性的感知价值，强调顾客作为使用者对购物技术和工具作出的评价。

陈启权(2015)在对移动支付平台使用意愿进行研究时同样借鉴了 TAM，将感知有用性和感知易用性纳入感知价值的研究框架，论证了感知有用性和感知易用性对于感知价值有显著的正向影响。

受上述研究启发，一方面交易平台是基于信息技术驱动的平台，属于 TAM 感知价值概念的适用范围，另一方面鉴于感知价值的精炼性和预测有效性得到公认，在把握“感知有用性”和“感知易用性”定义及测量题项后，本章将结合有用性和易用性两维度来测量交易平台情境下的感知价值。那么，感知价值可被定义为：交易平台使用者从有用性和易用性角度对交易平台的技术和工具使用作出的感知评价。

2)感知价值的驱动因素

TAM 主要强调的是用户使用意向受到信念和态度的影响，缺乏对具体驱动因素的分析。例如，模型中提出感知价值受到一些外部变量影响，却并未说明这些外部变量是什么。在后来学者对 TAM 的不断修正和完善过程中，一些影响用户感知价值的外部因素逐渐被提及。

Venkatesh 等(2003)通过对多个用户接受模型的比较分析，提出了四项广义的影响因素，包括绩效预期、困难预期、便利条件及社会影响。基于这些成果，方针(2005)进一步提出，感知价值的驱动因素有技术特性、个体特性和社会影响。其中，技术特性是个体对技术特点的主观感受，不同技术有不同特点，所以不同技术情境下的感受存在差异；个体特征是个人主观上对自身特点的认知，包括个体能力、个人期望等；社会影响是指个体所在的环境影响，这些影响涉及行为规范、准则等。

在网络购物情境下，毕继东(2009)将影响感知价值的外部因素归纳为：系统设计、任务特征、用户特征(包含感知形式和其他个性特征)、政策和组织结构等。杨晓梅(2009)从网站属性(包括网站信息管理、产品特征、网页管理)和买卖双方交易属性(包括交易双方特征、产品信息、送货方式)两个层面细化了影响感知价值的外部因素，并提出感知网站有用性、感知网站易用性受网站属性因素驱动，感知交易方有用性受买卖双方交易属性因素驱动。

从现有研究看来，实际应用过程中对感知价值驱动因素的研究与具体研究情景有关，不同视角有不同分析，因而对此影响因素的研究并无统一定论。在一定程度上，这也有助于将基于 TAM 的感知价值拓展到更多的应用场景。

7.3 顾客参与和平台声誉相关研究假设

7.3.1 价值共创管理与感知价值

传统企业与顾客的关系是前者为后者提供产品和服务，而平台企业与之最大的区别是平台企业并不直接提供产品和服务，而是提供技术架构和服务场景。从体验视角来看，交易平台中价值共创管理的核心问题在于平台企业如何为顾客创建价值共创体验环境(Prahalad and Ramaswamy，2004b)。换句话说，平台企业提供的技术和服务是为价值共创的实现创造基础环境，平台企业可以通过对环境的管理促进价值共创顺利实施。

从基于体验的价值共创理论来看，企业对价值共创的促进和管理使得基于体验、以互动为价值发生点的价值共创环境得以构建(Prahalad and Ramaswamy，2004b；普拉哈拉德和文卡特，2018)。该环境的基础由对话、获取、风险评估和透明构成。

当我们将构建良好的价值共创环境视为平台企业管理价值共创的重要途径，可以用感知价值来衡量这种管理的影响。这是因为，基于普拉哈拉德和文卡特(2018)等学者的研究，本章认同 DART 模型中的四项关键要素(即对话、获取、风险评估和透明四个维度）能较好地描述企业从环境角度对价值共创的管理，可以将其借鉴到交易平台情景中使用。并且，有关于感知价值驱动因素的研究曾指出，环境对感知价值存在影响（Woodruff，1997；范秀成和罗海成，2003）。

综上所述，本章认为，平台企业基于对话、获取、风险评估和透明对价值共创活动进行管理，为有序的价值共创环境奠定基础，由此对感知价值产生影响，即 DART 模型中的基本要素是影响感知价值形成的外部因素。于是，本章提出如下假设。

H7-1：价值共创管理正向影响感知价值。

H7-1a：对话对感知价值有正向影响。

H7-1b：获取对感知价值有正向影响。

H7-1c：风险评估对感知价值有正向影响。

H7-1d：透明度对感知价值有正向影响。

7.3.2　价值共创管理与顾客参与

顾客与企业间的价值共创主要受到 DART 模型四个关键要素支撑。平台企业通过对价值共创基本要素（即对话、获取、风险评估和透明四个维度）的管理，为价值共创活动提供必要环境，并希望由此提高顾客等利益相关者参与积极性。

Kearsley 和 Shneiderman（1998）将参与视为一系列情感和行为活动，包括认知过程、推理、决策、解决问题和评估。在交易平台背景下，我们将顾客参与描述为顾客为获取价值而付出的心理层面和行为层面的努力。

贾薇（2010）对顾客参与价值创造的研究提出，企业和顾客所拥有的信息及知识会影响顾客对参与投入的调整，不断地使参与行为和目标相符，据此形成对参与价值创造活动的感知及评价，并建立相互关系。此外，价值共创的过程需要环境、体验、产品及互动等有形载体或无形载体的共同作用（沈鹏熠和万德敏，2019）。而文献综述中对顾客参与的驱动因素已有说明，顾客参与的外部动机包含了环境和体验因素。所以本章认为，来自平台的信息和资源，包括平台企业对价值共创的管理和环境构建等因素，与顾客参与相关。

鉴于此，本章提出价值共创管理及价值共创管理的四个维度，会决定顾客对参与投入的调整，即对顾客参与产生影响。假设如下。

H7-2：价值共创管理正向影响顾客参与。

H7-2a：对话对顾客参与有正向影响。

H7-2b：获取对顾客参与有正向影响。

H7-2c：风险评估对顾客参与有正向影响。

H7-2d：透明对顾客参与有正向影响。

7.3.3 顾客参与对价值共创管理和感知价值间关系的中介作用

国内学者温忠麟等(2004)在讨论中介效应(mediator effect)的检验方法时，提出考虑自变量X和因变量Y，若X通过影响变量M而影响Y，那么称变量M为中介变量。

从前文的文献综述和假设可知，价值共创管理是顾客参与的动因。顾客参与是顾客为获取价值而付出的心理层面和行为层面的努力。那顾客付出的努力对价值生成有何影响呢？一般认为，顾客参与有利于顾客获得更好的服务、节省时间、提升效率、提升服务感知质量等(Mills et al.，1983；Cermak et al.，1994；Claycomb et al.，2001)。范秀成和张彤宇(2004)基于对服务业顾客参与的研究提出，顾客不仅是顾客也是合作者，其参与行为会直接影响服务效率和效果，并间接驱动顾客感知价值，进而改善企业服务绩效。

对平台企业而言，向顾客提供的服务主要是平台技术支持服务，那么相对应的服务绩效也与此相关。平台企业的服务绩效可以用感知价值评价，因为顾客对平台技术服务好用与否、易用与否的主观评价，从一定程度上能直观地反映出技术服务效果。由此，本章认为顾客在价值生产过程中付出的时间和精力等努力，有助于提高顾客对平台服务的认可、提高感知价值，从而改善服务绩效。在此过程中，顾客参与或连接了价值共创管理与感知价值的关系。

因此，本章借鉴中介效应检验方法，对价值共创管理、顾客参与和感知价值三者之间的关系进行梳理，认为顾客参与具有中介效应，提出以下假设。

H7-3：价值共创管理通过顾客参与的中介作用影响感知价值。

H7-3a：对话通过顾客参与的中介作用影响感知价值。

H7-3b：获取通过顾客参与的中介作用影响感知价值。

H7-3c：风险评估通过顾客参与的中介作用影响感知价值。

H7-3d：透明通过顾客参与的中介作用影响感知价值。

7.3.4 平台声誉对价值共创管理与顾客参与关系的调节作用

对当前电商交易平台环境而言，日益多样化、复杂化的网络交易中涉及的主体增多、不确定性扩大，随之而来的道德风险和逆向选择问题会更突出。在此环境中，顾客一方是信息不对称关系中的弱势群体。而平台声誉作为平台特征的复合体，源自社会成员对平台整体信赖程度的推论，可以被视为一种信号，是顾客自身行为选择和预测平台未来行为的基础。

国内学者关于电商交易平台的声誉对顾客行为的影响已有一些研究成果。查金祥和陈明亮(2005)基于网络购物服务质量的多个维度对顾客交易意愿进行研究，结果显示，电商平台的声誉对顾客的交易意愿有正向影响。方正等(2010)研究指出，顾客进行网购时更愿意选择知名度高的平台，因为顾客会对具有高声誉和高知名度的平台更信任，从而提升顾客购买意愿。钟凯和张传庆(2013)研究发现，电商交易平台的在线口碑在顾客感知价值和购买意愿间发挥调节作用，即正向口碑对购买意愿有正影响，负向口碑则对购买意愿产生负影响。

基于上述讨论，平台声誉是一项能影响顾客行为的因素。从研究特点和需要考虑，本章提出，平台声誉很可能会影响交易平台价值共创管理与顾客参与的关系，即在价值共创管理因素一定的前提下，当平台声誉水平较高时，顾客参与的倾向性较高；当平台声誉水平较低时，顾客参与的倾向性较低。对此影响的假设如下。

H7-4：平台声誉正向调节价值共创管理对顾客参与的影响。

7.3.5　概念模型

基于以上观点，本章以平台企业价值共创管理为切入点，提出并构建基于交易平台情境的价值共创机理模型，模型框架如图 7-3 所示。

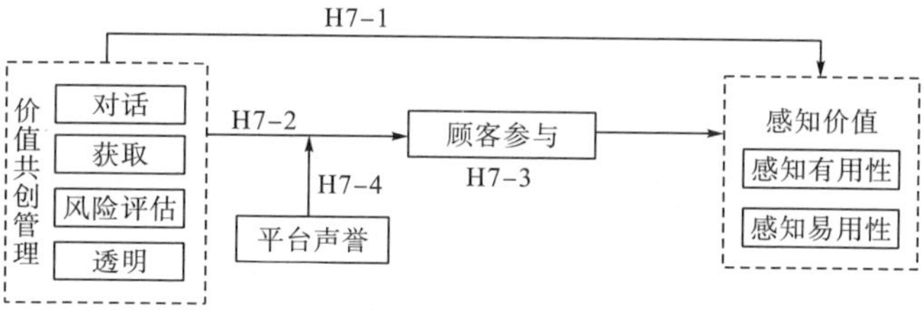

图 7-3　研究模型

模型中，平台企业的价值共创管理由对话、获取、风险评估和透明四个维度构成(Prahalad and Ramaswamy，2000，2002，2004a，2004b)。顾客参与是平台顾客在价值共创环境中表现出的参与度，本章将此描述为顾客为获取价值而付出的心理层面和行为层面的努力(Silpakit and Fisk，1985；Kellogg et al.，1997；Fang et al.，2008；Chan et al.，2010)。感知价值由感知有用性和感知易用性构成(Segars and Grover，1993)。该模型关注交易平台价值共创管理因素对感知价值的影响、顾客参与的中介作用，及平台声誉对价值共创和顾客参与的调节作用。

7.4　变量测量与数据获取

7.4.1　变量选取与测量

本章涉及的变量有价值共创管理(对话、获取、风险评估、透明)、顾客参与、感知价值(感知有用性和感知易用性)、平台声誉。Danaher 和 Haddrell(1996)的研究指出，采用多项问题测量某一变量，相较于用单一问题测量会更具可靠性，所以本章在量表的设计过程中，将保证针对每个变量进行描述的问题至少有 3 个。这样一方面可以避免问卷调查对象对变量感受不全面、不直观，另一方面也可以提升模型实证分析的信度与效度，具体量表见表 7-3～表 7-4。

表 7-3 感知价值测量

变量	题项描述	参考文献
感知有用性	J1 在此平台我能轻松完成购物过程 J2 该平台对我来说很有用 J3 该平台可以节省我的购物时间 J4 该平台可以提升我的购物效率	Segars 和 Grover(1993)
感知易用性	J5 该平台的使用和操作过程很容易 J6 该平台的使用方法很容易学习掌握 J7 对该平台的使用容易变得熟练	

表 7-4 价值共创管理各维度测量

变量	题项描述	参考文献
对话	A1 业务流程中，平台和顾客间会频繁地、定时或不定时地交换信息 A2 平台与顾客会尽可能地进行交流对话，以便了解顾客需求和体验 A3 平台上的沟通是开放的、良好的、平等的 A4 业务流程中存在的问题，可以采取对话的形式来解决	Prahalad 和 Ramaswamy(2000，2002，2004a，2004b)；任际范等(2014)；谢萍(2013)
获取	B1 顾客能很容易地从各渠道获得平台的服务或产品信息 B2 顾客不一定要拥有产品才能获得与其相关的体验及信息 B3 现有产品/服务不能满足顾客时，平台有其他办法帮其满足需求	
风险评估	C1 使用平台时，顾客会主动了解各种可能的风险和收益 C2 平台会主动告知顾客可能的风险 C3 平台很关注与顾客有关的风险，会设置专门的风险评估和规避机制 C4 平台很关注与顾客有关的风险，并投入资源不断为顾客降低风险	
透明	D1 平台有关信息对顾客来说非常透明 D2 平台对顾客坦诚以待，不隐瞒关键信息 D3 即使有些信息不清楚，也不会给顾客带来太多风险	

1)因变量与测量

本章的因变量是感知价值，用感知价值测度在价值共创管理框架下参与者们(主要是平台企业和顾客)共创的价值。如前文所述，本章将感知价值分为感知有用性和感知易用性。其中感知有用性是指使用者觉得系统有用、能提升效率、让任务变得更轻松的程度，感知易用性是指使用者觉得系统容易使用、使用方法易学习、操作容易变得熟练的程度。本章借鉴 Segars 和 Grover(1993)提出的测量方法，对感知有用性和感知易用性这两个维度的数据作加权平均处理，最终形成一个综合得分用以测量感知价值。参考感知价值的成熟量表，本章使用的感知价值测量题项见表 7-3。

2) 自变量与测量

本章的自变量是价值共创管理。关于价值共创管理的核心维度的研究还是一个亟须拓展的领域，一方面是因为价值共创管理核心维度及相关的实证研究还很少；另一方面，虽然都认为价值共创的管理界面涉及多维度概念，但对其核心维度的研究还缺乏统一的界定。为了避免研究的抽象性，本章对价值共创管理的研究从价值共创活动的基础要素入手，借鉴 Prahalad 和 Ramaswamy(2000，2002，2004a，2004b) 提出的 DART 模型，即企业对价值共创的管理涉及对话、获取、风险评估和透明四个维度。过去有学者将 DART 四要素作为价值共创的关键要素，用以测量企业与企业客户间的价值共创活动(谢萍，2013；任际范等，2014)。本章在以往研究的基础上，根据研究需要对企业间价值共创的测量作出适应性调整，参考 DART 模型构建价值共创管理的测量指标(表 7-4)，从顾客视角测量由平台企业主导的价值共创活动机制设计和管理要素。此外需要说明的是，由于价值共创管理有四个维度，本章后续研究除了会分别讨论这四个维度的作用机制之外，还会对这四个维度的数据做加权平均，最终形成一个综合得分用以测量整体价值共创管理。

3) 中介变量与测量

本章将顾客参与作为影响价值共创管理与感知价值关系的中介变量。关于顾客参与的维度划分，Silpakit 和 Fisk(1985) 认为，顾客参与应包括顾客付出的精神、体力和情感方面的努力。Kellogg 等(1997) 将顾客参与视为顾客付出的努力程度，用顾客在服务中付出的时间、智力思考努力和情感努力来测量顾客参与。Ennew 和 Binks(1999) 将顾客参与分为人际互动、责任行为和信息共享，这体现出服务的交互性。Fang 等(2008) 将顾客参与分为信息参与和合作伙伴参与，顾客参与即顾客通过信息传递和共同创造的方式发生参与行为。Chan 等(2010) 在对服务业顾客参与的研究中，用诸如“顾客在服务中花了很多时间与企业交流信息、顾客积极地提供建议以获得高质量服务、服务过程中顾客的参与度高”等题项测量了顾客参与。参考以上测量维度，及对实际情况中交易平台顾客参与的理解，本章对于顾客参与变量的测量题项，如表 7-5 所示。

表 7-5　顾客参与测量

题项描述	参考文献
H1 我愿意为参与该平台业务流程投入许多时间 H2 我愿意为参与该平台业务流程投入许多精神和体力 H3 为了让平台了解我的需求、偏好和感受，我付出了很多努力 H4 我会积极地为平台提供建议以提高服务质量	Silpakit 和 Fisk(1985)；Kellogg 等(1997)；Ennew 和 Binks(1999)；Fang 等(2008)；Chan 等(2010)

4）调节变量与测量

本章将平台声誉作为调节变量。从顾客角度来看，当顾客对平台声誉作出评价时，由于“声誉捆绑”关系的存在使顾客对平台企业和卖家声誉的区分度不强，即顾客并不能完全区分开“平台企业驱动”和“卖家驱动”声誉，所以顾客对平台声誉的评价是基于顾客将平台企业和卖家视为一个整体。一般而言，相对于零散的平台卖家，顾客对平台企业的声誉会有更直观的感知。此外，基于本章研究视角，平台声誉的调节效应存在于价值共创与顾客参与的关系中，而平台企业被视为价值共创环境的主要构建者。因此，本章所测量的平台声誉实际上主要来自顾客对平台企业的声誉评价。当然，也不排除因不可区别性而产生的对小部分卖家的声誉评价。

在平台声誉测量阶段，本章主要参考 Jarvenpaa 等（1999）、曹雪莹（2015）提出的关于电商网站声誉的评价标准。平台声誉的具体测量题项见表 7-6。

表 7-6 平台声誉测量

变量	题项描述	参考文献
平台声誉	G1 大家普遍认为该平台具有较高知名度 G2 大家普遍认为该平台有较好的口碑 G3 大家普遍认为该平台有较高的诚信水平	Jarvenpaa 等（1999）；曹雪莹（2015）

5）控制变量与测量

本章所收集的数据来源于顾客视角，顾客的感知与行为可能受到其个人因素影响，因此本章将被调查对象的人口统计特征和被调查对象使用交易平台的一些特征作为控制变量，以综合考虑这些因素的影响。这些控制变量分别是年龄、性别、受教育程度、交易平台使用年限、日均用时、月均花费。测量题项包括“您的性别是？”“您的年龄是？”“您使用该平台有多少年了？”“您在过去三个月中，平均每天使用该平台的时间是？”等。

7.4.2 初始问卷设计

1）问卷结构安排

本章所采用的问卷，其结构共包括三部分。第一部分为问卷说明，简要说明了研究目的和意义，并要求填写人具有交易平台使用经验，此外在卷首还对问卷中一些词语的含义作出相应说明。第二部分是填写人的基本信息，包括常用的人口统计特征，及对某一个本章所涉及的交易平台的使用经历调查，该部分共计 7 个题项。第三部分是问卷的主体部分，为问卷所有变量的测量题项，分为价值共创管理因素、顾客参与、感知价值和平台声誉四部分。问卷采用李克特 5 点量表，从“1”到“5”，依次表示非常不同意、不同意、不确定、同意、非常同意。填写者须根据自身实际经历和感受，于问卷主体部分的每一题项后，在非常不同意(1 分)和非常同意(5 分)之间选择其认为恰当的分值。

2) 问卷调研范围

本章调研对象是来自各个交易平台的顾客。“顾客”实际上是交易平台的“用户”，既可能包含买方也可能包含卖方。由于本章未能有效克服对平台中多类参与者进行特征区分的难题，故而在取样过程中统一将平台主要参与者称为“顾客”，其中大部分样本符合买家特征。据《中国互联网络发展状况统计报告》显示，截至 2019 年 6 月我国网络购物用户规模达 6.39 亿人次，手机网络购物用户规模达 6.22 亿人次；男女网民比为 52.4∶47.6；网民群体的年龄分布集中在 10～39 岁，占网民整体的 65.1%，其中 20～29 岁网民群体占比最高，达 24.6%；高中学历网民群体占比 23.8%，受过大专、大学本科及以上教育的网民群体分别占比 10.5%、9.7%；职业结构分布显示我国网民群体中，学生人数最多，占比为 26.0%。此外 Wang 等(2001)指出，学生群体将成为网络市场最具影响力的顾客。总体来说，与全体网民结构相比，有过网络购物经历的网民在性别和年龄结构上具有一致性。根据以上特征，本章将调研范围确定为：年龄在 18～30 岁，受教育程度为大学本科及以上，以学生为主体，有交易平台购物经历的人。在此范围内获取的样本从一定程度上能代表典型的交易平台顾客。

另外，调研过程中将分别面向 10 个交易平台的顾客群取样，为确保取样有效性和多元性，问卷在开篇设计了甄别题项：“请选择一个您较为熟悉的交易平台，后续问题请均针对该平台作答”。该题选项中列出 10 个交易平台选项供调研对象选择，具体包括：京东、淘宝、苏宁易购、小红书、唯品会、拼多多、美团、饿了么、闲鱼、网易考拉。从调查结果来看，本题的设置有助于控制样本源在不同平台间的均匀分布，且顾客每次只能选择其中一个平台作出评价，也有利于保障作答的准确性及针对性。从调查总体来看，此次调查总体被划分为多个子总体，各个子总体所涉及的调查对象也可能是其他子总体的调查对象(例如，使用淘宝的顾客同样也使用京东)，因此各子总体之间或存在共同覆盖人群，见图 7-4。

总体划分如下。

子总体 A：来自淘宝的交易平台顾客。

子总体 B：来自京东的交易平台顾客。

子总体 C：来自唯品会的交易平台顾客。

其余交易平台顾客。

子总体 D：所选 10 个交易平台共同覆盖的顾客(多交易平台间的顾客人群有重合，重合处为子总体 D)，D=A∩B∩C∩……

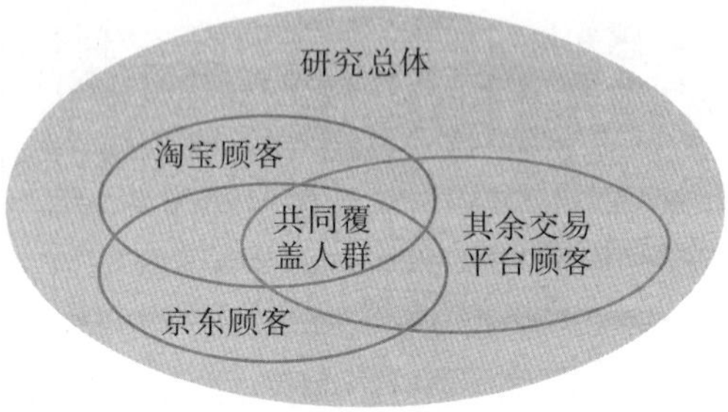

图 7-4 调查总体细分

7.4.3 预调研与最终问卷的确定

初步编写量表完成后，在进行大规模问卷调研前，为保证量表的稳定可靠，一般要对问卷进行预调研。

本章的预调研工作共有两阶段，第一阶段为问卷的前测。前测阶段主要采用访谈的方式进行，分别邀请了相关专业的 1 名教授、2 名博士研究生、3 名硕士研究生，及 3 名非相关专业的大学生参与了访谈。首先，邀请受访者在没有任何提示的情况下，初步对问卷进行试答。在此过程中，若有语意不明或回答困难等问题时，及时与笔者讨论。其次，在试答完成后，笔者与受访者进行讨论，明确受访者对题项的理解是否与题项本身要表达的意思一致，如有差异，则需要对问卷做进一步调整。最后，根据作答者的意见，对部分题项进行了语义修正及补充说明。例如，原题项中“由于平台的信息不对称……”，考虑到对“信息不对称”的理解可能存在偏误，将其修改为“即使有些信息不清楚……”；又如，“当平台与顾客有不同意见时……”，该题对“不同意见”的表述不清，应当考虑交易平台的实际情景，修改为“对于业务流程中存在的问题……”。此外，还对一些程度词进行了调整，在不影响语义的情况下删除了模糊表述。经过修改后的测量题项表达更明确、清晰，即得到可用于小样本测试的问卷。

第二阶段为问卷测试，我们用第一阶段完成的问卷作为预调研问卷并进行小样本测试。在问卷星平台制作并发布预调研问卷，随后通过社交媒体(微信、微博、QQ)和目标交易平台的论坛、贴吧等渠道，随机向顾客发放该预调研问卷。本次预调研共收回问卷 112 份，剔除无效问卷 8 份，得到有效问卷 104 份，有效率约 92.9%。接下来，我们对收集到的小样本数据进行整理，对量表的信度和效度进行测评，并根据分析结果对量表进行净化，力求得到有效的问卷。

1. 预调研样本基本情况

在预调研阶段收集到的有效样本中，男性占比 45.54%，女性占比 54.46%，年龄主要分布在 21～30 岁；受教育程度主要分布在大学(含大专)和硕士研究生及以上，其分布占比分别为 51.79%和 46.43%；10 个交易平台取样基本均衡，每个平台答题者数量在 7～18 人，具体情况见表 7-7。

表 7-7 预调研样本基本情况

描述	特征	数量/人	占比/%
性别	男	51	45.54
	女	61	54.46
年龄	20 岁及以下	7	6.25
	21～30 岁	85	75.89
	31～40 岁	14	12.50
	41 岁及以上	6	5.36
受教育程度	高中(含高职中专)及以下	2	1.79
	大学(含大专)	58	51.79
	硕士研究生及以上	52	46.43
交易平台	京东	12	10.71
	唯品会	10	8.93
	小红书	9	8.04
	拼多多	7	6.25
	淘宝	18	16.07
	网易考拉	8	7.14
	美团	15	13.39
	苏宁易购	12	10.71
	闲鱼	8	7.14
	饿了么	13	11.61

2. 预调研信度分析

为判断测量题项的稳定性和可信度，需要进行信度分析，即检验是否具有内部一致性。本章采用 Cronbach's α 和 CITC 来检查问卷信度。Cronbach's α 介于 0～1，通常认为 Cronbach's α 值越高，则内部一致性越高，如果 α 值大于 0.8，则信度非常好；信度系数在 0.7 以上都是可以接受的；如果在 0.6 以上，则该量表应进行修订，但仍不失其价值；如果低于 0.6，量表就需要重新设计题项。另外，CITC 值应该大于 0.3，否则应考虑将相应项进行删除处理(周俊，2017)。用 SPSS 21.0 对获取到的有效样本进行分析，得到表 7-8 和表 7-9 的信度分析结果。

表 7-8 预调研样本总体信度检验结果

变量	项数	Cronbach's α	整体α值
价值共创管理	14	0.923	0.948
顾客参与	4	0.898	
感知价值	7	0.888	
平台声誉	3	0.844	

表 7-9 预调研样本各题项信度检验结果

变量	题项	题项描述	CITC值	项已删除的Cronbach's α	整体α值
价值共创管理	A1	业务流程中，平台和顾客间会频繁地、定时或不定时地交换信息	0.563	0.921	0.923
	A2	平台与顾客会尽可能地进行交流对话，以便了解顾客需求和体验	0.596	0.920	
	A3	平台上的沟通是开放的、良好的、平等的	0.615	0.919	
	A4	业务流程中存在的问题，可以采取对话的形式来解决	0.674	0.917	
	B1	顾客能很容易地从各渠道获得平台的服务或产品信息	0.636	0.918	
	B2	顾客不一定要拥有产品才能获得与其相关的体验及信息	0.564	0.920	
	B3	现有产品/服务不能满足顾客时，平台有其他办法帮其满足需求	0.641	0.918	
	C1	使用平台时，顾客会主动了解各种可能的风险和收益	0.616	0.919	
	C2	平台主动告知顾客可能的风险	0.616	0.919	
	C3	平台很关注与顾客有关的风险，会设置专门的风险评估和规避机制	0.732	0.915	
	C4	平台很关注与顾客有关的风险，并投入资源不断的为顾客降低风险	0.700	0.916	
	D1	平台有关信息对顾客来说非常透明	0.772	0.913	
	D2	平台对顾客坦诚以待，不隐瞒关键信息	0.725	0.915	
	D3	即使有些信息不清楚，也不会给顾客带来太多风险	0.678	0.917	
顾客参与	H1	我愿意为参与该平台业务流程投入许多时间	0.784	0.865	0.898
	H2	我愿意为参与该平台业务流程投入许多精神和体力	0.794	0.862	
	H3	为了让平台了解我的需求、偏好和感受，我付出了很多努力	0.790	0.863	
	H4	我会积极地为平台提供建议以提高服务质量	0.728	0.885	
感知价值	J1	在此平台我能轻松完成购物过程	0.651	0.876	0.888
	J2	该平台对我来说很有用	0.678	0.873	
	J3	该平台可以节省我的购物时间	0.704	0.869	
	J4	该平台可以提升我的购物效率	0.648	0.878	
	J5	该平台的使用和操作过程很容易	0.727	0.867	
	J6	该平台的使用方法很容易学习掌握	0.643	0.877	
	J7	对该平台的使用容易变得熟练	0.749	0.865	
平台声誉	G1	大家普遍认为该平台具有较高知名度	0.602	0.885	0.844
	G2	大家普遍认为该平台有较好的口碑	0.797	0.695	
	G3	大家普遍认为该平台有较高的诚信水平	0.739	0.755	

根据表 7-8 和表 7-9 可知，变量所测量项目的总量表和分量表 α 值均大于 0.7，总量表 α 值达到 0.948，且各题项 CITC 值均大于 0.5，分析项之间具有良好的相关关系，说明该问卷整体上信度较高。针对“项已删除的 Cronbach's α”，如果该值明显高于整体 α 值，此时可考虑对该项进行删除后重新分析。这里分析项被删除的 Cronbach's α 信度系数值与整体 α 值相比并没有明显的提升，说明应该保留全部题项，同时这也说明研究数据信度水平较高。

3. 预调研效度分析

效度分析是为了检验量表是否能贴切地测量出它们所代表的概念和变量。本章采用的量表以成熟量表为参考，内容效度良好，因此本阶段效度分析主要采用探索性因子分析对量表的结构效度进行检验。采用 KMO 检验和 Bartlett 球度检验，通常 KMO 值大于 0.7 则适合做因子分析，而 Bartlett 球度检验对应的 Sig.值小于 0.05 则说明适合做因子分析。分析结果见表 7-10。

表 7-10　KMO 与 Bartlett 检验

取样足够的 KMO	度量	0.856
Bartlett 球度检验	近似卡方	2365.757
	自由度 df	378
	显著性 Sig.	0.000

由表 7-10 分析可知，KMO 检验值为 0.856＞0.7，Bartlett 球度检验结果显示，近似卡方值为 2365.757，显著性概率为 0.000＜0.05，因此拒绝 Bartlett 球度检验的零假设。这说明量表的效度结构好，适合做因子分析。接下来将逐一对各分量表进行 KMO 检验、Bartlett 球度检验及探索性因子分析。

1) 价值共创管理量表的探索性因子分析

由表 7-11 可知，价值共创管理量表的 KMO 值为 0.872＞0.7，Bartlett 球度检验结果显著性概率为 0.000＜0.05，适合做因子分析。

表 7-11　价值共创量表 KMO 与 Bartlett 检验

取样足够的 KMO	度量	0.872
Bartlett 球度检验	近似卡方	978.360
	自由度 df	91
	显著性 Sig.	0.000

接下来用主成分分析法提取因子，用最大方差法进行因子旋转，抽取特征值大于 1 的因子。当旋转矩阵显示的因子载荷大于 0.5 时，则表示对应维度有效。分析结果(表 7-12)显示提取了 4 个因子，累积方差解释率为 74.960%，各子维度对应题项均归于同一因子，且因子载荷均大于 0.5。结果符合前文所界定的价值共创管理包含对话、获取、风险评估和透明四个子维度，所以结构效度良好。

表 7-12 价值共创管理量表探索性因子分析

维度	题项	因子 1	因子 2	因子 3	因子 4	解释方差/%	累积解释方差/%
对话	A1		0.783			20.427	20.427
	A2		0.857				
	A3		0.682				
	A4		0.613				
获取	B1				0.595	20.068	40.495
	B2				0.842		
	B3				0.676		
风险评估	C1	0.669				19.447	59.942
	C2	0.826					
	C3	0.710					
	C4	0.672					
透明	D1			0.756		15.018	74.960
	D2			0.785			
	D3			0.863			

2)感知价值量表的探索性因子分析

由表 7-13 可知，感知价值量表的 KMO 值为 0.856＞0.7，Bartlett 球度检验结果显著性概率为 0.000＜0.05，适合做因子分析。用主成分分析法提取出 2 个因子，见表 7-14，累积方差解释率为 74.714%，且因子载荷均大于 0.5，各子维度题项均能归于同一因子，符合前文将感知价值划分为感知有用性和感知易用性两个子维度的设计。此外，J2 题项的因子载荷虽然大于 0.5，但其因子区别度较差，因此须对 J2 题项进行删除处理。

表 7-13 感知价值量表 KMO 与 Bartlett 球度检验

取样足够的 KMO	度量	0.856
Bartlett 球度检验	近似卡方	439.092
	自由度 df	21
	显著性 Sig.	0.000

表 7-14　价值共创量表探索性因子分析

维度	题项	因子 1	因子 2	解释方差/%	累积解释方差/%
感知有用性	J1		0.729	38.464	38.464
	J2	0.543	0.548		
	J3		0.863		
	J4		0.850		
感知易用性	J5	0.831		36.350	74.714
	J6	0.873			
	J7	0.857			

3）顾客参与探索性因子分析

由表 7-15 可知，感知价值量表的 KMO 值为 0.768＞0.7，Bartlett 球度检验结显著性概率为 0.000＜0.05，适合做因子分析。用主成分分析法提取出 1 个因子，如表 7-16 所示，累积方差解释率为 76.689%，因为仅有一个因子故不进行旋转，所有题项因子载荷大于 0.5。因此本章讨论的顾客参与是单维概念。

表 7-15　顾客参与量表 KMO 与 Bartlett 球度检验

取样足够的 KMO	度量	0.768
Bartlett 球度检验	近似卡方	284.429
	自由度 df	6
	显著性 Sig.	0.000

表 7-16　顾客参与量表探索性因子分析

维度	题项	因子 1	累积解释方差/%
顾客参与	H1	0.884	76.689
	H2	0.889	
	H3	0.885	
	H4	0.844	

4）平台声誉的探索性因子分析

由表 7-17 可知，感知价值量表的 KMO 值为 0.771＞0.7，Bartlett 球度检验结显著性概率为 0.000＜0.05，适合做因子分析。用主成分分析法提取出 1 个因子，如表 7-18 所示，累积方差解释率为 76.550%，题项因子载荷均大于 0.5。但同顾客参与的探索性因子分析一样，仅有一个因子而未进行旋转。因此本章研究的平台声誉也是单维概念。

表 7-17 平台声誉量表 KMO 与 Bartlett 球度检验

取样足够的 KMO	度量	0.771
Bartlett 球度检验	近似卡方	160.437
	自由度 df	3
	显著性 Sig.	0.000

表 7-18 顾客参与量表探索性因子分析

维度	题项	因子 1	累积解释方差/%
平台声誉	G1	0.801	76.550
	G2	0.924	
	G3	0.896	

4. 问卷修正后的信度和效度分析

基于前文的预调研信效度分析结果，我们需要对问卷进行修正，并再次检验修正后问卷的信效度，即对删除 J2 题项后的问卷作信效度分析。

信度检验结果见表 7-19 和表 7-20。在删除题项 J2 后，虽然总量表的 Cronbach's α 值为 0.946，相比之前的 0.948 略有下降，并且感知价值量表的 Cronbach's α 值 0.873 较之前的 0.888 略有下降，但各题项的 Cronbach's α 值仍然均在 0.7 以上，且各题项的 CITC 值均大于 0.5，说明题项间相关性较好，所以删除题项 J2 后量表的信度仍然较好。综上所述，研究数据信度质量高，可用于进一步分析。

表 7-19 删除 J2 后的总体信度检验结果

变量	项数	Cronbach's α	整体α值
价值共创管理	14	0.923	0.946
顾客参与	4	0.898	
感知价值	6	0.873	
平台声誉	3	0.844	

表 7-20 删除 J2 后的感知价值各题项信度检验结果

变量	题项	CITC 值	项已删除的 Cronbach's α	整体 α 值
感知价值	J1	0.640	0.858	0.873
	J3	0.709	0.845	
	J4	0.633	0.860	
	J5	0.715	0.845	
	J6	0.646	0.856	
	J7	0.730	0.842	

接下来对删除 J2 后的感知价值量表进行效度分析，由表 7-21 可知，KMO 值为 0.820，虽相较于未删除 J2 前的 KMO 值 0.856 略有下降，但仍大于 0.7，且 Bartlett 检验值仍为 0.000，可以进一步作因子分析。

表 7-21　删除 J2 后的感知价值 KMO 与 Bartlett 检验

取样足够的 KMO	度量	0.820
Bartlett 球度检验	近似卡方	367.868
	自由度 df	15
	显著性 Sig.	0.000

对感知价值量表作探索性因子分析，结果见表 7-22。对感知价值量表提取了 2 个因子，累积解释方差为 78.357%，高于原来的 74.714%，且因子载荷都大于 0.5，说明该量表删除 J2 之后的效度较好。

表 7-22　删除 J2 后的感知价值探索性因子分析

维度	题项	因子 1	因子 2	解释方差/%	累积解释方差/%
感知有用性	J1		0.732	40.542	40.542
	J3		0.875		
	J4		0.851		
感知易用性	J5	0.834		37.814	78.357
	J6	0.885			
	J7	0.856			

预调研阶段对问卷的调整和修改通过了信效度检验，最终形成包含 34 个题项的正式问卷。

7.4.4　正式问卷发放与回收

通过前文的预调研工作，最终得到可用于正式调研的可靠问卷。正式的问卷调研从 2019 年 8 月初持续到 2019 年 8 月末，历时近一个月。问卷发放形式主要是网站在线测评。正式问卷由笔者及团队成员分别通过微信、微博、QQ 等社交媒体，并结合目标交易平台的用户论坛和贴吧进行随机发放，覆盖多个交易平台的顾客群体。具体发放情况详见图 7-5 所示。

图 7-5 不同渠道的问卷发放情况

此外，为了保障所获取的数据在 10 个样本平台中均有涉及，且控制样本量的分布均匀，本次调查设置了网络问卷的填写配额，即对甄别题项“请选择一个您较为熟悉的交易平台……”下面的 10 个交易平台选项，设置了每个平台样本填写数量不能超过 50 份。这一设置通过问卷星网站完成，如图 7-6 所示。

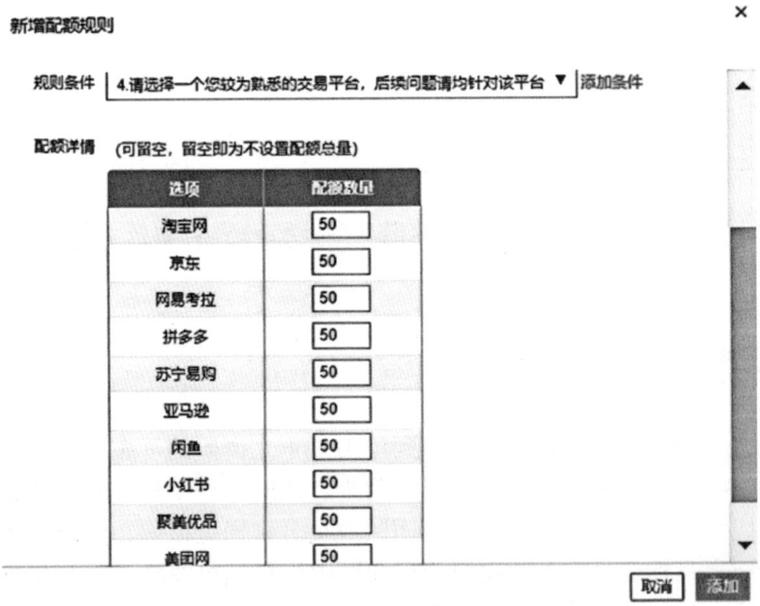

图 7-6 问卷的配额设置

本次调研最终回收问卷共 312 份，在剔除了 12 份答题时间少于 2 分钟或大于 30 分钟的问卷后，得到有效问卷 300 份，有效率约为 96%，符合问卷调查的标准。

1. 描述性统计分析

以下对描述性统计结果的分析，分为样本基本构成及特征、交易平台样本分布情况及特征和主要变量的描述性统计分析三部分。样本的基本构成及特征见表 7-23。在本次 300 份有效数据中，男性占比 34.3%，女性占比 65.7%，符合调查预期认为一般情况下女性比男性对使用网络交易平台(通常是网络购物)更有兴趣。此外，本次调查交易平台顾客中，年龄集中在 21～30 岁(45.0%)，此外 20 岁及以下样本占 24.0%，31～40 岁样本占 16.7%，41 岁及以上样本占 14.3%；受教育程度集中在大学(含大专)，占比 56.0%，此外高中(含高职中专)及以下与硕士研究生及以上样本分别占比 19.0%和 25.0%，这符合目前网络购物的主要群体偏年轻化，主要是 30 岁以下的、大专学历以上的学生及刚工作不久的青年人群这一预期。

表 7-23　样本基本构成及特征

描述	特征	数量/人	占比/%
性别	男	103	34.3
	女	197	65.7
年龄	20 岁及以下	72	24.0
	21～30 岁	135	45.0
	31～40 岁	50	16.7
	41 岁及以上	43	14.3
受教育程度	高中(含高职中专)及以下	57	19.0
	大学(含大专)	168	56.0
	硕士研究生及以上	75	25.0

因为之前对源自各平台的样本数做了控制，即设置每个平台样本填写数量不能超过 50 份，最后的数量结果见表 7-24。从表 7-24 可见，虽然 10 个平台的样本绝对数有一定程度差异，但若考虑平台用户规模，样本分布还算相对均衡。另外，我们认为各个样本平台之间，使用年限分布、平均每天使用平台的时间分布和平均每月花费在该平台的费用分布存在一些差异，可能由多方面原因造成，如平台

经营的年限、平台主要经营内容、平台上产品的类型和价格差异，及顾客的收入状况等。

表 7-24　交易平台样本分布及特征

平台	数量/份	占比/%	使用年限分布/%				平均每天用时分布/%			平均月花费分布/%			
			1 年及以下/2～3 年/4～5 年/5 年以上				小于半小时/半小时～1 小时/1 小时以上			小于 5%/5%～20%/21%～40%/40%以上			
京东	46	15.3	10.9	15.2	41.3	32.6	91.3	8.7	0	63.0	30.4	6.5	0
唯品会	30	10.0	6.7	30.0	23.3	40.0	53.3	30.0	16.6	30.0	63.3	6.7	0
小红书	27	9.0	3.7	37.0	25.9	33.3	44.4	40.7	14.8	29.6	40.7	25.9	3.7
拼多多	23	7.7	43.5	47.8	8.7	0	47.8	47.8	4.3	60.9	34.8	4.3	0
淘宝	44	14.7	2.3	13.6	38.6	45.5	31.8	47.7	15.9	11.4	65.9	18.2	4.6
网易考拉	25	8.3	8.0	32.0	28.0	32.0	72.0	20.0	8.0	32.0	48.0	12.0	8.0
美团	38	12.7	13.2	28.9	39.5	18.4	71.1	28.9	0	63.2	28.9	5.3	2.6
苏宁易购	23	7.7	13.0	26.1	26.1	26.1	56.5	34.8	4.3	30.4	60.9	4.3	4.3
闲鱼	26	8.7	11.5	26.9	23.1	38.5	65.4	19.2	15.4	69.2	26.9	3.8	0
饿了么	18	6.0	16.7	38.9	38.9	5.6	77.2	27.8	0	66.7	33.3	0	0

运用 SPSS 软件统计各题项的均值与标准差。本章使用的是李克特 5 点量表，每一选项陈述有“非常同意”“同意”“一般”“不同意”“非常不同意”五种回答，分别记分为 5、4、3、2、1。因此，题项的均值表示整体上答题者对该题的认同程度，均值越高说明越认同。而标准差则表示答题者对题项认同度的一致性，标准差越小说明其认同度越一致。

根据表 7-25，价值共创管理的 14 个题项得分均值都在 3.2～3.9，标准差在 1 左右，说明各题项之间内部得分比较一致，顾客对价值共创的评价程度比较一致。顾客参与的 4 个题项得分均值在 3.0～3.4，标准差在 0.95 左右，说明各题项之间的内部得分比较一致，对顾客参与的评价程度比较一致。感知价值的 6 个题项得分均值在 3.8～4.1，标准差在 0.8 左右，且对感知易用性的评价明显大于对感知有用性的评价，整体各题项之间内部得分比较一致，对感知价值的评价程度比较一致。平台声誉的 3 个题项得分均值在 3.6～4.2，标准差在 0.8 左右，说明各题项之间内部得分存在差异，这符合不同平台的声誉有高低之分的预期，但总体而言顾客对平台声誉的评价程度比较一致。

表 7-25　主要变量的描述性统计分析

变量		对应题项	均值	标准差
价值共创管理	对话	A1	3.58	0.92
		A2	3.51	0.98
		A3	3.70	0.97
		A4	3.84	0.92
	获取	B1	3.80	0.84
		B2	3.76	0.83
		B3	3.53	0.89
	风险评估	C1	3.60	0.99
		C2	3.25	1.00
		C3	3.37	0.98
		C4	3.31	0.92
	透明	D1	3.21	1.00
		D2	3.27	0.98
		D3	3.29	1.05
顾客参与		H1	3.22	0.94
		H2	3.09	0.91
		H3	3.23	0.97
		H4	3.37	0.90
感知价值	感知有用性	J1	3.90	0.78
		J3	3.81	0.79
		J4	3.82	0.82
	感知易用性	J5	4.01	0.74
		J6	4.05	0.72
		J7	4.02	0.71
平台声誉		G1	4.14	0.79
		G2	3.71	0.81
		G3	3.67	0.77

2. 信度与效度分析

在对正式数据进行其他检验前，为保证本章研究的严谨性和测量结果的稳定可靠，仍然须对收集到的数据进行信效度检验。本小节对正式数据的信度检验沿用预调研所用方法，而效度检验主要采用验证性因子分析方法进行。最终确定数据具有较好的信效度，才能进行后续分析。

1) 信度分析

依照前文预调研阶段对信度的分析方法，采用克朗巴赫系数(Cronbach's α)和CITC来检验信度。结果如表7-26和表7-27所示，数据的整体Cronbach's α值为0.947，各变量的信度均在0.8以上，说明总体信度较高。其次，各题项CITC值高于0.5，说明项目总体相关性较好。从项已删除的Cronbach's α来看，项被删除后的信度系数值并没有明显地提升，说明题项应全部保留。综上所述，研究数据信度水平高，可用于进一步分析。

表7-26 整体信度检验结果

变量	项数	Cronbach's α	整体Cronbach's α值
价值共创管理	14	0.922	0.947
顾客参与	4	0.887	
感知价值	6	0.895	
平台声誉	3	0.836	

表7-27 各题项的信度检验

变量	题项	CITC值	项已删除的Cronbach's α	整体Cronbach's α值
价值共创管理	A1	0.518	0.921	0.922
	A2	0.578	0.919	
	A3	0.658	0.917	
	A4	0.659	0.917	
	B1	0.633	0.918	
	B2	0.540	0.920	
	B3	0.621	0.918	
	C1	0.644	0.917	
	C2	0.684	0.916	
	C3	0.726	0.914	
	C4	0.743	0.914	
	D1	0.731	0.914	
	D2	0.721	0.914	
	D3	0.635	0.918	
顾客参与	H1	0.798	0.838	0.887
	H2	0.825	0.828	
	H3	0.740	0.861	
	H4	0.657	0.890	

续表

变量	题项	CITC 值	项已删除的 Cronbach's α	整体 Cronbach's α 值
感知价值	J1	0.645	0.886	0.895
	J3	0.723	0.873	
	J4	0.719	0.874	
	J5	0.777	0.865	
	J6	0.708	0.876	
	J7	0.725	0.873	
平台声誉	G1	0.626	0.840	0.836
	G2	0.740	0.728	
	G3	0.730	0.742	

2) 效度分析

效度分析主要是为了检验样本数据的有效性。本章的量表设计均参考现有的成熟量表，因此这里不再对内容效度进行分析，而主要做结构效度的检验。其中，结构效度检验通过因子分析进行，因子分析又分为探索性因子分析和验证性因子分析。探索性因子分析是为了进行题项的筛选，检验量表题项最终能归为几个因子，及每个因子对应哪些题项。而验证性因子分析是根据实际调研情况，将潜变量与对应的关系固定，然后用数据来拟合验证关系模型是否成立，如果模型拟合质量较好，则表明测量模型通过验证。

对数据进行 KMO 检验和 Bartlett 球度检验，结果如表 7-28 所示。对话、获取、风险评估、透明、顾客参与、感知有用性、感知易用性和平台声誉共 8 项因子，对应 27 个题项。数据整体 KMO 值为 0.931，大于 0.7，Bartlett 球度检验显著性 Sig.值为 0.000，表明样本适合做验证性因子分析。

表 7-28　KMO 检验和 Bartlett 球度检验

取样足够的 KMO	度量	0.931
Bartlett 球度检验	近似卡方	5330.768
	自由度 df	351
	显著性 Sig.	0.000

本次针对共 8 个因子及 27 个分析项进行验证性因子分析。根据图 7-7 验证性因子总体测量模型和表 7-29 验证性因子分析结果可知，各项标准化因子载荷系数值都大于 0.7(除 A1、B2、B3 和 H4 大于 0.67 之外)，说明从整体上看因子与测量项之间有着良好的对应关系，聚合效度较好。另外，KMO 值均大于 0.7，累积解释方差均大于 70%，综上看来验证性因子分析结果较好。

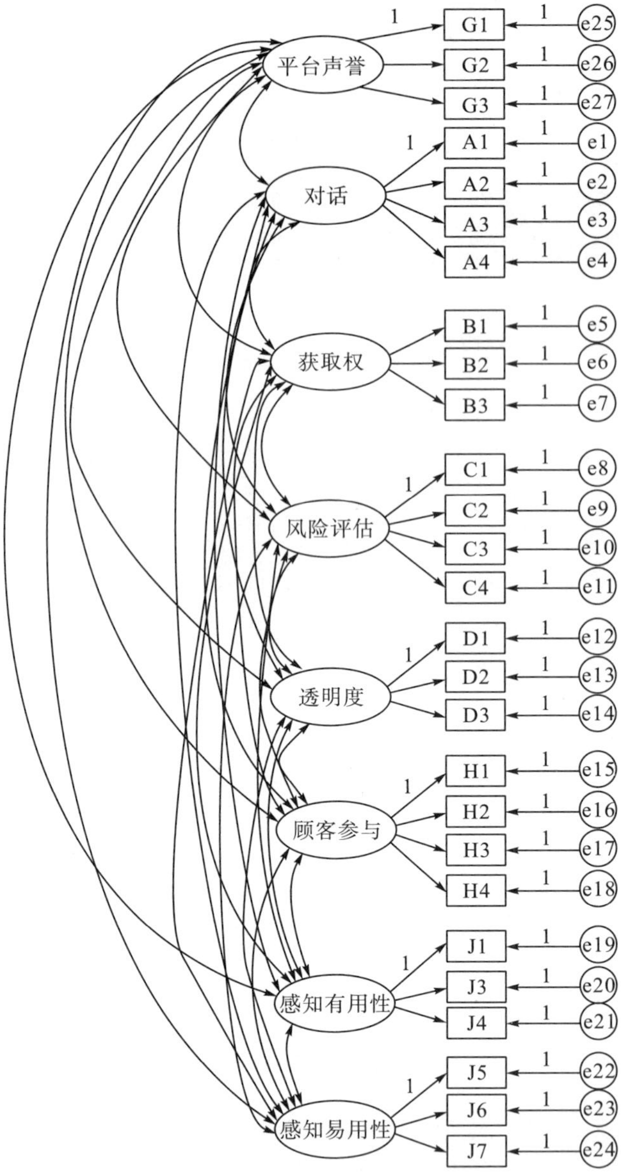

图 7-7 验证性因子总体测量模型

图中的 e1,e2,e3…,e27 代表个变量对应的残差方差，从表 8-25 中的标准差可得

表 7-29　验证性因子分析结果

变量		题项	标准化因子载荷	KMO	累积解释方差/%
价值共创管理	对话	A1	0.692	0.921	73.425
		A2	0.754		
		A3	0.783		
		A4	0.752		
	获取	B1	0.768		
		B2	0.672		
		B3	0.694		
	风险评估	C1	0.683		
		C2	0.816		
		C3	0.831		
		C4	0.877		
	透明	D1	0.865		
		D2	0.839		
		D3	0.805		
顾客参与		H1	0.895	0.803	74.931
		H2	0.912		
		H3	0.769		
		H4	0.685		
感知价值	感知有用性	J1	0.741	0.868	77.462
		J3	0.821		
		J4	0.805		
	感知易用性	J5	0.871		
		J6	0.835		
		J7	0.803		
平台声誉		G1	0.702	0.704	75.374
		G2	0.860		
		G3	0.830		

此外，平均方差萃取 AVE 和组合信度 CR 也被用于聚合效度分析，通常情况下 AVE 值大于 0.5 且 CR 值大于 0.7，则表明聚合效度较高。分析结果见表 7-30，各因子对应的 AVE 值全部均大于 0.5，且 CR 值全部均高于 0.7，表明本次分析数据具有良好的聚合效度。

表 7-30 模型 AVE 和 CR 指标结果

变量	AVE 值	CR 值
对话	0.558	0.834
获取	0.507	0.754
风险评估	0.644	0.878
透明	0.698	0.874
顾客参与	0.674	0.891
感知有用性	0.625	0.833
感知易用性	0.702	0.876
平台声誉	0.642	0.842

接下来，使用 AVE 的平方根值测量区分效度，与 4 个因子的相关系数进行对比，如果 AVE 平方根值大于“该因子与其他因子间的相关系数”，此时说明具有良好的区分效度。AVE 平方根值可表示该因子的聚合性，而相关系数表示相关关系，如果该因子自己聚合性很强(明显强于与其他因子间的相关系数)，则能说明具有区分效度。如表 7-31 所示，每个因子的 AVE 平方根值均大于该因子与其他因子的相关系数，所以区分效度较好。

表 7-31 Pearson 相关与 AVE 平方根值

	对话	获取	风险评估	透明	顾客参与	感知有用性	感知易用性	平台声誉
对话	0.747							
获取	0.604**	0.712						
风险评估	0.565**	0.592**	0.802					
透明	0.511**	0.578**	0.730**	0.835				
顾客参与	0.507**	0.469**	0.587**	0.584**	0.821			
感知有用性	0.529**	0.542**	0.465**	0.440**	0.514**	0.791		
感知易用性	0.465**	0.465**	0.362**	0.334**	0.330**	0.699**	0.828	
平台声誉	0.432**	0.419**	0.357**	0.431**	0.455**	0.605**	0.572**	0.918

注：斜对角线数字为该因子 AVE 的平方根值。*表示 $P<0.05$，**表示 $P<0.01$。

最后，考察验证性因子分析模型的拟合优度。通常模型拟合指标非常多，本章选用卡方自由度比(X^2/df)、拟合优度指数(goodness of fit index，GFI)、近似误差均方根(root mean square error of approximation，RMSEA)、均方根残差(root of the mean square residual，RMR)、比较拟合指数(comparative fit index，CFI)和非规范拟合指数(non-normed fit index，NNFI)作为分析指标，结果见表 7-32。样本数据的各项测量值均符合相应指标的半段标准，因此认为模型的拟合程度较好，可以进行后续分析。

表 7-32　模型拟合优度检验

常用指标	卡方自由度比 X^2/df	GFI	RMSEA	RMR	CFI	NNFI
判断标准	＜3	＞0.9	＜0.10	＜0.05	＞0.9	＞0.9
测量值	2.085	0.901	0.06	0.039	0.938	0.926

3. 相关性分析

相关性分析是回归分析的前提条件，需要先保证有相关关系，后续才能进行回归研究。使用 Pearson 相关系数去表示相关关系的强弱情况，在表 7-31 中已经有了 Pearson 相关分析，其中相关系数值右上角的“*”表示结果在 0.05 水平上显著相关，“**”表明在 0.01 水平上显著相关。关系的紧密程度按照相关系数大小进行划分，一般值为 0.7 以上说明关系非常紧密，值为 0.4～0.7 说明关系紧密，值为 0.2～0.4 说明关系一般。从表 7-31 结果可见，各变量之间存在相关性，且相关系数最小为 0.33，最大为 0.73。为确保研究的谨慎性，接下来进一步对变量做共线性诊断。

在共线性诊断中，如果容差(tolerance)＞0.1 或 VIF＜10，则说明自变量间不存在共线性情况；反之则存在多重共线性。本章分别将感知价值和顾客参与作为因变量，其他变量作为前因变量来进行共线性诊断，结果如表 7-33 所示。从检验结果可以看出，各个变量的 VIF 均小于 10，最大为 2.716，容差均大于 0.1，由此说明变量间不存在共线性问题，模型构建良好。

表 7-33　共线性诊断

共线性统计量					
感知价值			顾客参与		
模型	容差	VIF	模型	容差	VIF
对话	0.530	1.888	对话	0.563	1.777
获取	0.502	1.992	获取	0.520	1.923
风险评估	0.368	2.716	风险评估	0.425	2.352
透明	0.415	2.412	透明	0.461	2.167
			顾客参与	0.566	1.768

7.5　实证分析

在前文分析的基础上，本节将采用最小二乘(ordinary least squares，OLS)回归法对本章各项研究假设进行检验，依次检验价值共创管理对感知价值的影响、对顾客参与的影响，及顾客参与的中介效应和平台声誉的调节效应。本节回归分析所涉及的变量名称及代码等，见表 7-34。

表 7-34 回归分析变量一览表

变量	变量名称	变量代码
因变量	感知价值	pv
	感知有用性	pu
	感知易用性	peu
自变量	价值共创管理	vcc
	对话	dia
	获取	acc
	风险评估	ris
	透明	tra
中介变量	顾客参与	cp
调节变量	平台声誉	rep
控制变量	年龄	age
	性别	gen
	受教育程度	edu
	使用年限	year
	日均用时	time
	月均花费	pay

7.5.1 价值共创管理对感知价值的影响分析

H7-1 提出价值共创管理正向影响感知价值，其中价值共创管理又包含对话、获取、风险评估和透明四个子维度，因此对该假设的检验分别将价值共创管理及其四个子维度放入模型中进行 OLS 回归分析，对应的模型如下。

$$\mathrm{pv}_i=\alpha_0+\beta_1\mathrm{vcc}_i+\beta_2\mathrm{gender}_i+\beta_3\mathrm{age}_i+\beta_4\mathrm{edu}_i+\beta_5\mathrm{year}_i+\beta_6\mathrm{time}_i+\beta_7\mathrm{pay}_i+\varepsilon_i \quad (7\text{-}1)$$

$$\mathrm{pv}_i=\alpha_0+\beta_1\mathrm{dia}_i+\beta_2\mathrm{gender}_i+\beta_3\mathrm{age}_i+\beta_4\mathrm{edu}_i+\beta_5\mathrm{year}_i+\beta_6\mathrm{time}_i+\beta_7\mathrm{pay}_i+\varepsilon_i \quad (7\text{-}2)$$

$$\mathrm{pv}_i=\alpha_0+\beta_1\mathrm{acc}_i+\beta_2\mathrm{gender}_i+\beta_3\mathrm{age}_i+\beta_4\mathrm{edu}_i+\beta_5\mathrm{year}_i+\beta_6\mathrm{time}_i+\beta_7\mathrm{pay}_i+\varepsilon_i \quad (7\text{-}3)$$

$$\mathrm{pv}_i=\alpha_0+\beta_1\mathrm{ris}_i+\beta_2\mathrm{gender}_i+\beta_3\mathrm{age}_i+\beta_4\mathrm{edu}_i+\beta_5\mathrm{year}_i+\beta_6\mathrm{time}_i+\beta_7\mathrm{pay}_i+\varepsilon_i \quad (7\text{-}4)$$

$$\mathrm{pv}_i=\alpha_0+\beta_1\mathrm{tra}_i+\beta_2\mathrm{gender}_i+\beta_3\mathrm{age}_i+\beta_4\mathrm{edu}_i+\beta_5\mathrm{year}_i+\beta_6\mathrm{time}_i+\beta_7\mathrm{pay}_i+\varepsilon_i \quad (7\text{-}5)$$

价值共创管理及其四个子维度对感知价值影响的回归结果见表 7-35。结果显示：价值共创管理对感知价值有显著性影响[式(7-1)，β=0.5221，P<0.01]，H7-1 得到支持，这说明价值共创管理正向影响感知价值；对话对感知价值的影响结果通过显著性检验[式(7-2)，β=0.4189，P<0.01]，H7-1a 得到支持，说明对话正向影响感知价值；获取对感知价值的影响结果通过显著性检验[式(7-3)，β=0.4696，P<0.01)]，H7-1b 得到支持，获取正向影响感知价值；风险评估对感知价值的影响结果通过显著性检验[式(7-4)，β=0.3229，P<0.01]，H7-1c 得到支持，说明风险评估正向影响感知价值；透明对感知价值的影响结果通过显著性检验[式(7-5)，β=0.2744，P<0.01]，H7-1d 得到支持，说明透明正向影响感知价值。

表 7-35　价值共创管理对感知价值的影响

变量	pv				
	式(7-1)	式(7-2)	式(7-3)	式(7-4)	式(7-5)
vcc	0.5221*** (11.93)				
dia		0.4189*** (10.78)			
acc			0.4696*** (11.10)		
ris				0.3229*** (8.37)	
tra					0.2744*** (7.59)
gender	0.0237 (0.38)	−0.0292 (−0.46)	0.0009 (0.01)	0.0632 (0.93)	0.0248 (0.36)
age	0.0216 (0.71)	0.0394 (1.26)	0.0037 (0.12)	0.0355 (1.07)	0.0213 (0.63)
edu	0.0598 (1.34)	0.0734 (1.59)	0.0591 (1.29)	0.0680 (1.39)	0.0538 (1.08)
year	0.0475 (1.55)	0.0443 (1.40)	0.0367 (1.17)	0.0544 (1.62)	0.0465 (1.36)
time	0.0164 (0.38)	0.0207 (0.47)	0.0597 (1.38)	0.0486 (1.05)	0.0505 (1.07)
mon	0.0764* (1.78)	0.0785* (1.78)	0.1034** (2.36)	0.0776* (1.66)	0.0699 (1.46)
constant	1.6421*** (8.22)	1.8865*** (9.54)	1.7008*** (8.27)	2.2454*** (11.15)	2.5496*** (13.54)
F	24.59	20.59	21.64	13.55	11.66
调整的 R^2	0.3558	0.3144	0.3258	0.2271	0.1997

注：*表示 $p<0.1$，**表示 $p<0.05$，***表示 $p<0.01$。

7.5.2　价值共创管理对顾客参与的影响分析

H7-2 提出价值共创管理正向影响顾客参与，相关模型如下。

$$\mathrm{cp}_i=\alpha_0+\beta_1\mathrm{vcc}_i+\beta_2\mathrm{gender}_i+\beta_3\mathrm{age}_i+\beta_4\mathrm{edu}_i+\beta_5\mathrm{year}_i+\beta_6\mathrm{time}_i+\beta_7\mathrm{pay}_i+\varepsilon_i \quad (7\text{-}6)$$

$$\mathrm{cp}_i=\alpha_0+\beta_1\mathrm{dia}_i+\beta_2\mathrm{gender}_i+\beta_3\mathrm{age}_i+\beta_4\mathrm{edu}_i+\beta_5\mathrm{year}_i+\beta_6\mathrm{time}_i+\beta_7\mathrm{pay}_\mathrm{i}+\varepsilon_i \quad (7\text{-}7)$$

$$\mathrm{cp}_i=\alpha_0+\beta_1\mathrm{acc}_i+\beta_2\mathrm{gender}_i+\beta_3\mathrm{age}_i+\beta_4\mathrm{edu}_i+\beta_5\mathrm{year}_i+\beta_6\mathrm{time}_i+\beta_7\mathrm{pay}_i+\varepsilon_i \quad (7\text{-}8)$$

$$\mathrm{cp}_i=\alpha_0+\beta_1\mathrm{ris}_i+\beta_2\mathrm{gender}_i+\beta_3\mathrm{age}_i+\beta_4\mathrm{edu}_i+\beta_5\mathrm{year}_i+\beta_6\mathrm{time}_i+\beta_7\mathrm{pay}_i+\varepsilon_i \quad (7\text{-}9)$$

$$\mathrm{cp}_i=\alpha_0+\beta_1\mathrm{tra}_i+\beta_2\mathrm{gender}_i+\beta_3\mathrm{age}_i+\beta_4\mathrm{edu}_i+\beta_5\mathrm{year}_i+\beta_6\mathrm{time}_i+\beta_7\mathrm{pay}_i+\varepsilon_i \quad (7\text{-}10)$$

关于价值共创管理及其四个子维度对顾客参与影响的回归结果见表 7-36。通过分析发现，价值共创管理对顾客参与的影响结果通过显著性检验[式(7-6)，β=0.7493，P<0.01]，H7-2 得到支持，价值共创管理正向影响顾客参与。对话对顾客参与的影响结果通过显著性检[式(7-7)，β=0.4966，P<0.01]，H7-2a 得到支持，对话正向影响顾客参与。获取对顾客参与的影响结果通过显著性检验[式(7-8)，β=0.5273，P<0.01]，H7-2b 得到支持，获取正向影响顾客参与。风险评估对顾客参与的影响结果通过显著性检验[式(7-9)，β=0.5420，P<0.01]，H7-2c 得到支持，风险评估正向影响顾客参与。透明对顾客参与的影响结果通过显著性检验[式(7-10)，β=0.4954，P<0.01]，H7-2d 得到支持，透明正向影响顾客参与。

表 7-36 价值共创管理对顾客参与的影响

变量	cp				
	式(7-6)	式(7-7)	式(7-8)	式(7-9)	式(7-10)
vcc	0.7493*** (13.93)				
dia		0.4966*** (9.51)			
acc			0.5273*** (9.10)		
ris				0.5420*** (11.79)	
tra					0.4954*** (11.66)
gender	0.0098 (0.13)	−0.0562 (−0.65)	−0.0200 (−0.23)	0.0794 (0.98)	0.0168 (0.21)
age	−0.0059 (−0.16)	0.0183 (0.44)	−0.0220 (−0.52)	0.0142 (0.36)	−0.0113 (−0.29)
edu	−0.0332 (−0.60)	−0.0148 (−0.24)	−0.0311 (−0.50)	−0.0217 (−0.37)	−0.0475 (−0.81)
year	−0.0806** (−2.14)	−0.0851** (−2.00)	−0.0937** (−2.18)	−0.0682* (−1.70)	−0.0811** (−2.02)
time	0.1162** (2.22)	0.1440** (2.44)	0.1932*** (3.27)	0.1483*** (2.68)	0.1442*** (2.59)
mon	0.0592 (1.13)	0.0648 (1.09)	0.0933 (1.56)	0.0583 (1.04)	0.0431 (0.77)
constant	0.6316** (2.57)	1.3299*** (5.00)	1.2084*** (4.29)	1.2466*** (5.19)	1.6646*** (7.52)
F	33.29	17.30	16.13	24.78	24.34
调整的 R^2	0.4305	0.2762	0.2616	0.3576	0.3533

注：*表示 P<0.1，**表示 P<0.05，***表示 P<0.01。

7.5.3　顾客参与的中介效应分析

本章对中介效应的检验采用依次检验法(causal steps)，即按照以下步骤检验中介效应存在与否：第一，检验自变量和因变量的相关性；第二，检验自变量和中介变量的相关性；第三，前两步都通过显著性检验后，控制中介变量对因变量的影响，检验中介变量是否显著，若中介变量显著则存在中介效应；第四，验证自变量显著性，若自变量显著则是部分中介效应，不显著则是完全中介效应。

依次检验法简单并容易理解和解释，虽然这种方法的检验力受到质疑，但温忠麟和叶宝娟(2014)与温忠麟等(2004)指出，若使用依次检验法检验已得到的显著结果，则不存在检验力低的问题，其结果甚至较 Bootstrap 法更好。

基于前文的回归结果，价值共创管理及价值共创管理的四个子维度(对话、获取、风险评估、透明)与感知价值均有显著相关性(H7-1)；价值共创管理及价值共创管理的四个子维度(对话、获取、风险评估、透明)与顾客参与均有显著相关性(H7-2)，因此中介效应检验中的第一步和第二步已得到验证。接下来进行第三步检验，控制中介变量对因变量的影响，即控制顾客参与对感知价值的影响，检验中介变量是否显著，对应的模型如下。

$$\mathrm{pv}_i = \alpha_0 + \beta_1 \mathrm{vcc}_i + \beta_2 \mathrm{cp}_i + \beta_3 \mathrm{gender}_i + \beta_4 \mathrm{age}_i + \beta_5 \mathrm{edu}_i + \beta_6 \mathrm{year}_i + \beta_7 \mathrm{time}_i + \beta_8 \mathrm{pay}_i + \varepsilon_i \tag{7-11}$$

$$\mathrm{pv}_i = \alpha_0 + \beta_1 \mathrm{dia}_i + \beta_2 \mathrm{cp}_i + \beta_3 \mathrm{gender}_i + \beta_4 \mathrm{age}_i + \beta_5 \mathrm{edu}_i + \beta_6 \mathrm{year}_i + \beta_7 \mathrm{time}_i + \beta_8 \mathrm{pay}_i + \varepsilon_i \tag{7-12}$$

$$\mathrm{pv}_i = \alpha_0 + \beta_1 \mathrm{acc}_i + \beta_2 \mathrm{cp}_i + \beta_3 \mathrm{gender}_i + \beta_4 \mathrm{age}_i + \beta_5 \mathrm{edu}_i + \beta_6 \mathrm{year}_i + \beta_7 \mathrm{time}_i + \beta_8 \mathrm{pay}_i + \varepsilon_i \tag{7-13}$$

$$\mathrm{pv}_i = \alpha_0 + \beta_1 \mathrm{ris}_i + \beta_2 \mathrm{cp}_i + \beta_3 \mathrm{gender}_i + \beta_4 \mathrm{age}_i + \beta_5 \mathrm{edu}_i + \beta_6 \mathrm{year}_i + \beta_7 \mathrm{time}_i + \beta_8 \mathrm{pay}_i + \varepsilon_i \tag{7-14}$$

$$\mathrm{pv}_i = \alpha_0 + \beta_1 \mathrm{tra}_i + \beta_2 \mathrm{cp}_i + \beta_3 \mathrm{gender}_i + \beta_4 \mathrm{age}_i + \beta_5 \mathrm{edu}_i + \beta_6 \mathrm{year}_i + \beta_7 \mathrm{time}_i + \beta_8 \mathrm{pay}_i + \varepsilon_i \tag{7-15}$$

顾客参与的中介效应检验结果见表 7-37。从表 7-37 中式(7-11)可知，在检验自变量价值共创管理和因变量感知价值的关系中，加入中介变量顾客参与，控制顾客参与对感知价值的影响，中介变量顾客参与显著(β=0.1148，P<0.05)，自变量价值共创管理的回归系数由 0.5221 下降到 0.4361，但仍显著(P<0.01)，这说明顾客参与中介了价值共创管理对感知价值的影响，且为部分中介作用，因此 H7-3 得到验证。

表 7-37　顾客参与的中介效应回归结果

变量	pv	cp	pv	pv	cp	pv	pv	cp	pv	pv	cp	pv	pv	cp	pv
	式(8-1)	式(8-6)	式(8-11)	式(8-2)	式(8-7)	式(8-12)	式(8-3)	式(8-8)	式(8-13)	式(8-4)	式(8-9)	式(8-14)	式(8-5)	式(8-10)	式(8-15)
vcc	0.5221***	0.7493***	0.4361***												
	(11.93)	(13.93)	(7.79)												
dia				0.4189***	0.4966***	0.3229***									
				(10.78)	(9.51)	(7.51)									
acc							0.4696***	0.5273***	0.3679***						
							(11.10)	(9.10)	(7.94)						
ris										0.3229***	0.5420***	0.1989***			
										(8.37)	(11.79)	(4.40)			
tra													0.2744***	0.4954***	0.1502***
													(7.59)	(11.66)	(3.59)
cp			0.1148**			0.1934***			0.1929***			0.2289***			0.2508***
			(2.43)			(4.59)			(4.67)			(4.84)			(5.26)
gender	0.0237	0.0098	0.0226	−0.0292	−0.0562	−0.0183	0.0009	−0.0200	0.0047	0.0632	0.0794	0.0450	0.0248	0.0168	0.0206
	(0.38)	(0.13)	(0.37)	(−0.46)	(−0.65)	(−0.30)	(0.01)	(−0.23)	(0.08)	(0.93)	(0.98)	(0.68)	(0.36)	(0.21)	(0.31)
age	0.0216	−0.0059	0.0223	0.0394	0.0183	0.0358	0.0037	−0.0220	0.0079	0.0355	0.0142	0.0322	0.0213	−0.0113	0.0241
	(0.71)	(−0.16)	(0.74)	(1.26)	(0.44)	(1.19)	(0.12)	(−0.52)	(0.26)	(1.07)	(0.36)	(1.01)	(0.63)	(−0.29)	(0.75)

续表

变量	pv	cp	pv	pv	cp	pv	pv	cp	pv	pv	cp	pv	pv	cp	pv
	式(8-1)	式(8-6)	式(8-11)	式(8-2)	式(8-7)	式(8-12)	式(8-3)	式(8-8)	式(8-13)	式(8-4)	式(8-9)	式(8-14)	式(8-5)	式(8-10)	式(8-15)
edu	0.0598	−0.0332	0.0636	0.0734	−0.0148	0.0762*	0.0591	−0.0311	0.0651	0.0680	−0.0217	0.0730	0.0538	−0.0475	0.0658
	(1.34)	(−0.60)	(1.43)	(1.59)	(−0.24)	(1.71)	(1.29)	(−0.50)	(1.47)	(1.39)	(−0.37)	(1.55)	(1.08)	(−0.81)	(1.38)
year	0.0475	−0.0806**	0.0567*	0.0443	−0.0851**	0.0608**	0.0367	−0.0937**	0.0547*	0.0544	−0.0682*	0.0700**	0.0465	−0.0811**	0.0669**
	(1.55)	(−2.14)	(1.85)	(1.40)	(−2.00)	(1.97)	(1.17)	(−2.18)	(1.79)	(1.62)	(−1.70)	(2.15)	(1.36)	(−2.02)	(2.03)
time	0.0164	0.1162**	0.0031	0.0207	0.1440**	−0.0072	0.0597	0.1932***	0.0224	0.0486	0.1483***	0.0147	0.0505	0.1442***	0.0143
	(0.38)	(2.22)	(0.07)	(0.47)	(2.44)	(−0.17)	(1.38)	(3.27)	(0.53)	(1.05)	(2.68)	(0.32)	(1.07)	(2.59)	(0.31)
mon	0.0764*	0.0592	0.0696	0.0785*	0.0648	0.0660	0.1034**	0.0933	0.0854**	0.0776*	0.0583	0.0642	0.0699	0.0431	0.0591
	(1.78)	(1.13)	(1.64)	(1.78)	(1.09)	(1.54)	(2.36)	(1.56)	(2.01)	(1.66)	(1.04)	(1.42)	(1.46)	(0.77)	(1.29)
constant	1.6421***	0.6316**	1.5696***	1.8865***	1.3299***	1.6294***	1.7008***	1.2084***	1.4677***	2.2454***	1.2466***	1.9601***	2.5496***	1.6646***	2.1321***
	(8.22)	(2.57)	(7.83)	(9.54)	(5.00)	(8.17)	(8.27)	(4.29)	(7.16)	(11.15)	(5.19)	(9.66)	(13.54)	(7.52)	(10.83)
F	24.59	33.29	22.62	20.59	17.30	21.89	21.64	16.13	23.01	13.55	24.78	15.69	11.66	24.34	14.59
调整的 R^2	0.3558	0.4305	0.3665	0.3144	0.2762	0.3585	0.3258	0.2616	0.3707	0.2271	0.3576	0.2822	0.1997	0.3533	0.2667

注：*表示 $P<0.1$，**表示 $P<0.05$，***表示 $P<0.01$。

从表 7-37 中式(7-12)可知，在检验自变量对话和因变量感知价值的关系中，加入中介变量顾客参与，控制顾客参与对感知价值的影响，中介变量顾客参与显著(β=0.1934，P<0.01)，自变量对话的回归系数由 0.4189 下降到 0.3229，但仍显著(P<0.01)，这说明顾客参与中介了对话对感知价值的影响，且为部分中介作用，因此 H7-3a 成立。

从表 7-37 中式(7-13)可知，在检验自变量获取和因变量感知价值的关系中，加入中介变量顾客参与，控制顾客参与对感知价值的影响，中介变量顾客参与显著(β=0.1929，P<0.01)，自变量获取的回归系数由 0.4696 下降到 0.3679，但仍显著(P<0.01)，这说明顾客参与中介了获取对感知价值的影响，且为部分中介作用，因此 H7-3b 成立。

从表 7-37 中式(7-14)可知，在检验自变量风险评估和因变量感知价值的关系中，加入中介变量顾客参与，控制顾客参与对感知价值的影响，中介变量顾客参与显著(β=0.2289，P<0.01)，自变量风险评估的回归系数由 0.3329 下降到 0.1989，但仍显著(P<0.01)，这说明顾客参与中介了风险评估对感知价值的影响，且为部分中介作用，因此 H7-3c 成立。

从表 7-37 中式(7-15)可知，在检验自变量透明和因变量感知价值的关系中，加入中介变量顾客参与，控制顾客参与对感知价值的影响，中介变量顾客参与显著(β=0.2508，P<0.01)，自变量透明的回归系数由 0.2744 下降到 0.1502，但仍显著(P<0.01)，这说明顾客参与中介了透明对感知价值的影响，且为部分中介作用，因此 H7-3d 成立。

7.5.4 平台声誉的调节效应分析

对调节效应的检验，主要采用多元调节回归分析法，以衡量调节变量对因变量和自变量之间关系的影响程度。为验证平台声誉对价值共创管理和顾客参与之间关系的调节作用，接下来按照多元调节回归的步骤进行检验：第一，分别对自变量和调节变量做中心化处理，即变量减去其均值，中心化的价值共创管理变量和平台声誉变量，分别用 zvcc 和 zrep 表示；第二，将中心化后的自变量价值共创管理 zvcc 和调节变量平台声誉 zrep 相乘，得到交乘项 zvcc×zrep；第三，将中心化后的自变量 zvcc 和未中心化处理因变量顾客参与纳入回归式(7-16)；第四，将中心化后的自变量 zvcc、调节变量 zrep 和未中心化的因变量纳入回归式(7-17)；第五，在回归式(7-17)的基础上加入交乘项 zvcc×zrep，构造式(7-18)，最后分析交乘项的系数是否显著，若显著则说明存在调节效应，反之则不存在。此过程对应的模型如下。

$$\mathrm{cp}_i = \alpha_0 + \beta_1 \mathrm{zvcc}_i + \beta_2 \mathrm{gender}_i + \beta_3 \mathrm{age}_i + \beta_4 \mathrm{edu}_i + \beta_5 \mathrm{year}_i + \beta_6 \mathrm{time}_i + \beta_7 \mathrm{pay}_i + \varepsilon_i \tag{7-16}$$

$$\text{cp}_i = \alpha_0 + \beta_1\text{zvcc}_i + \beta_2\text{zrep}_i + \beta_3\text{gender}_i + \beta_4\text{age}_i + \beta_5\text{edu}_i + \beta_6\text{year}_i + \beta_7\text{time}_i + \beta_8\text{pay}_i + \varepsilon_i \tag{7-17}$$

$$\text{cp}_i = \alpha_0 + \beta_1\text{zvcc}_i + \beta_2\text{zrep}_i + \beta_3\text{zvcc}\times\text{zrep}_i + \beta_4\text{gender}_i + \beta_5\text{age}_i + \beta_6\text{edu}_i + \beta_7\text{year}_i + \beta_8\text{time}_\text{i} + \beta_9\text{pay}_i + \varepsilon_i \tag{7-18}$$

平台声誉的调节效应回归结果见表 7-38，从式(7-18)可以看出，平台声誉所在的交乘项回归系数通过显著性检验(β=0.0921，P<0.01)，且回归系数大于 0，说明平台声誉的调节作用存在，为正向调节作用。H7-4 得到验证，即平台声誉正向调节了价值共创管理对顾客参与的影响。

表 7-38　调节作用回归结果

变量	cp		
	式(7-16)	式(7-17)	式(7-18)
zvcc	0.5018*** (13.93)	0.4262*** (10.60)	0.4308*** (10.94)
zrep		0.1551*** (3.89)	0.1731*** (4.39)
zvcc×zrep			0.0921*** (3.66)
gender	0.0098 (0.13)	0.0057 (0.08)	0.0190 (0.26)
age	−0.0059 (−0.16)	−0.0139 (−0.38)	−0.0176 (−0.49)
edu	−0.0332 (−0.60)	−0.0338 (−0.63)	−0.0189 (−0.36)
year	−0.0806** (−2.14)	−0.0954** (−2.58)	−0.0903** (−2.49)
time	0.1162** (2.22)	0.1180** (2.31)	0.1099** (2.19)
mon	0.0592 (1.13)	0.0509 (0.99)	0.0568 (1.13)
constant	0.6316** (2.57)	0.2321 (0.89)	3.2423*** (18.58)
F	33.29	32.43	31.54
调整的 R^2	0.4305	0.4568	0.4790

注：*表示 P<0.1，**表示 P<0.05，***表示 P<0.01。

同时，为了更直观地展示平台声誉的调节作用，可依据平台声誉的高低水平分组，绘制其对价值共创管理（自变量）顾客参与（因变量）之间关系的调节效应图，详见图 7-8。

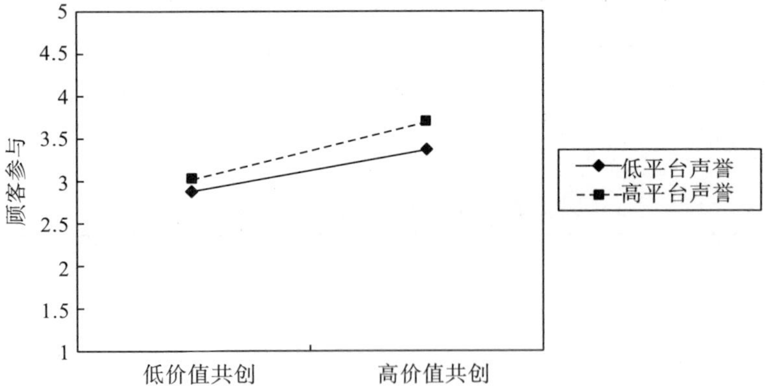

图 7-8 平台声誉的调节效应图

如图 7-8 所示，当平台声誉处于低水平或高水平时，价值共创管理对顾客参与有不同程度的影响。结果显示，在高水平平台声誉时，价值共创管理对顾客参与的影响高于低水平平台声誉时的影响。换句话说，当平台声誉较高时，价值共创管理与顾客参与的关系较强；当平台声誉较低时，价值共创管理与顾客参与的关系较弱。再次说明，平台声誉对价值共创管理与顾客参与的关系有着正向调节作用。

7.6 本章小结

本章的研究目的在于分析交易平台价值共创机理，为保障价值共创有效开展提供参考。具体任务包括指出交易平台背景下价值共创管理、顾客参与和感知价值的内在关系，并检验交易平台顾客参与在价值共创管理与感知价值间的中介作用，及平台声誉对价值共创管理与顾客参与的调节作用。根据前文的实证研究结果，本章得出以下主要结论。

第一，交易平台价值共创管理因素对感知价值有积极影响。感知价值的生成受到环境因素的影响，当平台企业从价值共创环境构建的角度去进行价值共创管理时，结果证实积极的价值共创管理能促进感知价值生成，同时感知价值也分别受到对话、获取、风险评估和透明四项因素的正向影响。这意味着顾客在使用交易平台的过程中，如果交易平台中的价值共创管理情况越好，那么顾客对使用平台的主观感受会越好，生成的感知价值越高。

第二，交易平台价值共创管理因素对顾客参与有积极影响。这说明交易平台在价值共创管理方面所做的努力会影响顾客参与相关活动的积极性，影响顾客愿意为此付出的时间和精力等。由前文的实证结果可知，价值共创管理整体情况越好越能引起顾客参与，且价值共创管理的四项关键因素也能分别对顾客参与产生正向影响。而根据价值共创管理的四个维度可知，交易平台企业对价值共创管理良好应体现在交易平台与顾客间有进行充分、开放、平等对话的机会；交易平台让顾客便捷地获取与平台产品或服务相关的信息；交易平台重视与顾客相关的风险，并努力帮助顾客了解和规避风险；交易平台对顾客坦诚相待，不对顾客隐瞒关键信息。

第三，交易平台顾客参与在价值共创管理与感知价值之间具有中介作用。从回归分析和中介效应的检验结果可以得出，顾客参与在价值共创管理对感知价值的影响中起部分中介作用，即价值共创管理正向影响感知价值时，一部分是直接影响，另一部分是通过中介变量顾客参与影响。同时，顾客参与在对话、获取、风险评估、透明四个维度对感知价值的正向影响中分别起部分中介作用，即对话、获取、风险评估、透明既会分别直接正向影响感知价值，也会分别通过影响顾客参与进而影响感知价值。可见，价值共创管理能通过顾客参与影响感知价值形成，如果能提升顾客参与，引导顾客积极地投入时间和精力等，则能产生较高的感知价值。

第四，平台声誉正向调节了价值共创管理对顾客参与的影响关系。平台声誉形成于顾客对平台整体信赖程度的推论，是一种信号影响顾客自身行为选择和预测平台未来行为的基础。通过调节效应的检验结果可知，平台声誉在价值共创管理对顾客参与的影响中有正向调节作用。当交易平台有较高的声誉时，价值共创管理对顾客参与的影响关系较强；当交易平台的声誉较低时，价值共创管理对顾客参与的影响关系较弱。由此可见，当价值共创管理因素一定时，拥有较高平台声誉的交易平台，更容易发生顾客参与，即顾客更愿意选择使用高声誉的交易平台，并为此付出时间和精力等努力。

1) 管理实践意义

本章的研究结果为平台情境下的价值共创相关研究和平台生态化成长路径的解析提供了新见解。结合本章研究结论来看，移动互联网时代平台生态化成长不仅取决于平台企业作为平台领导的资源编排和关系治理，还与参与企业和顾客等广泛利益相关主体之间的资源共享、共同生产和消费体验创造直接相关。特别是，在平台“双元结构声誉”之上，平台企业与供方(如卖家)形成显著的“声誉捆绑”关系，如何打造良好声誉的平台服务吸引顾客共同参与价值共创是平台领导需要考虑的关键问题。这不仅需要平台企业充分发挥企业知识、人力资本和平台架构等内部资源的运转效力，也需要积极推进关系资本、产业资源和政策环境等平台外部资源的杠杆式利用，从资源独占型企业成长路径转向内外部资源协同共享型成长路径。依托平台生态化成长路径，企业可以突破过去单纯追求规模经济效应的思维局限，将成长边界延伸至以用户(顾客)社群或共同用户基础为中心的设计、生产和消费领域，充分发挥平台领导的静态能力和动态能力优势，缔造规模经济之上的范围经济和网络经济优势，推进企业可持续成长。

2) 主要理论贡献

当下的互联网技术为平台经济的蓬勃发展创造了许多的机遇，并推动了价值链和商业模式的演变发展。本章立足平台生态化成长的现实需求和内在规律，从企业对价值共创的促进与管理角度，构建交易平台情境下价值共创机理模型，并通过一手数据验证理论假设。在如下几方面具有理论贡献。

首先，本章研究将顾客参与纳入价值共创机理模型，并用实证分析检验了顾客对价值生成的重要性，将关于价值共创的研究推向以顾客为主体这一更关键、更具现实意义的领域。传统的价值创造观点认为，价值最初由企业创造，随后通过交换传递给顾客，此过程中顾客是价值的使用或消费者，而非价值的创造者(Normann and Ramírez，1993)。随时代变化，顾客角色的定位逐渐由顾客是使用者或消费者转变为顾客是价值创造的参与者。顾客为了创造更好的消费体验而积极地参与产品的研发、设计及生产阶段，并努力在消费环节贡献其知识和技能，由此说来，价值不仅源于生产者的努力，还依靠顾客的参与(Hartley，2004)，即价值源于顾客与企业或其他相关利益者的共同努力。

其次，本章研究将“价值共创”理论应用到平台情境，探索平台模式中价值共创的作用机理，扩展了价值共创理论的应用场景。学界对价值共创的研究尚处于新兴阶段，且过去少有将价值共创理论置于平台，尤其是交易平台情境中进行的讨论。观察移动互联网时代下的平台经济，顾客与企业甚至其他利益相关者共同创造价值的现象，在平台模式中得到了真实反映。但现有对交易平台价值共创的研究大多从单一的顾客或企业视角进行案例分析，却对平台情境下多参与者的价值共创相关活动关注不足。本章以交易平台价值共创作用机理为主线，梳理相关文献，借鉴 DART 模型构建平台企业价值共创管理要素，分析这些关键要素对顾客参与和感知价值的影响，以期丰富和完善价值共创理论在平台经济中的研究成果。

最后，本章研究结合平台声誉探讨平台情境下的价值共创问题，分析了在不同声誉水平下价值共创管理对顾客参与的不同影响，这不仅有助于丰富平台声誉相关研究，也能为平台企业重视和强化声誉治理提供理论依据。

3）研究局限与展望

尽管本章研究在平台价值共创机理和平台声誉的效应研究方面有一定的边际贡献，但仍然存在如下研究局限。第一，平台价值共创的参与者众多，仅以顾客为样本有利于保障数据的可获取性和有效性，但平台中“顾客”概念实际包含了广义的平台“用户”，如包含了使用平台进行交易活动的买家和卖家。因此，后续研究可以进一步明确区分平台用户角色，深入研究各个细分群体与平台价值共创机理的关系；第二，本章研究对感知价值的测量将顾客视为使用者角色，但实际上顾客在交易平台中还有更为复杂的交易者角色。后续对价值共创的相关研究还可以向交易者的感知价值方向拓展，丰富和细化感知价值的构成维度。

参考文献

毕继东, 2009. 基于技术接受模型的网络口碑接受研究[J]. 当代经济管理, 31(9): 33-38.

蔡宁，王节祥，杨大鹏，2015. 产业融合背景下平台包络战略选择与竞争优势构建：基于浙报传媒的案例研究[J]. 中国工业经济(5): 96-109.

曹雪莹, 2015. 考虑卷入度及网站声誉的购物网站选择意愿研究[D]. 成都：西南交通大学.

陈嘉男, 2019. 电商平台价值共创模式探析：以阿里巴巴为例[D]. 南昌：江西财经大学.

陈启权, 2015. 基于感知价值的移动支付使用意愿影响因素研究[D]. 北京：北京邮电大学.

陈威如，余卓轩, 2013. 平台战略：正在席卷全球的商业模式革命[M]. 北京：中信出版社.

董大海，杨毅, 2008. 网络环境下消费者感知价值的理论剖析[J]. 管理学报, 5(6): 856-861.

范秀成，杜琰琰，2012. 顾客参与是一把“双刃剑”：顾客参与影响价值创造的研究述评[J]. 管理评论，24(12): 64-71.

范秀成，罗海成, 2003. 基于顾客感知价值的服务企业竞争力探析[J]. 南开管理评论, 6(6): 41-45.

范秀成，张彤宇, 2004. 顾客参与对服务企业绩效的影响[J]. 当代财经(8): 69-73.

方针, 2005. 用户信息技术接受的影响因素模型与实证研究[D]. 上海：复旦大学.

方正，杨洋，李蔚, 2010. 在线购物的营销概念模型研究[J]. 中国流通经济, 25(4): 59-62.

耿先锋, 2008. 顾客参与测量维度、驱动因素及其对顾客满意的影响机理研究：以杭州医疗服务为例[D]. 杭州：浙江大学.

贾薇, 2010. 顾客参与对顾客价值创造的影响机理研究[D]. 哈尔滨：哈尔滨工业大学.

江积海，李琴，2016. 平台型商业模式创新中连接属性影响价值共创的内在机理：Airbnb 的案例研究[J]. 管理评论，28(7): 252-260.

金杨华，潘建林，2014. 基于嵌入式开放创新的平台领导与用户创业协同模式：淘宝网案例研究[J]. 中国工业经济(2): 148-160.

科特勒 F, 1999. 营销管理：分析、机会、执行和控制[M]. 梅汝和，梅清豪，张桁，译. 上海：上海人民出版社.

孔鹏举, 周水银, 2013. 基于企业与顾客共同创造竞争优势的企业参与概念研究[J]. 管理学报, 10(5): 722-729.

李蔚, 1998. CS 管理[M]. 北京: 中国经济出版社.

李文莲, 夏健明, 2013. 基于“大数据”的商业模式创新[J]. 中国工业经济(5): 83-95.

李允尧, 刘海运, 黄少坚, 2013. 平台经济理论研究动态[J]. 经济学动态(7): 123-129.

刘宏, 杨路芬, 2017. 基于 DART 模型的众包模式下顾客参与价值共创路径研究[J]. 河北工业大学学报(社会科学版), 9(3): 28-35.

刘启, 李明志, 2008. 双边市场与平台理论研究综述[J]. 经济问题(7): 17-20.

刘文波, 陈荣秋, 2009. 基于顾客参与的顾客感知价值管理策略研究[J]. 武汉科技大学学报(社会科学版), 11(1): 49-54.

刘文超, 辛欣, 任俊生, 2011. “共同创造”思想的兴起及其内涵浅析[J]. 税务与经济(6): 28-32.

刘洋, 廖貅武, 2013. 基于在线评分和网络效应的应用软件定价策略[J]. 管理科学, 26(4): 60-69.

卢俊义, 王永贵, 2011. 顾客参与服务创新与创新绩效的关系研究: 基于顾客知识转移视角的理论综述与模型构建[J]. 管理学报, 8(10): 1566-1574.

罗珉, 李亮宇, 2015. 互联网时代的商业模式创新: 价值创造视角[J]. 中国工业经济, 57(1): 95-107.

牛海鹏, 屈云波, 1998. 服务优势与全面顾客服务系统规划[M]. 北京: 企业管理出版社.

普拉哈拉德 C K, 文卡特 V, 2018. 自由竞争的未来[M]. 于梦瑄, 译. 北京: 机械工业出版社.

任际范, 徐进, 梁新弘, 2014. 基于 DART 模型的企业间价值共创量表开发[J]. 暨南学报(哲学社会科学版), 36(4): 93-102.

沈鹏熠, 万德敏, 2019. 全渠道零售体验价值共创行为: 影响因素与驱动机制[J]. 中国流通经济, 33(7): 10-21.

琼斯 T, 2000. 完善的顾客关怀[M]. 长沙: 湖南人民出版社.

涂剑波, 2015. 服务主导逻辑导向的电子商务平台价值共创研究[J]. 现代商业(1): 60-61.

汪涛, 望海军, 2008. 顾客参与一定会导致顾客满意吗: 顾客自律倾向及参与方式的一致性对满意度的影响[J]. 南开管理评论, 11(3): 4-11.

汪旭晖, 郭一凡, 2018. 平台型电商声誉对平台卖家绩效的影响研究: 基于顾客关系质量的研究视角[J]. 西南民族大学学报(人文社科版), 39(11): 124-131.

汪旭晖, 张其林, 2015. 平台型网络市场“平台: 政府”双元管理范式研究: 基于阿里巴巴集团的案例分析[J]. 中国工业经济, 324(3): 135-147.

汪旭晖, 张其林, 2017. 平台型电商声誉的构建: 平台企业和平台卖家价值共创视角[J]. 中国工业经济(11): 174-192.

王新新, 万文海, 2012. 消费领域共创价值的机理及对品牌忠诚的作用研究[J]. 管理科学, 25(5): 54-67.

王永贵, 2006. 企业的顾客关系活动对顾客资产的差异性影响研究: 基于分解法的实证剖析[J]. 中大管理研究, 1(2): 20-32.

望海军, 汪涛, 2007. 顾客参与、感知控制与顾客满意度关系研究[J]. 管理科学, 20(3): 48-54.

温忠麟, 叶宝娟, 2014. 中介效应分析: 方法和模型发展[J]. 心理科学进展, 22(5): 731-745.

温忠麟, 张雷, 侯杰泰, 等, 2004. 中介效应检验程序及其应用[J]. 心理学报, 36(5): 614-620.

武文珍, 陈启杰, 2012. 价值共创理论形成路径探析与未来研究展望[J]. 外国经济与管理, 34(6): 66-73, 81.

谢萍, 2013. 基于 DART 模型的企业间价值共创量表开发和验证[D]. 哈尔滨：哈尔滨工业大学.

徐晋, 张祥建, 2006. 平台经济学初探[J]. 中国工业经济(5): 42-49.

杨晓梅, 2009. 技术接受模型在中国 C2C 电子商务网站中的研究[J]. 情报科学, 27(2): 297-300.

杨学成, 陶晓波, 2015. 从实体价值链、价值矩阵到柔性价值网：以小米公司的社会化价值共创为例[J]. 管理评论, 27(7): 232-240.

杨学成, 涂科, 2017. 出行共享中的用户价值共创机理：基于优步的案例研究[J]. 管理世界(8): 154-169.

查金祥, 陈明亮, 2005. 网络商店服务质量与消费者购物意愿关系[J]. 经济管理, 27(19): 51-55.

张洁, 蔡虹, 赵皎卉, 2015. 网络虚拟环境下基于 DART 模型的顾客参与价值共创模式研究：以日本企业无印良品为例[J]. 科技进步与对策, 32(18): 88-92.

张文敏, 2012. 顾客参与的前因变量与结果效应：基于组织顾客的实证研究[D]. 广州：华南理工大学.

张祥, 陈荣秋, 2009. 竞争优势的新来源：与顾客共创价值[J]. 管理工程学报, 23(4): 14-19.

赵哲, 贾薇, 程鹏, 等, 2017. 垂直电商的服务创新与价值共创实现机制研究：基于服务主导逻辑的视角[J]. 大连理工大学学报(社会科学版), 38(4): 64-73.

中共中央马克思恩格斯列宁斯大林著作编译局, 2006. 马克思恩格斯全集：第 19 卷[M]. 北京：人民出版社.

钟凯, 张传庆, 2013. 消费者感知价值对网络购买意愿影响研究：以在线口碑为调节变量[J]. 社会科学辑刊(3): 127-133.

周俊, 2017. 问卷数据分析：破解 SPSS 的六类分析思路[M]. 北京：电子工业出版社.

周文辉, 邱韵瑾, 金可可, 等, 2015. 电商平台与双边市场价值共创对网络效应的作用机制：基于淘宝网案例分析[J]. 软科学, 29(4): 83-89.

朱芳芳, 2018. 平台商业模式研究前沿及展望[J]. 中国流通经济, 32(5): 108-117.

Alstyne M V, Parker G, Choudary S P, 2016. Platforms, and the new rules of strategy[J]. Harvard Business Review, 94(4): 54-60, 62.

Bateson J, 2000. Perceived control and the service experience[J]. Handbook of services marketing & management, 1: 127-144.

Becker G S, 1965. A theory of the allocation of time[J]. Economic Journal, 75(299): 493-517.

Bhargava H, Choudhary V, 2004. Economics of an information intermediary with aggregation benefits[J]. Information Systerms Research, 15(1): 22-36.

Boyle E, 2007. A process model of brand cocreation: Brand management and research implications[J]. Journal of Product and Brand Management, 16(2): 122-131.

Cermak D S P, File K M, Prince R A, 1994. Customer participation in service specification and delivery[J]. Journal of Applied Business Research, 10(2): 90-97.

Chan K W, Yim C K, Lam S S K, 2010. Is customer participation in value creation a double-edged sword? Evidence from professional financial services across cultures[J]. Journal of Marketing, 74(3): 48-64.

Chase R B, 1978. Where does the customer fit in a service operation?[J]. Harvard Business Review, 56(6): 137-142.

Chen L, Gillenson M, Sherrell D, 2002. Enticing online consumers: An extended technology acceptance perspective[J]. Information & Management, 39(8): 705-719.

Chen T, Drennan J, Andrews L, 2012. Experience sharing[J]. Journal of Marketing Management, 28(13/14): 1535-1552.

Childers T, Carr C, Peck J, et al., 2001. Hedonic and utilitarian motivations for online retail shopping behavior[J]. Journal of Retailing, 77(4): 511-535.

Ciborra C U, 1996. The platform organization: Recombining strategies, structures, and surprises[J]. Organization Science, 7(2): 103-118.

Claycomb C, Cynthia A L H, Lawrence W I, 2001. The customer as a productive resource: A pilot study and strategic implications[J]. Journal of Business Strategies, 18(1): 47-70.

Dabholkar P A, 2014. How to improve perceived service quality by increasing customer participation[C]//Proceedings of the 1990 Academy of Marketing Science (AMS) Annual Conference: 483-487.

Danaher P J, Haddrell V, 1996. A comparison of question scales used for measuring customer satisfaction[J]. International Journal of Service Industry Management, 7(4): 4-26.

Davis F D, 1989. Perceived usefulness, perceived ease of use, and user acceptance of information technology[J]. MIS Quarterly, 13(3): 319-340.

Davis F D, Bagozzi R P, Warshaw P R, 1989. User acceptance of computer technology: A comparison of two theoretical models[J]. Management Science, 35(8): 982-1003.

Deci E L, Ryan R M, 2002. Handbook of self-determination research[M]. Rochester: University of Rochester Press.

Dong B, Evans K R, Zou S, 2008. The effects of customer participation in co-created service recovery[J]. Journal of the Academy of Marketing Science, 36(1): 123-137.

Edvardsson B, Tronvoll B, Gruber T, 2011. Expanding understanding of service exchange and value co-creation: A social construction approach[J]. Journal of the Academy of Marketing Science, 39(2): 327-339.

Eisenmann T R, Parker G, Alstyne M V, 2006. Strategies for two-sided markets[J]. Harvard Business Review, 85(10): 92-101.

Ennew C T, Binks M R, 1999. Impact of participative service relationships on quality, satisfaction and retention: An exploratory study[J]. Journal of Business Research, 46(2): 121-132.

Evans D S, Schmalensee R, 2017. Network effects: march to the evidence, not to the slogans[R]. SSRN Electronic Journal.

Fang E, Palmatier R W, Evans K R, 2008. Influence of customer participation on creating and sharing of new product value[J]. Journal of the Academy of Marketing Science, 36(3): 322-336.

Fombrun C, Shanley M, 1990. What's in a name? Reputation building and corporate strategy[J]. The Academy of Management Journal, 33(2): 233-258.

Füller J, 2006. Why consumers engage in virtual new product developments initiated by producers[J]. ACR North American Advances.

Gawer A, Cusumano M A, 2014. Industry platforms and ecosystem innovation[J]. Journal of Product Innovation Management, 31(3): 417-433.

Grace A, Finnegan P, Butler T, 2008. Service co-creation with the customer: The role of information systems[C]//Ireland: European Conference on Information Systems: 1-12.

Grönroos C, Voima P, 2013. Critical service logic: Making sense of value creation and co-creation[J]. Journal of the Academy of Marketing Science, 41 (2) : 133-150.

Hartley J, 2004. The 'value chain of meaning' and the new economy[J]. International Journal of Cultural Studies, 7 (1) : 129-141.

Hoyer W D, Chandy R, Dorotic M, et al., 2010. Consumer cocreation in new product development[J]. Journal of Service Research, 13 (3) : 283-296.

Ind N, Coates N, 2013. The meanings of co-creation[J]. European Business Review, 25 (1) : 86-95.

Jarvenpaa S L, Tractinsky N, Saarinen L, 1999. Consumer trust in an internet store: A cross-cultural validation[J]. Journal of Computer-Mediated Communication, 5 (2) : 526.

Kambil A, Friesen G B, Sundaran A, 1999. Co-creation: A new source of value[J]. Outlook, (2) : 38-43.

Kankanhalli A, Hua Y, Teo H H, 2015. Comparing potential and actual innovators: An empirical study of mobile data services innovation[J]. MIS Quarterly, 39: 667-682.

Kearsley G, Shneiderman B, 1998. Engagement theory: A framework for technology-based teaching and learning[J]. Educational Technology, 38 (5) : 20-23.

Kellogg D L, Youngdahl W E, Bowen D E, 1997. On the relationship between customer participation and satisfaction: Two frameworks[J]. International Journal of Service Industry Management, 8 (3) : 206-219.

Lambert D M, Enz M G, 2012. Managing and measuring value co-creation in business-to-business relationships[J]. Journal of Marketing Management, 28 (13/14) : 1588-1625.

Lee S M, Kim N R, Hong S G, 2017. Key success factors for mobile app platform activation[J]. Service Business, 11 (1) : 207-227.

Lin X H, Richard G, 2004. Antecedents to customer involvement in product development: Comparing US and Chinese firms[J]. European Management Journal, 22 (2) : 244-255.

Limayem M, Cheung C M K, Chan G W W, 2003. A meta-analysis of online consumer behavior empirical research[C]//Colloque de l' Association Information et Management. Grenoble, France.

Liu S H, Liao H L, Peng C J, 2005. Applying the technology acceptance model and flow theory to online e-learning users' acceptance behavior[J]. E-learning, 4 (2) : 175-181.

Lloyd E A, 2003. The role of culture on customer participation in services[D]. Hong Kong: Hong Kong Polytechnic University.

Lovelock C H, Young R F, 1979. Look to consumers to increase productivity[J]. Harvard business review, 57 (3) : 168-178.

Michael E, 2008. A descriptive model of the consumer co-production process[J]. Journal of the Academy of Marketing Science, 36 (1) : 97-108.

Mills P K, Chase R B, Margulies N, 1983. Motivating the client/employee system as a service production strategy[J]. Academy of Management Review, 8 (2) : 301-310.

Namasivayam K, 2002. The consumer as "transient employee" : Consumer satisfaction through the lens of job-performance models[J]. International Journal of Service Industry Management, 14 (4) : 420-435.

Normann R, Ramírez R, 1993. From value chain to value constellation: Defining interactive strategy[J]. Harvard Business Review, 71 (4) : 65-77.

Ordanini A, Miceli L, Pizzetti M, et al., 2011. Crowd-funding: Transforming customers into investors through innovative service platforms[J]. Journal of Service Management, 22 (4) : 443-470.

Parker G, Alstyne M V, 2012. Digital postal platform: Definitions and a roadmap[R]. Cambridge: The MIT Center of Digital Business.

Payne A F, Storbacka K, Frow P, 2008. Managing the co-creation of value[J]. Journal of the Academy of Marketing Science, 36 (1) : 83-96.

Pongsakornrungsilp S, Schroeder J E, 2011. Understanding value co-creation in a co-consuming brand community[J]. Marketing Theory, 11 (3) : 303-324.

Prahalad C K, Ramaswamy V, 2000. Co-opting customer competence[J]. Harvard Business Review, 78 (1) : 79-90.

Prahalad C K, Ramaswamy V, 2002. The co-creation connection[J]. Strategy and Business: 50-61.

Prahalad C K, Ramaswamy V, 2004a. Co-creation experiences: The next practice in value creation[J]. Journal of Interactive Marketing, 18 (3) : 5-14

Prahalad C K, Ramaswamy V, 2004b. Co-creating unique value with customers[J]. Strategy and Leadership, 32 (3) : 4-9.

Ramaswamy V, Gouillart F, 2010. The power of co-creation[M]. New York: Free Press.

Ramírez R, 1999. Value co-production: Intellectual origins and implications for practice and research[J]. Strategic Management Journal, 20 (1) : 49-65.

Rémy E, Kopel S, 2002. Social linking and human resources management in the service sector[J]. Service Industries Journal, 22 (1) : 35-56.

Rodie A R, Kleine S S, 2000. Customer participation in services production and delivery[C]//Handbook of Services Marketing and Management, Thousand Oaks: Sage Publications: 111-125.

Roser T, De Fillippi R, Samson A, 2013. Managing your co-creation mix: Co-creation ventures in distinctive contexts[J]. European Business Review, 25 (1) : 20-41.

Segars A H, Grover V, 1993. Re-examining perceived ease of use and usefulness[J]. Mis Quarterly, 17 (4) : 517-525.

Sheth J N, Sisodia R S, Sharma A, 2000. The antecedents and consequences of customer-centric marketing[J]. Journal of the Academy of Marketing Science, 28 (1) : 55-66.

Silpakit P, Fisk R P, 1985. Participating the service encounter: A theoretical framework[M]. Chicago: Amercian Marketing Association.

Storch P H, 1823. Cours d'économie politique, ou exposition des principes qui déterminent la prospérité des nations[M]. Paris: Rey et Belhatte.

Van Doorn J, Lemon K N, Mittal V, et al., 2010. Customer engagement behavior: Theoretical foundations and research directions[J]. Journal of Service Research, 13 (3) : 253-266.

Vargo S L, Maglio P P, Akaka M A, 2008. On value and value co-creation: A service systems and service logic perspective[J]. European Management Journal, 26 (3) : 145-152.

Vargo S, Lusch R, 2004. Evolving to a new dominant logic for marketing[J]. Journal of Marketing, 68 (1) : 1-17.

Venkatesh V, Morris M, Davis G, et al., 2003. User acceptance of information technology: Toward a unified view[J]. MIS Quarterly, 27(3): 425-478.

Wang Y, Tang T, Tang J E, 2001. An instrument for measuring customer satisfaction toward web sites that market digital products and services[J]. J. Electron. Commerce Res., 2: 89-102.

Woodruff R B, 1997. Customer value: The next source for competitive advantage[J]. Journal of the Academy of Marketing Science, 24(2): 139-153.

Xie C, Bagozzi R P, Troye S V, 2008. Trying to prosume: Toward a theory of consumers as co-creators of value[J]. Journal of the Academy of Marketing Science, 36(1): 109-122.